Kohlhammer

Die Autorin

Dr. phil. habil. Tanja Sturm hat die Professur für Inklusive Bildung an der Martin-Luther-Universität Halle-Wittenberg. Ihre Forschungsschwerpunkte sind Inklusion und Exklusion in Bildung, Erziehung und Sozialisation, Differenzkonstruktionen in Schule und Unterricht sowie international vergleichende Unterrichtsforschung. Ihre Forschungsarbeiten sind v. a. in der Praxeologischen Wissenssoziologie und der Dokumentarischen Methode verankert.

Tanja Sturm

Inklusion und Exklusion in Schule und Unterricht

Leistung – Differenz – Behinderung

Verlag W. Kohlhammer

Dieses Werk einschließlich aller seiner Teile ist urheberrechtlich geschützt. Jede Verwendung außerhalb der engen Grenzen des Urheberrechts ist ohne Zustimmung des Verlags unzulässig und strafbar. Das gilt insbesondere für Vervielfältigungen, Übersetzungen, Mikroverfilmungen und für die Einspeicherung und Verarbeitung in elektronischen Systemen.

Die Wiedergabe von Warenbezeichnungen, Handelsnamen und sonstigen Kennzeichen in diesem Buch berechtigt nicht zu der Annahme, dass diese von jedermann frei benutzt werden dürfen. Vielmehr kann es sich auch dann um eingetragene Warenzeichen oder sonstige geschützte Kennzeichen handeln, wenn sie nicht eigens als solche gekennzeichnet sind.

Es konnten nicht alle Rechtsinhaber von Abbildungen ermittelt werden. Sollte dem Verlag gegenüber der Nachweis der Rechtsinhaberschaft geführt werden, wird das branchenübliche Honorar nachträglich gezahlt.

Dieses Werk enthält Hinweise/Links zu externen Websites Dritter, auf deren Inhalt der Verlag keinen Einfluss hat und die der Haftung der jeweiligen Seitenanbieter oder -betreiber unterliegen. Zum Zeitpunkt der Verlinkung wurden die externen Websites auf mögliche Rechtsverstöße überprüft und dabei keine Rechtsverletzung festgestellt. Ohne konkrete Hinweise auf eine solche Rechtsverletzung ist eine permanente inhaltliche Kontrolle der verlinkten Seiten nicht zumutbar. Sollten jedoch Rechtsverletzungen bekannt werden, werden die betroffenen externen Links soweit möglich unverzüglich entfernt.

1. Auflage 2023

Alle Rechte vorbehalten
© W. Kohlhammer GmbH, Stuttgart
Gesamtherstellung: W. Kohlhammer GmbH, Stuttgart

Print:
ISBN 978-3-17-033060-3

E-Book-Formate:
pdf: ISBN 978-3-17-033061-0
epub: ISBN 978-3-17-033062-7

Inhalt

1 Einleitung 7

2 Zentrale Begriffe des erziehungswissenschaftlichen
  Diskurses zu Inklusion und Exklusion in Schule und
  Unterricht 15
  2.1 Behinderung – unterschiedliche Verständnisse
      innerhalb der Erziehungswissenschaft 17
  2.2 Inklusion und Exklusion: mehrdimensionale und
      relative Verständnisse 29

3 Leistung – schuleigene Differenzkategorie 41

4 Normen und Erwartungen in schulischen,
  unterrichtlichen und professionalisierten Praxen:
  Perspektiven der Praxeologischen Wissenssoziologie
  und der Dokumentarischen Methode 50
  4.1 Normen, (Entscheidungs-)Erwartungen und
      Praxen: Grundbegriffe der Praxeologischen
      Wissenssoziologie 52
  4.2 Schulen: gesellschaftliche Institutionen und
      konkrete Organisationen 56
  4.3 Praxeologisch-wissenssoziologische und
      Dokumentarische Interpretation öffentlicher
      Dokumente der gesellschaftlichen Institution
      Schule 62

5	**Leistungsbezogene Differenzkonstruktionen in formalen schulischen Dokumenten Bayerns und Hamburgs**	**67**
5.1	Auswahl der Datengrundlage: Schulgesetze, Lehr- und Bildungspläne sowie Verordnungen zum sonderpädagogischen Förderbedarf Lernen	68
5.2	Allgemeine Erziehungs- und Bildungsaufträge der Schulgesetze	72
5.3	Schulform- und bildungsgangspezifische Bildungs- und Erziehungsziele der Sekundarstufe I	80
5.4	Wechsel und Übergänge innerhalb und zwischen Schulformen und Bildungsgängen	105
5.5	Sonderpädagogischer Förderbedarf im Förderschwerpunkt Lernen	120
5.6	Inklusion bzw. Integration	127
5.7	Lehr-, Bildungs- und Rahmenpläne für das Fach Deutsch des 8. Jahrgangs	132
5.8	Leistungsbezogene Differenzkonstruktionen in formalen gesellschaftlich-institutionellen, schulischen Dokumenten – eine Zusammenfassung	153
6	**Differenzkonstruktionen im Paradigma und in Programmen evidenzbasierter Bildungsforschung, -politik und -praxis**	**164**
6.1	Evidenzbasierte Steuerung und Entwicklung von Schule und Unterricht	166
6.2	Evidenzbasiertes Programm Response-to-Intervention	177
7	**Perspektiven für eine inklusionsorientierte Schulentwicklung und eine professionalisierte, pädagogische Bearbeitung differenzbezogener Normen und (Entscheidungs-)Erwartungen in der Unterrichtspraxis**	**186**
8	**Literatur**	**199**

1 Einleitung

Inklusion ist seit Beginn des zweiten Jahrzehnts des 21. Jahrhunderts zu einem zentralen Begriff und Bezugspunkt schulischer und unterrichtlicher Entwicklungsvorhaben und -reformen des deutschsprachigen Kontextes avanciert. Eine vergleichbare Bedeutungssteigerung lässt sich auch für den erziehungswissenschaftlichen Fachdiskurs beobachten[1]. Versteht man Inklusion mit Birgit Lütje-Klose und Melanie Urban (2014, S. 114) in theoretischer Kontinuität zu Integration, so kann konstatiert werden, dass die aufgerufenen Inhalte – Behinderungen und deren Reduzierung und Abbau – ihre lange Zeit marginalisierte Position innerhalb des erziehungswissenschaftlichen Diskursfeldes (vgl. Tervooren 2001), zumindest temporär, verlassen konnten. So zeigt sich u. a., dass Inklusion – zunehmend in Verbindung mit Exklusion – nicht mehr fast ausschließlich innerhalb der Diskursfelder der Integrations- resp. Inklusions- und Behindertenpädagogik diskutiert, sondern von weiteren teildisziplinären Fachdiskursen der Erziehungswissenschaft zum Gegenstand gemacht wird, u. a. in der Allgemeinen Pädagogik (vgl. z. B. Dammer 2012; Miethe, Tervooren & Ricken 2017), der Schulpädagogik (vgl. z. B. Müller & Gingel-

---

1 Eine Recherche auf der Website des Fachportals Pädagogik zeigt für das Jahr 2005 27 Veröffentlichungen, v. a. Aufsätze, aber auch Monografien und Herausgeber:innenbände zum Themenfeld »Inklusion«, an, eine Zahl, die in den nächsten sieben Jahren bis 2012 auf 64 jährliche erziehungswissenschaftliche Fachbeiträge kontinuierlich und langsam steigt. Im Jahr 2013 erfolgt dann ein Sprung auf 142 Publikationen, der im Jahr 2020 mit über 310 Beiträgen einen vorläufigen Höhepunkt verzeichnet; im Jahr 2021 waren es 209 Publikationen (DIPF. Deutsches Institut für Pädagogische Forschung (2022). Pedocs. Open Access Erziehungswissenschaften. Zugriff: 12.06.2022: DIPF. Deutsches Institut für Pädagogische Forschung).

maier 2019; Schäffer & Rabenstein 2018) und der Historischen Bildungsforschung (vgl. z. B. Vogt, Boger & Bühler 2021). Eine Bedeutungssteigerung lässt sich nicht nur in der erziehungswissenschaftlichen Theoriebildung beobachten, sondern maßgeblich auch in der Lehre. Die gemeinsame Erklärung der Hochschulrektoren- und Kultusministerkonferenz (2015, S. 4) formuliert, dass »Inklusion und Umgang mit Diversität« als Themen und Reflexionsfolien *aller Lehramtsstudiengänge* zu verankern sind. Vor diesem Hintergrund sind nicht nur Hochschullehrende der Erziehungswissenschaft aufgefordert, sich mit den Themenfeldern Inklusion und Exklusion sowie Differenz auseinanderzusetzen, sondern auch die Kolleg:innen der Fachdidaktiken. Beide Entwicklungen, die durch bildungspolitische Reformimpulse gestützt werden (vgl. Dammer 2012), zeichnen sich, neben Unterschieden – die sich nicht zuletzt aus ihren unterschiedlichen Logiken ergeben –, durch die Gemeinsamkeit aus, dass sie fast durchgängig auf die von den Vereinten Nationen erstellte *Konvention über die Rechte von Menschen mit Behinderungen*, kurz UN-BRK, (UN 2006; 2008) verweisen. Die menschenrechtlichen Bezugnahmen fungieren dabei wesentlich als Normen und Programmatiken für die Entwicklung von Schulen, Unterricht und pädagogischen Praxen (vgl. z. B. Danz & Sauter 2020) und werden in moralischer, rechtlicher und politischer Hinsicht aufgegriffen (vgl. Weyers 2019). Inklusion wird somit wesentlich als Abbau von Ungleichheit und Ungerechtigkeit akademischer und sozialer Partizipation verhandelt – oder mit anderen Worten: als Überwindung oder Reduzierung bestehender Exklusionen, Schlechterstellungen und Marginalisierungen. Damit knüpft der Inklusionsdiskurs inhaltlich an die erziehungswissenschaftlichen – und mit dem Fokus auf die Ausführungen in diesem Buch – bzw. schulpädagogischen Diskurse zu Heterogenität und Differenzen (vgl z. B. Emmerich & Hormel 2013; Koller, Casale & Ricken 2014; Sturm 2016; Walgenbach 2014) sowie sozialer Ungleichheit an (vgl. z. B. Hertel & Pfaff 2015; Jünger 2008; Wellgraf 2011), deren zentrale Gegenstände ebenfalls Barrieren und Benachteiligungen akademischer und sozialer Partizipation sind.

Wenngleich bisher v. a. der Begriff *Inklusion* die Diskurse prägt und durch seine alleinige Verwendung der normative Charakter unterstrichen wird, wird in dem sich stetig differenzierenden Fachdiskurs auch Exklusion zunehmend explizit genannt und deren relative resp. dialektische sowie ambivalente Beziehung hervorgehoben (vgl. z.B. Boger 2017; Dammer 2012; Stein 2013; Willmann & Bärmig 2020). Dies erfolgt entlang unterschiedlicher grundlagentheoretischer Zugänge, wie z.b. den Dis_Ability Studies, die v.a. in den subjekt- und machttheoretischen Arbeiten von Michel Foucault verankert sind (vgl. z.B. Hirschberg & Köbsell 2021; Waldschmidt 2020a), der Kritischen Theorie bzw. Kritischen Erziehungswissenschaft (vgl. Bärmig 2015; Katzenbach 2015) und der Praxeologischen Wissenssoziologie (vgl. z.B. Sturm 2015; Wagener 2018).

Empirische Studien zu schulisch-unterrichtlicher Inklusion, die in den genannten grundlagentheoretischen Zugängen fundiert sind und in den vergangenen Jahren im deutschsprachigen Raum durchgeführt wurden (vgl. z.B. Merl 2019; Reiss-Semmler 2019; Steinmetz, Wrase, Helbig & Döttinger 2021; Sturm & Wagner-Willi 2015; Wagener 2020), zeigen u.a. (wiederholte) Marginalisierungen und Schlechterstellungen von Schüler:innen im Unterricht auf. Diese Positionierungen entfalten sich wesentlich an dem unterrichtlich aufgerufenen bzw. praktizierten Leistungsverständnis (vgl. z.B. Rabenstein, Reh, Ricken & Idel 2013; Sturm 2010). Leistungs(un)fähigkeit wird den Schüler:innen dabei meist individualisiert und hierarchisiert zugeschrieben (vgl. z.B. Reiss-Semmler 2019; Wagener 2020) – unabhängig davon, ob es die Programmatik der Schule bzw. des Unterrichts ist, inklusiv zu arbeiten oder nicht (vgl. Sturm, Wagener & Wagner-Willi 2020). Die Hervorbringung von Leistungsdifferenzen sowie deren schulisch-unterrichtliche Bearbeitung, die akademische und soziale Partizipation für einzelne Schüler:innengruppen behindern, schließen an das Konzept des Ableism (able, engl. fähig) der Dis_Ability Studies an (vgl. z.B. Waldschmidt 2020b). Die Dis_Ability Studies, die v.a. aus der Kritik an einem essentialisierenden Verständnis von Behinderung, das diese als individuelles körperliches und/oder psychisches Merkmal fasst, entwickelt wurden, analysieren die gesellschaftlichen Formen der Konstruktion von Normalität, genauer Erwartungsnormalität und Abweichung resp. Behinderung. Neben expliziten werden v.a. inhärente Normen bzw. Normalitätserwartungen menschlicher Fähigkeiten (ableness) betrachtet, die den Diskursen und Praktiken zugrunde liegen. Damit liegt der Fokus auf der Mehrheitsgesellschaft und ihrer Konstruktion von ›Anderssein‹ und den – damit verbundenen – Privilegierungen jener, die nicht ›abweichen‹ (vgl. Waldschmidt 2005). Die leistungsbezogene Differenzkonstruktionen, wie sie in den genannten Studien des deutschsprachigen Schulkontexts rekonstruiert wurden (vgl. z. B. Sturm et al. 2020; Wagener 2020), stellen eine ausgeprägte Form des *ableist divide* (Campbell 2009, S. 7) dar, also eine Grenzziehung oder Unterscheidung von Schüler:innen entlang von Leistung und/oder Leistungsfähigkeit. Diese erfolgt, wenn auch nicht ausschließlich, entlang der schuleigenen Kategorie des sonderpädagogischen Förderbedarfs bzw. des besonderen Bildungsbedarfs.

Sucht man die Erklärungen für diese skizzierten Formen der Exklusion resp. der schulisch-unterrichtlichen Behinderungen akademischer und sozialer Partizipation nicht allein bei den professionellen Akteur:innen, also den Lehrpersonen, weil diese, zugespitzt und kritisch formuliert, die »falschen Einstellungen« (Trautmann & Wischer 2011, S. 133) haben, liegt es nah, die sozialen und materialen Rahmenbedingungen mit ihren Normen und (Entscheidungs-)Erwartungen, in den Blick zu nehmen. Sie rahmen die Praxen der sozialen Akteur:innen und werden von ihnen bearbeitet. Diese Fremdrahmungen sind im schulisch-unterrichtlichen Inklusions-/Exklusionsdiskurs bisher kaum in den Blick genommen worden; meist wird nur konstatiert, dass der Unterricht dem formalen Anspruch nach inklusiv oder exklusiv ist. Dies ist insofern erstaunlich, als internationale Vergleichsstudien zeigen, dass Schulsysteme ökonomisch und sozial vergleichbarer Länder, in denen Schüler:innen nicht entlang ihrer bisher erbrachten schulischen Leistung unterschiedlichen Bildungsgängen zugeordnet werden, soziale Ungleichheit weniger stark in Bildungsungleichheit transformieren, als dies in den mehrgliedrigen Schulsystemen der deutschsprachigen Länder erfolgt (vgl. z. B. Chmielewski 2014; OECD 2018b; Werfhorst 2021). Dieses Desiderat soll in diesem Buch aufgegriffen werden, indem die Konstruktionen resp. die Verständnisse von Leistung und Leistungsdifferenzen – sowie damit einhergehende Behinderungen – des schulisch-unterrichtlichen Rahmens rekonstruiert werden. Diese liegen v. a. in »formalen Regeln [..., die] zu großen Teilen [...] in Schulgesetzen und damit verbundenen administrativen Vorgaben« (Amling 2021, S. 148, Anm. TS) formuliert sind. Der Fokus liegt dabei auf den gesellschaftlich-institutionellen Rahmungen von Schule und Unterricht und nicht auf der Programmatik einzelner Schulen, die sich z. B. als inklusiv/exklusiv verstehen. Mit diesem Vorhaben sollen auch die Perspektiven auf den erziehungswissenschaftlichen Gegenstand schulisch-unterrichtlicher Inklusion und Exklusion erweitert werden, indem sie einerseits dezidiert über die Frage von mit/ohne sonderpädagogischem Förderbedarf resp. Regel-/Sonderschule hinausgehend betrachtet werden und andererseits nicht die Praxen, sondern die *Policy*, also die (bildungs-)politisch formulierten Inhalte, als die unterrichtlichen Praxen fremdrahmende Normen und (Entscheidungs-)Erwartungen den Gegenstand darstellen. Mithilfe der durch diese Perspektiven zu generierenden Erkenntnisse, so die Erwartung, lassen sich schulisch-unterrichtliche Praxen, die wesentlich von Lehrpersonen gestaltet werden, stärker kontextualisiert und in Relation zu den jeweiligen Fremdrahmungen und weniger als isolierte Phänomene betrachten.

Vor diesem Hintergrund entfaltet sich das zentrale Vorhaben dieses Buches: die den formalen Dokumenten zugrunde liegenden Verständnisse von Leistung, Differenzen und Behinderungen in den Blick zu nehmen. Diese Verständnisse umfassen Normen und damit verbundene (Entscheidungs-)Erwartungen an die professionellen Akteur:innen. Letztgenannte finden sich z. B. in der Erwartung, dass Lehrpersonen mittels individueller Leistungsbewertungen eine Legitimation für die Zuordnung von Schüler:innen zu unterschiedlichen Bildungsgängen vornehmen sollen. Mit den Ausführungen soll eine Reflexionsfolie geschaffen werden, die einen differenzierteren und zugleich inhaltlichen Blick auf die bildungspolitischen Rahmungen unterrichtlicher Praxen eröffnet, ohne dass diese als determinierend verstanden werden. Vielmehr werden sie, den Annahmen der Praxeologischen Wissenssoziologie folgend, als Fremdrahmungen verstanden. Die schulischen Akteur:innen sind gefordert, diese in ihren Praxen zu bearbeiten.

Die Praxeologische Wissenssoziologie und die Dokumentarische Methode (vgl. Bohnsack 2017, 2021b) bieten in ihrem Zusammenspiel einen grundlagentheoretischen und begrifflichen Rahmen für dieses Vorhaben, da mit ihnen sowohl Normen und (Entscheidungs-)Erwartungen, die in kodifizierter, d. h. expliziter, Form vorliegen, als auch Praxen sowie deren Relation zueinander kategorial fass-, analysier- und beschreibbar werden. Auf der Grundlage dieses meta-, also grundlagentheoretischen Verständnisses sollen im Rahmen des Buches dementsprechend nicht Praxen, die sich im Unterricht oder in der Schule konstituieren, rekonstruiert werden,

1 Einleitung

sondern hier stellen die gesellschaftlich-institutionellen Dokumente, die wesentlich vonseiten der Bildungspolitik formuliert sind und u. a. in Schulgesetzen, Bildungs- und Rahmenplänen sowie Steuerungsstrategien vorliegen, den Gegenstand dar. Die in ihnen explizierten und/oder sich dokumentierenden Leistungs-, Differenz- und Behinderungsverständnisse sowie damit verbundene Normen und (Entscheidungs-)Erwartungen, die an pädagogische Professionelle im Kontext von Schule und Unterricht formuliert sind, sollen rekonstruiert werden. Mit diesem Vorhaben ist das Ziel verbunden, eine bisher im Diskurs zu Inklusion und Exklusion in Schule und Unterricht nur wenig eingenommene Perspektive auf die Rahmungen bzw. die Policy in den Blick zu nehmen. Mit dieser Perspektiverweiterung geht das Buch insofern über eine Einführung in das Themenfeld Inklusion und Exklusion in Schule und Unterricht hinaus, als nicht ein Überblick über historische und aktuelle Entwicklungen und Perspektiven dargelegt und diskutiert wird – derer es aktuell bereits mehrere gibt (vgl. z. B. Korff & Neumann 2023; Lütje-Klose & Sturm 2023; Moser 2012; Sturm & Wagner-Willi 2018). Vielmehr stellt das Buch eine aktuelle Forschungsarbeit dar, mit der die bisherigen Perspektiven erweitert und neue Kenntnisse generiert werden sollen. Entlang der eingenommenen Perspektive werden die Ausführungen der deutschsprachigen Policy-Forschung zu Schule und Unterricht, die v. a. mit Blick auf Inklusion v. a. aus governanceanalytischer Perspektive erfolgen, differenziert (vgl. Altrichter & Feyerer 2011).

Das Buch richtet sich mit seinem Anliegen gleichermaßen an Studierende, Lehrpersonen sowie Personen, die in den unterschiedlichen Phasen der Lehrer:innenbildung, der Bildungsverwaltung und -administration tätig sind – unabhängig von dem jeweiligen Lehramtstyp –, sowie an alle, die sich für Fragen von schulisch-unterrichtlicher Inklusion und Exklusion resp. für die Konstruktion von Leistung, Differenzen und damit verbundenen Behinderungen interessieren. Es ist explizit nicht die Zielsetzung des Buches, didaktische und pädagogische Gestaltungsmöglichkeiten von Inklusion zu entwickeln, die einem vermeintlich technischen Wissen gleichkämen, das bei ›korrekter Anwendung‹ den Abbau von Exklusion zur Folge hat. Vielmehr liegt das Ziel darin, ein Reflexionsangebot für die Betrachtung der hochgradigen Komplexität schulisch-unterrichtlicher Praxen von Inklusion und Exklusion darzulegen. Dabei werden schul- und inklusionspädagogische Perspektiven insofern miteinander verbunden, als die schulpädagogischen Kernbegriffe – Schule, Unterricht und Professionalität – zum einen mit den teildisziplinär übergreifenden Diskursen zu Leistung und Differenz und zum anderen mit den inklusions- und sonderpädagogischen zu Behinderungs- und Normalitätskonstruktionen sowie Inklusion/Exklusion verbunden werden. Gemeinsam stellen sie das begriffliche Fundament für die Analysen bildungspolitischer Dokumente dar.

Vor dem Hintergrund der skizzierten Vorhaben gliedert sich das Buch in sechs weitere, aufeinander aufbauende Kapitel. Den Lesenden wird empfohlen, sie in der dargelegten Reihenfolge zu lesen und ggf. zu diskutieren. Im zweiten Kapitel (▶ Kap. 2) werden zentrale Begriffe, Behinderung und Inklusion sowie Exklusion, vorgestellt, die in den vielfältigen Diskursen der deutschsprachigen Erziehungswissenschaft aktuell verwendet und diskutiert werden. Da der Diskurs zu Inklusion und Exklusion nicht allein in der Praxeologischen Wissenssoziologie verankert ist, die den metatheoretischen Rahmen der weiteren Ausführungen darstellt, soll diese Einführung in die Begrifflichkeiten die Vielfalt und zugleich auch die Unterschiede verschiedener Zugänge zum Themenfeld veranschaulichen. Die Ausführungen erfolgen für eine Auswahl von Verständnissen, die Inklusion und Exklusion als relationales Begriffspaar aufgreifen – und ohne einen Anspruch auf Vollständigkeit. Der aktuelle Diskurs zur schuleigenen Differenzkategorie der Leistung sowie die mit ihr in Verbindung aufgerufene Erwartung der kontinuierlichen Leistungsbereitschaft werden im dritten Kapitel vorgestellt (▶ Kap. 3). Im vierten Kapitel (▶ Kap. 4) werden die grundlagentheoretischen Kategorien der Praxeologischen Wissenssoziologie und der Dokumentarischen Methode dargelegt (vgl. Bohnsack 2017, 2020). Sie stellen den begrifflichen Rahmen für die weiteren, zunehmend mit Inhalten differenzierten Perspektiven auf die Gegenstände Leistung, Differenz und Behinderung in gesellschaftlich-institutionellen Dokumenten und wissenschaftlichen Diskursen dar. Sie werden ebenso wie die methodologisch-methodischen begrifflichen Werkzeuge, mit denen die Verständnisse, die Normen und (Entscheidungs-)Erwartungen rekonstruiert werden, dargelegt. Im fünften Kapitel (▶ Kap. 5), das den Kern des Buches darstellt, werden die Leistungsverständnisse, die in formalen schulischen Dokumenten zweier – im innerdeutschen Vergleich

1 Einleitung

einen maximalen Kontrast darstellenden – Bundesländer, Bayern und Hamburg, zu finden sind, rekonstruiert. Neben ausgewählten Ausschnitten aus den Schulgesetzen bzw. dem Erziehungs- und Unterrichtsgesetz werden die Analysen von Lehr- resp. Bildungsplänen sowie weiteren, diese ergänzenden Dokumenten dargelegt. Im sechsten Kapitel (▶ Kap. 6) werden die Differenzverständnisse des schulischen Steuerungskonzepts der evidenzbasierten Bildungsforschung, das vonseiten der Kultusministerkonferenz (KMK 2016) verbindlich eingeführt wurde, und dessen Entwicklungsvorstellungen auch pädagogischen Programmen zugrunde liegt, vorgestellt und entlang der inhärenten Vorstellungen von (Leistungs-)Differenz rekonstruiert. Das Buch endet mit Perspektiven für eine inklusionsorientierte Schulentwicklung, die neben Entwicklungsperspektiven für gesellschaftlich-institutionelle, die Schule rahmende Dokumente v. a. in der Unterstützung der Genese reflexiver, habitualisierter, professionalisierter Milieus von (angehenden) Lehrpersonen liegen (▶ Kap. 7). Dabei wird die Bearbeitung oder Bewältigung einer Vielzahl unterschiedlicher, sich z. T. widersprechender und konfligierender Erwartungen und Normen im Kontext von Schule und Unterricht unter besonderer Berücksichtigung von Inklusion und Exklusion fokussiert. Weiter werden vor dem Hintergrund der Ausführungen des Buches Perspektiven für die wissenschaftlichen und empirisch zu bearbeitenden Forschungsdesiderata diskutiert (▶ Kap. 7).

2 Zentrale Begriffe des erziehungswissenschaftlichen Diskurses zu Inklusion und Exklusion in Schule und Unterricht

Der Bedeutungszuwachs, den das Themenfeld der schulisch-unterrichtlichen Inklusion und Exklusion in der deutschsprachigen Erziehungswissenschaft im vergangenen Jahrzehnt erfahren hat, zeigt sich u. a. in der Verbreiterung sowie in der Differenzierung des Fachdiskurses. So lassen sich u. a. anerkennungstheoretische (vgl. z. B. Fritzsche 2018), in der empirischen resp. evidenzbasierten Bildungsforschung (vgl. z. B. Grosche 2015) verankerte, praxeologisch-wissenssoziologische (vgl. z. B. Sturm 2015; Wagener 2018), machtanalytische (vgl. z. B. Link 2019), systemtheoretische (vgl. z. B. Cramer & Harant 2014) sowie in der Kritischen Theorie (vgl. z. B. Bärmig 2015; Katzenbach 2015) fundierte Verständnisse in der Erziehungswissenschaft unterscheiden[2]. Die Begriffe Inklusion und Exklusion werden, je nach meta- oder grundlagentheoretischem Zugang, unterschiedlich definiert. Damit verbunden sind auch verschiedene Verständnisse von Behinderung, Normalität und Abweichung sowie deren gesellschaftliche, organisatorische und/oder individuelle Konstruktion. Das bedeutet, dass vielfach die gleichen Begriffe verwendet werden, damit aber ganz unterschiedliche Gegenstände oder Phänomene bezeichnet werden. Mit der jeweils gewählten Grundlagen- oder Metatheorie positionieren sich die Autor:innen wissenschaftlicher Texte an einem Standort, von dem aus sie den Gegenstand, z. B. Inklusion und Exklusion, beschreiben, verstehen und betrachten. Die Wissenschaft selbst kann sich einer Standortgebundenheit ebenfalls nicht entziehen. Wissenschaftler:-

---

2 Neben diesen erziehungswissenschaftlichen Zugängen finden sich auch soziologische, wie bspw. Hoffmann (2019) und Kronauer (2015), und psychologische, wie bspw. Gingelmaier (2019), die in erziehungswissenschaftlichen Zusammenhängen rezipiert werden.

innen sind jedoch gefordert, den von ihnen gewählten meta-theoretischen Zugang, die Gegenstandstheorien sowie die Methodologien und Methoden, mit denen sie arbeitet, zu benennen (vgl. z. B. Meseth, Casale, Tervooren & Zirfas 2019; Thompson & Wrana 2019), um ihre Positionen nachvollziehbar zu machen.

Trotz der Vielfalt sozial- und v. a. erziehungswissenschaftlicher Zugänge zu Inklusion und Exklusion in Schule und Unterricht teilen diese, dass sie sich – meist explizit – auf die *Konvention über die Rechte von Menschen mit Behinderungen* der Vereinten Nationen, kurz UN-BRK (2006; 2008), beziehen. Diese fungiert dabei wesentlich als normativer Bezugspunkt, wenngleich nicht immer eindeutig abgegrenzt wird, ob in moralischer, rechtlicher und/oder politischer Hinsicht (vgl. Weyers 2019). Der damit aufgemachte menschenrechtliche Bezug stellt einen übergeordneten und zugleich universalistischen Rahmen dar, zu dem sich auch wissenschaftliche Praxen und ihre Normen in Beziehung setzen müssen (vgl. Wrana 2019). Im deutsch- ebenso wie im englischsprachigen Fachdiskurs zu Inklusion und Exklusion in Schule und Unterricht stellen Behinderung und in Bezug auf Schule und Unterricht sonderpädagogischer Förderbedarf zentrale Begriffe dar. Grob lassen sich für Behinderung *individuelle, soziale* und *kulturelle Verständnisse* unterscheiden (vgl. Waldschmidt 2020b). Die verschiedenen Verständnisse umfassen u. a. Vorstellungen, wie die Behinderungen minimiert oder überwunden werden können und in der Folge Teilhabe bzw. Partizipation eröffnet werden kann. Vor diesem Hintergrund gliedert sich das Kapitel wie folgt: Zunächst werden die unterschiedlichen Verständnisse von Behinderung (▶ Kap. 2.1) vorgestellt und diskutiert. Daran anschließend folgen Ausführungen zur Konzeptualisierung von Inklusion und Exklusion in der Erziehungswissenschaft (▶ Kap. 2.2).

2.1 Behinderung – unterschiedliche Verständnisse innerhalb der Erziehungswissenschaft

Bildung, Erziehung und Sozialisation gelten als drei Kernbegriffe der Erziehungswissenschaft. Behinderung stellt einen konstitutiven Begriff des teildisziplinären Diskurses, der unter unterschiedlichen Bezeichnungen geführt wird, u. a. Behinderten- und Sonderpädagogik, dar. Dabei fungiert Behinderung – wie auch immer sie verstanden und konzeptualisiert wird – als Begründung für diese spezifische pädagogische Perspektive und stellt zugleich den zentralen Gegenstand der Kritik dar (vgl. Moser 2003, S. 53). Innerhalb dieses teildisziplinären erziehungswissenschaftlichen Diskursstrangs werden eine Vielzahl begrifflicher Verständnisse von Behinderung formuliert, die sich entlang der jeweils aufgerufenen Relation von Natur und Kultur – ihrerseits Ausdruck von Metatheorien – unterscheiden (vgl. für einen Überblick: Moser & Sasse 2008; Waldschmidt 2022). Mit Anne Waldschmidt (2005, 2020b) lassen sich grob drei Verständnisse von Behinderung in den Erziehungs- und Sozialwissenschaften unterscheiden: ein individuelles oder individualisiertes, ein soziales und ein kulturelles Modell. Die zwei letztgenannten Ansätze wurden in kritischer Auseinandersetzung mit dem individualisierten Modell – das im Unterschied zu den zwei anderen nicht explizit konzeptualisiert wurde – entwickelt. Sowohl das soziale als auch das kulturelle Verständnis von Behinderung verstehen diese nicht als individuelles Merkmal, sondern als sozial hervorgebrachte Formen der Nicht-Partizipation resp. der Behinderung von Partizipation. Beide Perspektiven können mittlerweile als den erziehungswissenschaftlichen Fachdiskurs dominierende Zugänge betrachtet werden. Das Verständnis von Behinderung als gesellschaftliche Konstruktion liegt auch der UN-BRK zugrunde (vgl. Bielefeldt 2009), also einem zentralen normativen Bezugspunkt erziehungs- und bildungswissenschaftlicher Diskurse. Alle drei Verständnisse sollen kurz vorgestellt werden.

Individuelles oder individualisierendes Verständnis von Behinderung

Historisch betrachtet, stellt das individuelle Verständnis von Behinderung insofern einen zentralen Ausgangspunkt aktueller Diskurse in den Sozialwissenschaften dar, als die jüngeren Verständnisse sich aus der Kritik an diesem entwickelt haben. In dem individuellen oder individualisierten Verständnis wird Behinderung als Merkmal oder Eigenschaft von einzelnen Personen konzeptualisiert. Behinderung wird dabei als körperliche oder psychische Schädigung oder Abweichung von einer (unhinterfragten) Normalität verstanden. Die Abweichung ist negativ konnotiert und Teil der Person bzw. ihr inhärent. Schädigungen, die gleichgesetzt sind mit Behinderungen, werden auf der Grundlage von Vergleichen mit anderen, als vollfunktionsfähig oder als ›normal‹ bezeichneten Körpern und/oder Psychen ermittelt und definiert. Die implizit aufgerufene Vergleichsgröße gilt als nicht-behindert und damit als ›normal‹. Die körperliche und/oder psychische Schädigung resp. Behinderung begründet sich in der Körperlichkeit und existiert losgelöst von sozialen und kulturellen Kontexten. Die ›abweichende‹ Natur, Körperlichkeit oder Psyche behindert die davon betroffenen Personen, so eine Kernannahme des Ansatzes, von einer vollwertigen Teilnahme am gesellschaftlichen Leben. Das individuelle oder individualisierende Verständnis von Behinderung wird auch als *essentialisierende*, *medizinische* oder *ontologische* Perspektive bezeichnet (vgl. Waldschmidt 2005).

Dieses Behinderungsmodell geht mit einem Verständnis sogenannter behinderter Menschen einher, deren Leistungsfähigkeit und Arbeitskraft im gesellschaftlichen Produktionsprozess als minderwertig betrachtet werden und die als hilfsbedürftig gelten. In der zweiten Hälfte des 20. Jahrhunderts wurde in den westlichen Staaten industrieller Prägung dieses Verständnis der Hilfsbedürftigkeit institutionalisiert, indem der Staat ebenso wie bürgerliche und kirchliche Einrichtungen den sogenannten Hilfsbedürftigen mit karitativen Angeboten beggenen. Dies wird nicht selten mit der Annahme verbunden, für die Hilfe Dankbarkeit vonseiten der behinderten Menschen erwarten zu können (vgl. Zahnd 2017). Verbunden damit haben sich unterschiedliche Professionen und Berufe etabliert, die sich den Problemen der Personen widmen, u. a. Sonderpädagog:innen, während die Betroffenen selbst nur marginal als Expert:innen oder bei der Suche nach Problemlösungen partizipierend einbezogen werden (vgl. Waldschmidt 2005). Diese ausschließlich individualbezogene Perspektive findet sich in den expliziten erziehungswissenschaftlichen Auseinandersetzungen zum Behinderungsverständnis heute kaum noch. Sie findet sich jedoch – dies wird in den weiteren Ausführungen des Buches aufgezeigt – sowohl in formalen schulischen Dokumenten als auch in Forschungsansätzen (▶ Kap. 5, ▶ Kap. 6).

Eine zentrale Kritik an dem individualisierenden Behinderungsverständnis besteht darin, dass jene, die die Hilfe, Fürsorge und Pädagogik organisieren, auch die Deutungshoheit darüber haben, wer wie und in welcher Form unterstützt wird und als arbeitsfähig gilt (vgl. Sierck 2012b, S. 32). Die kritische und emanzipatorische Auseinandersetzung mit dem Behinderungsverständnis und seinen alltagspraktischen Konsequenzen und Erfahrungen wurde maßgeblich von dem interdisziplinären Forschungszugang der Dis_Ability Studies initiiert. Dieser Forschungsansatz hat sich seit den 1980er Jahren im englischsprachigen Raum – sowohl im Vereinigten Königreich als auch in den Vereinigten Staaten – entwickelt und ist, zeitlich etwas verzögert, auch im deutschsprachigen Fachdiskurs und später auch in öffentlichen Diskursen aufgegriffen worden (vgl. Tervooren 2003). Die Dis_Ability Studies sind an einer emanzipatorischen Idee orientiert, d.h., ihr Forschungsprogramm sieht vor, Benachteiligungen, Menschenrechtsverletzungen und Marginalisierungen aufzudecken und Perspektiven für deren Abbau zu formulieren. Die sozialwissenschaftliche Fundierung des Ansatzes, der als theoretische Bearbeitung und Antwort der in der Gründungsphase starken Politisierung bezeichnet werden kann, stellt eine Alternative und Abgrenzung gegenüber dem bis dahin dominierenden individualisierenden Verständnis von Behinderung dar, das diese wesentlich als gesundheitliche Schädigung verstand, für die Therapien und Rehabilitationsmöglichkeiten zu entwickeln sind. Initiant:innen ebenso wie prägende Akteur:innen der Dis_Ability Studies sind Wissenschaftler:innen, die sich als ›behindert‹ bezeichnen bzw. erleben (vgl. für einen Überblick: Waldschmidt 2022).

2 Zentrale Begriffe des erziehungswissenschaftlichen Diskurses

Soziales Verständnis von Behinderung

In Abgrenzung zum individualisierten Verständnis von Behinderung – und dessen gesellschaftlichen Implikationen für die Betroffenen – wurde das soziale Verständnis entwickelt, das Behinderung nicht als individuelles Defizit, das es zu heilen gilt, oder als Abweichung von einer Norm versteht, sondern als sozial hervorgebrachte Behinderung der gesellschaftlichen Partizipationsmöglichkeiten. Im Vergleich zum individuellen Model zeichnet sich das soziale dadurch aus, dass Schädigungen oder Beeinträchtigungen von Behinderungen unterschieden werden. Körperliche und/oder psychische Schädigungen werden als ›Abweichungen‹ gegenüber sogenannten normalen Körpern und Psychen verstanden. Dies ist vergleichbar mit dem individuellen Modell, ohne allerdings, dass diese natürliche bzw. körperbezogene Seite mit der Behinderung gleichgesetzt wird. Behinderungen verweisen gegenüber der ›Natur‹ der Schädigung auf die soziale Seite, die Partizipation an und den Zugang zu sozialen Zusammenhängen ver- oder eben behindert. Mit anderen Worten: Behinderungen werden sozial hervorgebracht – und sind somit auch durch gesellschaftliche Veränderungen zu überwinden. Beispiele hierfür sind architektonische Barrieren, die Menschen mit einer spezifischen körperlichen Konstitution den Zugang zu (öffentlichen) Gebäuden, zu denen auch Schulen, Universitäten und Polizeiwachen zählen, und/oder Verkehrsmitteln, wie Bussen und Bahnen, erschweren oder behindern. Die Barrieren können Stufen oder fehlende Fahrstühle sein – für Menschen, die sich im Rollstuhl fortbewegen – oder fehlende Handläufe und Informationen in Brailleschrift, die der Orientierung im Gebäude dienen, z. B. Namensschilder an den Bürotüren oder Auskunftstafeln über mögliche Fluchtwege im Brandfall. Neben architektonischen Barrieren gibt es zahlreiche weitere, die nicht in vergleichbarer Form erkennbar sind. Hierzu gehören in unserer Gesellschaft z. B. Erwartungen, seinen Lebensunterhalt durch Einsatz der eigenen Arbeitskraft derart einzusetzen, dass das eigene Leben und ggf. das einer Familie dadurch gesichert werden kann. Bezogen auf Schule und Unterricht zählen hierzu auch didaktische Zugänge und/oder Lehrgänge, mit denen die Lehrpersonen arbeiten und denen (implizit) u. a. Erwartungen bzgl. des Vorwissens einzelner Schüler:innen und ihrer Interessen zugrunde liegen – über die aber nicht not-

2.1 Behinderung – unterschiedliche Verständnisse

wendigerweise alle Schüler:innen gleichermaßen verfügen, um sich die Inhalte erschließen zu können.

Als wissenschaftlicher Zugang eröffnet dieses Verständnis von Behinderung die Möglichkeit, danach zu fragen, welche sozialen, kulturellen und ökonomischen Behinderungen in der Gesellschaft hervorgebracht werden (vgl. Goodley 2014, S. 3). Das heißt, dass Behinderungen im sozialen Modell im Kontext ihrer sozialen Genese, also ihrer Entwicklung, betrachtet werden. Solche Analysen stellen ihrerseits die Ausgangspunkte zur Formulierung politischer Forderungen zur Veränderung der aktuellen Rahmenbedingungen (z. B. gesetzlich, architektonisch) dar. Das emanzipative Verständnis dieses Zugangs eröffnet die Möglichkeit – gegenüber staatlichen Einrichtungen und Vorgaben –, den Abbau von Behinderungen zu thematisieren und politisch einzufordern. Historisch haben Menschen entlang dieses Verständnisses u. a. darauf aufmerksam gemacht, dass sie gesellschaftlich behindert werden; wie z. B. die sogenannte Krüppelbewegung, die in den 1980er Jahren u. a. in der Öffentlichkeit darauf aufmerksam gemacht hat, dass nicht alle vergleichbaren Zugang zu Gebäuden und öffentlichen Verkehrsmitteln haben (vgl. Köbsell 2018). In pädagogischen Zusammenhängen von Schule und Unterricht ermöglicht das soziale Modell, die Rahmenbedingungen oder die Umwelt – also den schulischen und den konkreten Lehr-Lern-Kontext – auf mögliche Behinderungen der Partizipation zu hinterfragen und Perspektiven ihres Abbaus zu formulieren.

Die Weltgesundheitsorganisation hat mit der *International Classification of Functioning, Disability and Health*, kurz ICF (World Health Organisation 2005), ein Modell vorgelegt, das dieses soziale Verständnis von Behinderung aufgreift und körperliche und psychische Schädigungen in ihrem Wechselspiel mit sozialen Bedingungen betrachtet (vgl. Langner 2017). Behinderungen werden darin nicht allein und ausschließlich als funktionale Abweichungen der Körperlichkeit, sondern in Relation zu den sozialen und materialen Umwelten der jeweiligen Individuen betrachtet. Exemplarisch unterscheidet sich die Situation für eine:n blinde:n Schüler:in darin, ob er:sie in der Schule, die er:sie täglich besucht, z. B. Braille-Beschriftungen vorfindet oder nicht. In dem einen Fall wird seine:ihre Teilnahme behindert, in dem anderen nicht. Am Beispiel von Gehörlosigkeit stellt das Nicht-Hören eine Beeinträchtigung oder Schädigung dar, während eine Behinderung vorliegt, wenn aufgrund von ausschließlichem Gebrauch der Lautsprache, die Partizipation an den Interaktionsgeschehnissen nicht möglich ist. Die Behinderung ließe sich überwinden, indem z. B. auch gebärdensprachlich kommuniziert wird, was u. a. erfordert, dass Hörenden die Möglichkeit zum Erwerb der Gebärdensprache, z. B. in der Schule, eröffnet wird. Die ICF dient in vielerlei Hinsicht als Grundlage für die Zuweisung besonderer Leistungen, wie z. B., dass Schüler:innen neben der regulären pädagogischen auch sonderpädagogische Unterstützung und Begleitung erhalten. In der Schweiz stellt sie einen Bezugspunkt für die Attestierung von besonderem Bildungsbedarf, dem Pendant zum sonderpädagogischen Förderbedarf, dar (vgl. Hollenweger 2006; Hollenweger & Luder 2010).

Eine zentrale Kritik, die in vergleichbarer Weise auf das soziale Modell von Behinderung als auch für das Modell der ICF zutrifft, liegt in dem, trotz der Trennung von Natur und Kultur bzw. Beeinträchtigung und Behinderung, erhaltenen Verständnis ›naturgegebener‹ Schädigungen. Ein solches lässt sich nur vor der Folie des Konstrukts ›normaler Körper‹ und ›normaler Psychen‹ einerseits und Invalidität bzw. abweichende, als nichtnormal betrachtete Körper andererseits konzipieren (vgl. z. B. Goodley 2014; Köbsell 2018; Waldschmidt 2020b). Normalität wird damit letztlich zum Bezugspunkt für die Formulierung von ›Anormalität‹ oder ›unnormal sein‹, die mit defizitären Perspektiven auf Körper und Personen einhergehen (vgl. Hirschberg 2003, S. 177f.).

Das kulturelle Verständnis von Behinderung

Das kulturelle Verständnis von Behinderung wurde in der kritischen Auseinandersetzung sowohl mit dem individuellen als auch dem sozialen Modell von Behinderung entwickelt, wenngleich es eine Vielzahl von Gemeinsamkeiten mit dem sozialen aufweist. Es speist sich wesentlich aus der Bearbeitung der Kritik an dem sozialen Modell – insbesondere des diesem zugrunde liegenden dichotomen Verhältnisses von Natur und Kultur.

Während das soziale Modell eine individuelle von einer sozialen Seite unterscheidet, löst sich das kulturelle Modell gänzlich von dieser essentialisierenden Sicht, indem die Vorstellung von ›normalen‹ und ›geschädigten‹ Körpern selbst als Ausdruck kultureller Praxen – und nicht natürlicher Gegebenheiten – verstanden wird (vgl. Waldschmidt 2005). Mit anderen Worten: kulturell – und in der Regel implizit – haben sich Verständnisse von Körpern und Menschen entwickelt und durchgesetzt, die auf der Unterscheidung ›nicht-/normal‹ basieren.

Diese gesellschaftlichen Normalitätsvorstellungen basieren dabei wesentlich auf der Idee eines ›perfekten‹, ›vollständigen‹ Menschen bzw. menschlichen Körpers. Abweichungen oder Behinderungen dienen dabei als explizite sowie implizite Vergleichsfolie, die nicht nur gängige Normalitätsvorstellungen prägen, sondern auch zu deren Erhalt beitragen. Behinderung ist diesem Verständnis nach eine Bedingung für Vorstellungen von Normalität ebenso wie Normalität die Voraussetzung für Behinderung darstellt. Beide bedingen einander, wie zwei Seiten einer Medaille. Alle gesellschaftlichen Akteur:innen sind in die Konstruktion von Behinderung und Normalität eingebunden; wenngleich sie dabei unterschiedlich positioniert sind, also verschiedene Positionen innerhalb der aufgemachten sozialen Hierarchien einnehmen: Sie gelten als ›normal‹ oder als ›abweichend‹ bzw. ›behindert‹. Gemeinsam ist den Positionen resp. den Akteur:innen jedoch die Erfahrung, in einer Gesellschaft zu leben, in der Behinderungen und damit verbundene Benachteiligungen, Marginalisierungen, Schlechterstellungen als legitim gelten (vgl. Waldschmidt 2005).

Wissenschaftliche Zugänge, die mit einem kulturellen Verständnis von Behinderung arbeiten, fragen nach den jeweiligen, kulturell verankerten Vorstellungen und Normen sowie den Kategorisierungen, die für sie entwickelt wurden und damit verbundenen Diskriminierungen, Marginalisierungen und Benachteiligungen. Damit steht die Konstruktion von Behinderung insofern im Zentrum der analytischen Betrachtungen, als sie in ihrer Relation zu Normalitätskonstruktionen betrachtet wird. Das heißt, es werden nicht vermeintlich behinderte ›normalen‹ Menschen gegenübergestellt, sondern danach gefragt, wie diese Unterscheidung kulturell hervorgebracht wird. Entsprechend stellt die Bezeichnung oder die Erfahrung von ›Behinderung‹ im Alltag zunächst ein kulturelles Ereignis dar, das – vergleichbar anderen sozial hervorgebrachten Differenzen – in vielfacher Weise erfahren und erlebt wird. Die verwendeten Kategorisierungen können soziale Wirkmächtigkeit erlangen und auch in gesellschaftlichen

Organisationen und Institutionen festgeschrieben werden, die sich dann verselbstständigen können, wenn sie nicht als Konstrukt, sondern als Eigenschaft der so markierten Personen verstanden wird. In der Schule erfolgt dies – in Kapitel 5 und 6 (▶ Kap. 5, ▶ Kap. 6) wird dies näher ausgeführt – u. a. entlang der Kategorien von Bildungsgangzugehörigkeiten, wie z. B. des sonderpädagogischen Förderbedarfs oder des Gymnasiums. Auch mit unserer Sprache bringen wir Normalitäts-/Behinderungsvorstellungen hervor. Zugespitzt findet sich dies in Formulierungen wie ›jemand leidet an einer Behinderung‹ oder ›jemand ist an den Rollstuhl gefesselt‹. Diese Formulierungen legen nah, dass ein Mensch oder eine Personengruppe, die mit einer bestimmten körperlichen Konstitution lebt, darunter leidet bzw. sich in einer Zwangsposition befindet, aus der er:sie sich nicht befreien kann. Hier dokumentieren sich nicht nur negative, abwertende Perspektiven auf spezifische körperliche und/oder psychische Konstitutionen und Lebenssituationen, sondern es werden auch hierarchische Unterscheidungen gegenüber einem, wenn auch implizit bleibenden Gegenhorizont deutlich: die Nicht-Behinderung oder Normalität. Eine Umkehrung der Aussage würde bedeuten, dass das Leben ohne eine Behinderung nicht durch Leid ausgezeichnet sein kann und damit prinzipiell das bessere sei. Auch wird in der Aussage die Möglichkeit ausgeblendet, die im Alltag verwendeten Hilfsmittel als Teil des menschlichen Lebens zu verstehen, so wie andere gesellschaftlich, kulturell geprägte Produkte, wie z. B. Kleidung oder Brillen, betrachtet werden.

Die theoretischen und begrifflichen Perspektiven, die sowohl dem sozialen wie auch dem kulturellen Modell von Behinderung zugrunde liegen, die unmittelbar mit einem emanzipativen Anspruch verbunden sind, betrachtet Raphael Zahnd (2017) vor dem Hintergrund aktueller gesellschaftlich-ökonomischer Entwicklungen als gefährdet. Die gravierenden Veränderungen der Sozialpolitik, die sich seit Ende des letzten Jahrhunderts durch eine zunehmende Ablösung von Prinzipien eines *Wellfare* zugunsten eines *Workfare State* entwickeln, die den Erhalt staatlicher Leistungen an eine Gegenleistung binden, also gesellschaftliche Solidarität in Ausmaß und Umfang an Voraussetzungen knüpft und auf Konkurrenz und Wettbewerb basieren, relativieren die emanzipatorischen Potenziale der genannten Behinderungsverständnisse (vgl. Zahnd 2017). Dies ist v. a. dann gegeben, wenn die formulierten Erwartungen für alle Menschen an einer – wie auch immer konstruierten – gleichen Norm ausgerichtet sind; ohne dass sichergestellt ist, dass alle diese gleichermaßen erfüllen könn(t)en. Diese kulturelle Perspektive auf Behinderung eröffnet einen Zugang zur »Historizität und Kulturalität, Relativität und Kontingenz von (Nicht-)Behinderung *(dis/ability)*« (Waldschmidt 2020a, S. 457, Herv. im Orig.). Das zentrale theoretisch-begriffliche Werkzeug mit dem dies erfolgt, findet sich im Begriff des *Ableism*.

Zusammenfassend kann festgehalten werden, dass die Behinderungsverständnisse sich darin unterscheiden, ob sie davon ausgehen, dass Menschen – aufgrund ihrer körperlichen und/oder psychischen Verfasstheit – *behindert sind* oder, ob sie aufgrund gesellschaftlicher, sozialer und kultureller Konventionen, die ihren Ausdruck in Rahmenbedingungen und Alltagspraxen, also deren Kulturen, finden, *behindert werden*. Die Ausführungen zu den unterschiedlichen Vorstellungen von Behinderung lassen sich vergleichbar für weitere Formen gesellschaftlicher Normalitäts- bzw. Differenzkonstruktionen finden, wie z. B. Ethnizitäts-, Geschlechts- und/oder sozial-ökonomische Klassenkonstruktionen. Für diese Differenzdimensionen finden sich vergleichbare Definitionen, die natürliche und/oder sozial-kulturelle Erklärungen für Unterschiede anführen (vgl. für eine Übersicht: Sturm 2016). Wobei – vergleichbar zu Behinderung – in den aktuellen erziehungswissenschaftlichen Fachdiskursen soziale und/oder kulturelle Erklärungen dominieren. Trotz ihrer Dominanz im fachwissenschaftlichen Diskurs finden sich die individuellen Modelle im Kontext von Schule und Unterricht bis heute gleichermaßen und werden auch für die Legitimation von schulisch-unterrichtlicher Bearbeitungsformen, die exklusiv und separierend sein können, herangezogen (▶ Kap. 5). Im Vergleich zu den anderen Kategorien unterscheidet sich die der Behinderung – bzw. in Schule und Unterricht die des sonderpädagogischen Förderbedarfs – in der gesellschaftlichen Institution Schule, als für die Gruppe der so markierten Schüler:innen nicht nur spezifisch ausgebildete Lehrpersonen (Sonderpädagog:innen bzw. Schulische Heilpädagog:innen) zur Verfügung stehen, sondern auch Sondereinrichtungen, wie Sonder- oder Förderschulen[3].

---

3 Die Bezeichnungen sind in den Bundesländern unterschiedlich. Gemeinsam ist

2 Zentrale Begriffe des erziehungswissenschaftlichen Diskurses

Ableism: Konstruktion von Normalität und Behinderung

Mit dem Begriff *Ableism*, für den es keine wörtliche Übersetzung ins Deutsche gibt (vgl. Köbsell 2015a), aber Ableismus als ›deutsche Variante‹ (vgl. z. B. Buchner, Pfahl & Traue 2015) verwendet wird, wird »ein Gesellschaften durchziehendes und strukturierendes Verhältnis«, mit dem hierarchische Bewertungen »von Menschen anhand angenommener, zugeschriebener oder tatsächlicher Fähigkeiten« (ebd. 2015a, S. 21) vorgenommen werden, bezeichnet. Rebecca Maskos (2015, S. 2) beschreibt Ableismus als »kulturelles Wissen [...], das über Behinderung und Nichtbehinderung in der Welt existiert«. Ableismus, so in beiden Zitaten, liegt nicht punktuell vor, sondern beschreibt (in weiten Teilen) geteiltes strukturierendes, gesellschaftliches und kulturelles Wissen. Da dieses begriffliche Werkzeug für die weiteren Ausführungen, v. a. für die Analysen der gesellschaftlich-institutionellen bzw. öffentlichen Dokumente, relevant und anschlussfähig an die metatheoretischen Kategorien der Praxeologischen Wissenssoziologie ist, in der die weiteren Ausführungen verankert sind, soll er im folgenden Abschnitt differenzierter vorgestellt werden.

Ableism oder Ableismus – das zentrale Konzept für die begriffliche Analyse der Dis_Ability Studies – untersucht gleichermaßen explizit formulierte und implizite Vorstellungen über menschliche Fähigkeiten und Körperlichkeit, die durch die Verallgemeinerung auf ›normierte Menschen‹ jene ausschließen, marginalisieren und/oder verbesondern, die diese Erwartungen nicht erfüllen (können) (vgl. Köbsell 2015a; Rommelspacher 1999). Die Normen und Erwartungen umfassen u. a. Ideale wie Schönheit, Gesundheit und Leistungsfähigkeit, die die Gesellschaft durchziehen. In den letzten Jahren beobachten Alfred Schäfer (2015) und Udo Sierck (2012a) eine Verschärfung von Normalität und der Erwartung der eigenen Optimierung im Sinne der Normalität durch die zunehmende gesellschaftliche Akzeptanz operativer und medikamentöser Angebote, die versprechen, vermeintliche körperliche Vollkommenheit durch leistungsstei-

---

ihnen, dass damit eine Schulform beschrieben ist, die exklusiv Schüler:innen mit sonderpädagogischem Förderbedarf vorbehalten ist.

2.1 Behinderung – unterschiedliche Verständnisse

gerndes Optimierungshandeln zu erreichen. Mit diesen Perspektiven korrespondiert die Ablehnung dessen, was den Idealen zuwiderläuft.

Ableistische oder fähigkeitsbezogene Unterscheidungen oder *ableist divides* (Campbell 2009, S. 7) werden als »Nicht-/Erfüllung von Normalitätsanforderungen im Hinblick auf bestimmte geistige und körperliche Fähigkeiten« (Köbsell 2015a, S. 25) konzipiert. Die Fähigkeiten und die Körperlichkeit werden dabei als ›typisch menschliche‹ angenommen und vorausgesetzt und so naturalisiert bzw. individualisiert. Die – explizit wie implizit – vorgenommenen Bewertungen von Menschen entlang dieser Unterscheidungsfolie erfolgt dabei individualisiert, d.h. gesellschaftliche bzw. kulturelle Entstehenskontexte werden ausgeblendet. Die Unterscheidung wird dabei in hierarchisierter Form vorgenommen, also als Bewertung von besser/schlechter, wobei besser mit nicht-behindert und/oder ›normal‹ korrespondiert und schlechter mit behindert (vgl. Rommelspacher 1999, S. 29).

Einen wesentlichen Beitrag zur Konzeptualisierung von Normalität sieht die US-amerikanische Dis_Ability Studies-Forscherin Nirmala Erevelles (2006) in der Entwicklung der Statistik im 19. Jahrhundert. Diese brachte auf der Grundlage mathematischer Modelle, Vorstellungen von Normalität und Abweichung hervor, mit denen Menschen als passend bzw. nicht-passend oder abweichend beschrieben werden (vgl. auch Supik 2014).

Ein Kernanliegen der Dis_Ability Studies liegt in der Thematisierung der gesellschaftlichen und kulturellen Macht- und Ungleichheitsverhältnisse, mit denen die hierarchischen Unterscheidungen sowie ihre alltagspraktischen Folgen von Menschen hervorgebracht werden. Dieses Anliegen umfasst auch die Frage, wer von den bestehenden Kulturen bzw. Praxen wie profitiert bzw. welche Vor- und/oder Nachteile erlebt (vgl. Köbsell 2015a); wengleich, wie Udo Sierck (1991, S. 29) es zugespitzt formuliert, der:diejenige, der:die »die Macht der Normalität auf seiner Seite weiß«, vermutlich nicht den gleichen Anlass sieht, wie jemand, der:die diese Erfahrungen nicht teilt, diese Kulturen aufzudecken und Perspektiven für ihre Überwindung zu formulieren.

Ableism bzw. ableismuskritische Perspektiven gehen dabei insofern über Behindertenfeindlichkeit hinaus, als sie nicht nur explizite, öffentliche Formen der Diskriminierung und Schlechterstellung betrachten, sondern auch und v. a. jene, die implizit hervorgebracht werden. Deren Genese zu thematisieren, beschreiben und analysieren, sind der zentrale Gegenstand (vgl. Köbsell 2015b, S. 22 ff.).

Normalität und Abweichung in weiteren erziehungswissenschaftlichen Diskursen

Auch in erziehungswissenschaftlichen (vgl. Kelle 2013) und in schulpädagogischen Diskursen (vgl. z. B. Rabenstein & Reh 2009) wird das Verhältnis von Normalitätserwartungen auf der einen und Abweichungen bzw. Pathologisierungen auf der anderen Seite als gegenseitige Konstitutionsbedingung rekonstruiert und zugleich kritisiert. Dies erfolgt, wie Kerstin Rabenstein und Sabine Reh (2009) entlang der Analyse von Beiträgen in Fachzeitschriften aufzeigen, wesentlich durch implizite Entwürfe des ›normalen Kindes‹ resp. der:s ›normalen Schüler:in‹, die über die Abweichung jener konstituiert werden, die diesen Erwartungen nicht entsprechen. Als ›normal‹ wird dabei insbesondere ein »lernwilliges, neugieriges und beim Lernen selbstständiges Kind« (Rabenstein & Reh 2009, S. 164) konzipiert. Dies erfolgt weitgehend – wenn auch nicht durchgängig – in naturalisierender und essentialisierender, also individualisierender Art und Weise. Das aufgerufene Verständnis von Normalität wird ergänzt um das des:r ›lernkompetenten Schüler:in‹, der:die angelehnt an die Kompetenzdiskussion im Anschluss an die PISA-Studien verstärkt aufgerufen wird. In der Analyse von Beiträgen in Fachzeitschriften rekonstruieren die zwei Autorinnen zwei Verständnisse: In einem ersten werden Motivation und selbstständiges Arbeiten, Leistungs- und Anstrengungsbereitschaft, als den Kindern inhärente Eigenschaften individuell konzipiert, während im zweiten von einem Erwerb dieser Fähigkeiten und Eigenschaften ausgegangen wird. Um diese zu erwerben, werden Techniken und Trainings als probate Instrumente oder Werkzeuge vorgeschlagen. Schüler:innen, die diese Fähigkeiten nicht erwerben, werden als abweichend von der Norm charakterisiert. Die Ursachen hierfür werden in den Schüler:innen selbst verortet und damit letztlich naturalisiert; während der Unterricht selbst nicht als Erklärung für das soziale Verhalten angeführt wird (vgl. Rabenstein & Reh 2009). Interessant ist, dass dies für den Frontalunterricht formuliert wird, nicht aber für die in den von den beiden Autorinnen analysierten Aufsätzen proklamierten und favorisierten Formen des offenen Unterrichts. Dieser wird vielmehr als Unterrichtsform angeführt, die gewünschten Verhaltensweisen – im Sinne der Möglichkeit des Erwerbs – aufzubauen. Die Autorinnen vergleichen die in den Diskursen aufgerufenen Konstruktionen ›abweichender Kinder‹ mit denen der International Classification of Impairments, Disabilities and Handicaps, kurz ICIDH, dem Vorläuferdokument der oben genannten ICF der Weltgesundheitsorganisation (World Health Organisation 1980). Diese erklärt nicht-erwartungskonformes Verhalten mit pathologischen, also krankhaften Abweichungen. Dabei werden unterschiedliche Perspektiven zur Bearbeitung aufgerufen: Während die Weltgesundheitsorganisation stärkere Unterstützungsstrukturen zur Förderung der so eingeschätzten Schüler:innen empfiehlt, sieht die Grundschulpädagogik diese präventiv durch offene Unterrichtsformen gar nicht erst entstehen (vgl. Rabenstein & Reh 2009).

2.2 Inklusion und Exklusion: mehrdimensionale und relative Verständnisse

Vor dem Hintergrund der sehr unterschiedlichen Verständnisse von Behinderung sowie den Annahmen ihrer Genese bzw. Entstehung liegt es nah, dass auch die Konzepte darüber, was als Inklusion und Exklusion verstanden wird, vielfältig sind. Die folgenden Ausführungen greifen v. a. Verständnisse auf, die Inklusion und Exklusion als relational verstehen. Dies eröffnet deskriptiv-analytische Betrachtungen und geht über normativ-programmatische Perspektiven hinaus, die in der Regel nur Inklusion aufrufen. Die Unterscheidung von deskriptiv-analytischen und normativ-programmatischen Perspektiven ist nicht untypisch innerhalb der Erziehungswissenschaft, die lange Zeit v. a. Ideale formuliert hat, wie z. B. von Bildung und Erziehung (vgl. Koller 2017, S. 49 ff.).

In einem normativ-programmatischen Verständnis wird Inklusion – gleichermaßen wie der zuvor üblicherweise verwendete Begriff der Integration – als Idee resp. idealer Zustand, den es zu erreichen gilt, verstanden. Konträr dazu lässt sich die deskriptiv-analytische Perspektive, die zunächst v. a. in der Soziologie verwendet wurde, aber zunehmend auch in der Erziehungswissenschaft aufgerufen wird, verstehen, deren Ziel in der Beschreibung der jeweiligen Situation liegt (vgl. Hoffmann 2018, S. 20). Dabei ist hervorzuheben, dass je nach sozialwissenschaftlicher Grundlagentheorie von einem entweder/oder ausgegangen wird (vgl. Nassehi 2008) und/oder von einer Gleichzeitigkeit von Inklusion und Exklusion.

Die heutige Erziehungswissenschaft geht meist über die idealen Entwürfe hinaus und nutzt Theorien und Begriffe als Werkzeuge zur Analyse, Beschreibung und Reflexion von pädagogischen, Bildungs- und Erziehungspraxen. Jedoch sind auch diese nicht losgelöst von Normativität, da Erziehungswissenschaft, wie andere Wissenschaften auch, sich nicht von einer Position, einem Standort lösen kann, von dem aus die Welt betrachtet und beschrieben wird (vgl. Wrana 2019). Dabei wird der Idealzustand als kontinuierlicher Reflexionsprozess konzipiert oder als Einstellung, die Konstruktion von Barrieren und Behinderungen sozialer und akademischer Partizipation zu analysieren, zu beschreiben und zu überwinden (vgl. Ainscow 2021).

Inklusion steht dabei für die Überwindung von Exklusion und wird – vergleichbar zu Behinderung – auch in ihrer politischen Bedeutung ersichtlich, die sich gegen einen fremdbestimmten Ausschluss positioniert. Hieran schließt die Aufgabe der Erziehungswissenschaft an, jene Fremdrahmungen und Praxen, die Ausschluss, Schlechterstellung und/oder Marginalisierung implizieren resp. hervorbringen, zu erkennen und zu beschreiben. Exklusion oder exklusive Prozesse, die der normativen Forderung nach Inklusion vorausgehen bzw. die Voraussetzung für diese darstellen, sind hochgradig komplex und lassen sich folglich nicht allein durch normative Gegenentwürfe oder Appelle überwinden. Bezogen auf Schule und Unterricht, so kann angenommen werden, liegt hier ein Forschungsdesiderat vor (vgl. Stein 2013).

Neben Formen des räumlichen Ausschlusses aus der Regelschule bestehen Praxen und Kulturen innerhalb der Einrichtungen, da, wie es Ewald Feyerer (2019) zusammenfasst, gemeinsame Beschulung – verstanden als

2.2 Inklusion und Exklusion: mehrdimensionale und relative Verständnisse

an einem Ort mit dem Zweck von Bildung und Erziehung zusammenzukommen – nur eine *notwendige*, aber *keine hinreichende Voraussetzung* dafür darstellt, Schule und Unterricht inklusiv(er) zu gestalten. Auf der unterrichtlichen Ebene gestaltet sich die Figur von Inklusion/Exklusion insofern anders, als sie auf die vielfältigen und z. T. parallelen Interaktionssysteme bezogen wird und zugleich hierarchische Unterscheidungen, Marginalisierungen sowie Schlechter- und Besserstellungen innerhalb der jeweiligen Gruppe vorgenommen werden (vgl. z. B. Hackbarth 2017; Wagener 2020).

Ausschluss steht dabei im Widerspruch zu dem gesellschaftlichen Prinzip der formalen Gleichheit an Partizipationsmöglichkeiten. Wird Gleichheit unterlaufen, erfolgt dies meist mit der Begründung einer »naturgegebenen Ungleichheit« (Ongaro Basaglia 1985, S. 84). Dieser Mechanismus der Legitimation von Ungleichheit verortet die Andersartigkeit bei bzw. in den Betroffenen, die in Relation zur Norm von Gleichheit bzw. Partizipation steht. Die Abweichungen werden individualisiert und zugleich von den jeweiligen sozialen und historischen Zusammenhängen, in denen sie hervorgetreten sind, abstrahiert, also losgelöst. Dieser vermeintlich ›natürliche‹ Sachverhalt legitimiert Ausschluss aus den gesellschaftlichen bzw. gemeinschaftlichen Institutionen. Gesellschaftliche Sondereinrichtungen – wie z. B. die Sonderschulen – sind entsprechend solche, an denen es normal ist, nicht normal im gesellschaftlichen Sinne zu sein. Durch die Einrichtung dieser werden die Menschen, die sie besuchen, gesellschaftlich zugleich ›unsichtbar gemacht‹. Dies kann sich u. a. darin zeigen, dass Schüler:innen von den im Unterricht und auch für den Peerzusammenhang nicht unbedeutenden Leistungsmessungen und -vergleichen ausgeschlossen werden, indem sie keine Bewertungen in Form von Noten für ihre Leistungen erhalten; und/oder weil die Lehr-Lern- und die Verhaltenserwartungen an sie v. a. darin gesehen werden, den Unterrichtsablauf nicht zu stören, indem sie parallel oder synchron zu ihren Peers Aktivitäten nachkommen, ohne an diesen akademisch oder sozial teilzuhaben (vgl. Sturm et al. 2020).

In der modernen Gesellschaft werden v. a. jene, die als nicht leistungsfähig und/oder rational betrachtet werden, in Sondereinrichtungen verwiesen. Die Entfremdungen, die für alle Mitglieder einer Gesellschaft mit dieser Separierung einhergehen, stellen sich selbst als eine Barriere für schulisch-unterrichtliche Inklusion dar, da viele Menschen sich eine Integration der bisher Ausgeschlossenen in die bestehenden gesellschaftlichen sogenannten Regelschulen nicht vorstellen können. Ähnlich gilt dies für die sozio-ökonomische Segregation, die durch die Unterscheidung von Bildungsgängen und Schulformen in der Sekundarstufe I hervorgebracht wird (vgl. Collins 2009).

Inklusion stellt die pädagogische Antwort auf das soziale Phänomen der Exklusion dar, die auf der Basis »bestimmter Selektionskriterien vorgenommenen Ausschluss [...] von Personengruppen aus allgemeinen gesellschaftlichen Lebensbereichen« (Bernhard 2012, S. 342) legitimieren. Das hier aufgerufene relative Verhältnis von Inklusion und Exklusion weist insofern über ein Verständnis von Inklusion hinaus, diese Personen oder Personengruppen, die bisher ausgeschlossen wurden, zu inkludieren (vgl. z. B. Lindmeier & Lütje-Klose 2015); indem die Kulturen und Praxen, die den Ausschluss hervorbringen, im Zentrum der Analyse und potenzieller Veränderungen zugunsten von Partizipation gesehen werden (vgl. Köpfer 2019; Messiou 2016; Sturm 2016, S. 134 ff.). Dieses Verständnis ist anschlussfähig an sozialwissenschaftliche Diskurse, die Inklusion, aber v. a. Exklusion als Ausdruck des Ausschlusses von gesellschaftlicher Teilhabe, z. B. aufgrund von Armut, thematisieren (vgl. z. B. Hoffmann 2019; Kronauer 2015). Die theoretischen Arbeiten Niklas Luhmanns (1998), auf die die Begriffe Inklusion und Exklusion vielfach zurückgeführt werden, bezeichnet letztgenannte als grundsätzliche Nicht-Teilhabe an einem gesellschaftlichen Zusammenhang. Auf Schule bezogen verweist dieses systemtheoretische Verständnis darauf, dass der Besuch der Sonderschule zunächst keine Exklusion aus dem staatlichen Bildungs- und Erziehungssystem darstellt, da er nicht mit einer grundsätzlichen Exklusion aus diesem einhergeht.

Drei der zahlreichen Inklusions- und Exklusionsverständnisse, die in der Erziehungswissenschaft derzeit diskutiert werden, sollen nachfolgend vorgestellt werden. Ihnen ist gemeinsam, dass sie Inklusion nicht im Sinne eines zu erreichenden Zustands, sondern als kontinuierlichen Prozess der Analyse und Reflexion der Differenzkonstruktionen und damit verbundener Hervorbringungen der Ermöglichung und Behinderung sozialer und akademischer Partizipation (vgl. Ainscow 2021) konzipieren. Neben der Kritischen Theorie bzw. Kritischen Erziehungswissenschaft sind dies das subjekt- und machttheoretisch fundierte Verständnis, das in den Ar-

2.2 Inklusion und Exklusion: mehrdimensionale und relative Verständnisse

beiten von Michel Foucault verankert ist, sowie das der Praxeologischen Wissenssoziologie.

Inklusion und Exklusion als dialektischer Gegenstand der Kritischen Erziehungswissenschaft

Gesellschaftliche Abhängigkeiten und Ungleichheiten, so die Kritische Theorie, die in Form ungleicher ökonomischer, gesellschaftlicher und sozialer Teilhabemöglichkeiten zum Ausdruck kommen, gründen wesentlich in der zentralen kapitalistischen Wirtschaftsweise. Vor diesem Hintergrund entfaltet sich das Vorhaben der Kritischen Erziehungswissenschaft, mittels wissenschaftlicher Analysen jene Bedingungen zu erkennen und zu beschreiben, die – vielfach als unveränderlich erlebt und beschrieben werden – Abhängigkeits- und Ungleichheitsverhältnisse hervorbringen. Dies ist an dem Ziel orientiert, die Herrschaft von Menschen über Menschen zu reduzieren (vgl. Koller 2017, S. 226ff.).

Die Kritische Theorie sowie die Kritische Erziehungswissenschaft verstehen sich als wissenschaftliche Perspektiven nicht als wertneutral, sondern ebenfalls als eingebunden in Sachzwänge und gesellschaftliche Widersprüche. Ein Beispiel hierfür stellt die zunehmende Finanzierung von Forschung über kompetitiv gestaltete Auswahlverfahren dar. Dies geht mit dem Risiko einher, dass v. a. jene Forschung mit ihren Erkenntnisinteressen und Perspektiven gefördert wird, die (auch) den politischen Vorstellungen entspricht. Dies geht mit der Einschränkung der Autonomie der Wissenschaft einher, Forschungsfragen zu bearbeiten, die sich aus ihr heraus ergeben.

Das Verständnis von Inklusion, das in der Kritischen Theorie bzw. der Kritischen Erziehungswissenschaft verankert ist, erhebt den Anspruch, mithilfe begrifflicher Werkzeuge, gesellschaftliche Zusammenhänge differenzierter und präziser zu beschreiben, als dies alltagssprachlich erfolgt, und so die Möglichkeit der Emanzipation von gesellschaftlichen Zwängen und Abhängigkeiten zu eröffnen. Inklusion und Exklusion – die keine Fachbegriffe dieser theoretischen Perspektiven sind – werden dabei als in einem dialektischen Verhältnis verstanden, d. h., sie stehen in einem Spannungsverhältnis oder im Widerspruch zueinander. Mit anderen

Worten: Sie sind nicht dichotom, also einander ausschließend, sondern gleichzeitig gegeben bzw. in dialektischer Relation zueinander. Dialektik beschreibt eine grundsätzliche Perspektivierung und Denkweise der Kritischen Theorie und der Kritischen Erziehungswissenschaft.

Folglich erschöpft sich die Betrachtung von Inklusion und Exklusion im Kontext von Schule und Unterricht nicht in der Bereitstellung von Mitteln und/oder Methoden, die versprechen, dass das programmatisch gesetzte Ziel der Inklusion erreicht wird. Vielmehr wird ein theoretischer und begrifflicher Rahmen bereitgestellt, mit dem gesellschaftliche Situationen und Zusammenhänge, mit ihren Konflikten und Widersprüchen in den Blick genommen werden. Bezogen auf das Verhältnis von Behinderung und Ermöglichung von Bildung und Erziehung heißt dies, dass sowohl die gesellschaftlichen Rahmenbedingungen, in denen sie organisiert sind, also wesentlich Schule und Unterricht, als auch die pädagogischen Normen entlang derer sie gestaltet werden, in die Beschreibung von Ursachen und Erklärungen einzubeziehen sind (vgl. z. B. Bärmig 2015; Dammer 2008; Katzenbach 2015).

Dieter Katzenbach (2015) entfaltet seine Überlegungen zu Inklusion vor diesem theoretischen Hintergrund. Mit seinem Inklusionsverständnis, das sich von den vielfach zu findenden normativ-programmatischen Überlegungen, wie sie beispielsweise von Andreas Hinz (2009) formuliert sind, das auf jegliche Form der Kategorisierung verzichtet, abgrenzt. Wenngleich die von Andreas Hinz (2009) proponierte Perspektive einer Reifizierung, also einer Vergegenständlichung von Differenz und Ungleichheit und damit verbundener Stigmatisierungen und Benachteiligungen, vorbeugen kann, blendet ein pauschaler Verzicht die Komplexität und Ungleichheit gesellschaftlicher Verhältnisse aus, so das in der Kritischen Theorie fundierte Argument von Dieter Katzenbach (2015). Zentral ist dabei die Überlegung, dass ein Verzicht auf Kategorisierungen, wie der des sonderpädagogischen Förderbedarfs, bestehende Benachteiligungen und Formen sozialer Ungleichheit weiter verschärfen könnte, indem sie nicht mehr thematisierbar wären. Vergleichbare Bedenken führt er für die verwaltungsrechtliche Ebene an, die über die Gewährung von Nachteilsausgleichen entscheidet. Der Verzicht auf Unterscheidungskategorien geht immer mit dem Risiko einer Verschleierung von Ungleichheit und damit einhergehenden Benachteiligungen einher. Dieter Katzenbach (2015)

2.2 Inklusion und Exklusion: mehrdimensionale und relative Verständnisse

schlägt entlang der Überlegungen der Kritischen Theorie vor, Inklusion als doppeltes Spannungsverhältnis zu verstehen, das sich einerseits durch die Pole Thematisierung und De-Thematisierung von Differenz auszeichnet und andererseits durch das Verhältnis von egalitärer und meritokratischer Differenz, also einer auf Leistung basierenden Unterscheidung. Beide Spannungslinien, so sein Vorschlag, sind in sich und zueinander in Balance zu halten, anstatt einseitig zu bearbeiten. Es ist v. a. der Verweis auf das meritokratische Prinzip, mit dem er hervorhebt, dass Schule im Kontext einer Leistungsgesellschaft angesiedelt ist, und entsprechend nicht allein dem normativen Bezugspunkt von Gleichheit folgt. Mit der skizzierten Denkfigur, insbesondere dem zweiten Spannungsverhältnis, eröffnet Dieter Katzenbach (2015) die Möglichkeit einer verbindenden Betrachtung von Unterschiedlichkeit und Ungleichheit, die im Kontext gesellschaftlicher Rahmenbedingungen – die nicht allein durch pädagogisches Handeln zu überwinden sind – reflektiert werden kann und die dialektische Denkfigur charakterisiert. Entlang dieser lässt sich zugleich reflektieren, dass sich die Möglichkeiten sozialer Integration von Schüler:innen in Sonderschulen gegenüber inklusiven schulischen Settings unterscheiden (vgl. z. B. Bärmig 2015).

Vor diesem Hintergrund kann Inklusion als ein begriffliches Werkzeug zur »Kritik an der bestehenden gesellschaftlichen Organisation von Teilhabe und Ausschluss« (Katzenbach 2015, S. 31) verstanden werden. In der Konsequenz der Überlegungen und entlang der Prämissen der Kritischen Theorie ist dieses begriffliche Werkzeug eines, das einer kontinuierlichen Anwendung im Sinne der Reflexion bedarf, da Inklusion und Exklusion keine abgeschlossenen, sondern wiederkehrende Figuren der Gesellschaft darstellen. Die Kritik der Kritischen Erziehungswissenschaft wird dabei als »Motor praktischer Veränderungen« (Dammer 2008, S. 5) verstanden.

Inklusion und Exklusion in macht- und subjekttheoretischer Perspektive

Die Arbeiten zu Inklusion und Exklusion, die in den subjekt- und machttheoretischen Arbeiten Michel Foucaults (1976) verankert sind, thematisieren v. a. die gesellschaftlichen Normierungs-, Regierungs- und

Subjektivierungspraktiken und ihre selbstdisziplinierenden Wirkungen des Ausschlusses. Michel Foucault selbst verwendet den Begriff der Exklusion zur Beschreibung vergangener Machtformen, die sich z. B. in territorialen Grenzsetzungen ausdrücken. Inklusion und Exklusion werden als sozialer Ein- bzw. Ausschluss bzw. als Ermöglichung und Behinderung von Partizipation verstanden, die gesellschaftlich hervorgebracht und begründet werden. Mit Lars Gertenbach (2008) lassen sich drei gesellschaftliche Exklusionsformen unterscheiden: die räumliche, soziale Trennung, die eines einschließenden Ausschlusses – die auch als Marginalisierung und/oder Schlechterstellung bezeichnet werden kann –, und Formen, die durch Selbstdisziplinierung durch die Subjekte selbst erfolgen. Die Beschulung von Schüler:innen an Sonderschulen beschreibt das Prinzip der räumlichen Trennung. Die Schulen stellen Sonderinstitutionen dar, die ihre Legitimation und Bedeutung daraus erhalten, dass Gesellschaften Kriterien für den Ein- und Ausschluss in spezifische Schulformen formulieren und definieren. Die zweite Ausschlussform findet sich in schulischunterrichtlichen Zusammenhängen, u. a. dort, wo Schüler:innen mit geschriebenem sonderpädagogischen Förderbedarf dem Unterricht der ›inklusiven Schule‹ zwar physisch beiwohnen, aber weder sozial noch akademisch partizipieren (können). Die dritte Machtform, die der Disziplinarmacht, prägt die aktuelle Gesellschaft. Diese Form des gesellschaftlichen Zwangs zur Selbstdisziplinierung erfolgt durch Subjektivierungspraktiken, die in Form von Überwachen, Sanktionieren und Normieren wirken (vgl. Foucault 1976). Diese umfassen nicht nur institutionelle Machtpraktiken, wie sie z. B. in Form von Noten und Zensuren in Schule aufgerufen werden, sondern auch diskursive Wissenspraktiken, die v. a. die Grenze von vermeintlich Normalem und Abweichendem beschreiben (vgl. z. B. Waldschmidt 2008). Die Unterscheidung von Inklusion und Exklusion im Anschluss an Michel Foucault reduziert sich, bezogen auf Schule und Unterricht, damit nicht auf die Auflösung von Sonderschulen – die in Deutschland trotz entsprechender Mahnungen vonseiten der Vereinten Nationen (vgl. Deutsches Institut für Menschenrechte 2018) bisher nicht erfüllt wird (vgl. Steinmetz et al. 2021) –, sondern eröffnet einen begrifflichen Rahmen, um die diskursiven Elemente und die in ihnen aufgerufenen Unterscheidungen von Normalität und Abweichung rekonstruieren und reflektieren zu können.

2.2 Inklusion und Exklusion: mehrdimensionale und relative Verständnisse

Subjekt- und machttheoretische Zugänge untersuchen v. a. Diskurse und Praktiken und die in ihnen aufgerufenen Normen sowie die ihnen inhärenten Macht- und Normierungsverständnisse. Diese vergleichen sie mit übergeordneten Normen, wie sie z. B. in den Menschenrechten formuliert sind. In Bezug auf schulisch-unterrichtliche Inklusion konnten u. a. Formen der erwarteten Anpassung an eine schulische Normalität rekonstruiert und kritisiert werden, denen insofern »transformatorisches Potenzial« (Hoffmann 2019, S. 100) zugeschrieben wird, als die Analysen Ausgangspunkte für Veränderungen darstellen. Dies zeigt sich beispielhaft in der aktuellen (bildungs-)politischen Umsetzung schulischer Inklusion, die wesentlich darin besteht, dass Schüler:innen mit und ohne sonderpädagogischen Förderbedarf in eine Schule gehen sollen, ohne dass sich die hierarchisierende und individualisierte Unterscheidung von Schüler:innen entlang von Bildungsgängen geändert hätte. Das Beispiel zeigt, dass die Programmatik von Inklusion in der Gestaltung der Praxis selbst Exklusion oder Marginalisierung hervorrufen kann (vgl. z. B. Wansing 2007).

Inklusion wird zunächst als ein politischer und/oder pädagogischer Diskurs verstanden, dessen inhärente Normalitätskonstruktionen beschrieben werden. Vor diesem Hintergrund werden die UN-BRK und der durch sie angestoßene Diskurs zu Inklusion zwar als Beitrag zu einer Verschiebung der Relation von Normalität und Abweichung bzw. Inklusion und Exklusion in Schule und Unterricht verstanden, die sich u. a. in der Möglichkeit physischer Anwesenheit ausdrückt; ohne allerdings, dass die grundsätzlichen Unterscheidungsprinzipien von Normalität und Abweichung in den Praktiken überwunden wären. Mit Daniel Wrana (2019) ist eine solche Überwindung in unserer aktuellen Gesellschaft und ihren Schulsystemen, die mit ihren Leistungsnormen hierarchisierte Unterscheidungen hervorrufen, deren disziplinierende Macht auf schulsystemischer Ebene bisher nicht hinterfragt wird, nicht möglich. Nicht zuletzt, da die UN-BRK sowie die daran anschließenden Perspektiven selbst Normen und Normierungen enthalten, die ihrerseits Abweichung hervorbringen, die eine Zumutung darstellen können, da sie Partizipation bzw. Inklusion in bestehende, durch Ungleichheit gekennzeichnete Zusammenhänge erwarten (vgl. Bärmig 2015; Becker 2007). Dass die Diskursivierung der (unterschiedlichen) Normen selbst einen gesellschaftlichen Prozess der Hervorbringung von Normen und Normalisierungen und damit auch möglicher Reifizierung darstellt, wird von Vertreter:innen des Ansatzes kritisch diskutiert, ebenso wie die Nicht-Thematisierung von Differenz, die diese in Praxen selbst auflösen kann (vgl. auch Hoffmann 2019).

Inklusion und Exklusion in der Praxeologischen Wissenssoziologie

Das Verständnis von Inklusion in der Praxeologischen Wissenssoziologie – das hier im Vergleich zu den vorherigen nur kurz vorgestellt wird, da eine ausführlichere Vorstellung in Kapitel 4 (▶ Kap. 4) erfolgt, weil dieser grundlagentheoretische Zugang das kategoriale und begriffliche Rahmenkonzept für die weiteren Analysen der gesellschaftlich-institutionellen Dokumente darstellt – ist vergleichbar zur Kritischen Theorie und zum macht- und subjekttheoretischen Ansatz eine sozialwissenschaftliche Grundlagen- oder Metatheorie. Das heißt, sie stellt Begriffe und Kategorien bereit, mit denen Gegenstände – hier Inklusion und Exklusion – gefasst und beschrieben werden. Anders als die beiden bereits vorgestellten Zugänge zeichnet sich die Praxeologische Wissenssoziologie dadurch aus, dass sie beschreibt, welche Strukturbedingungen z. T. professionalisierte Unterrichtspraxen auszeichnen; unabhängig davon, wie diese von den sozialen Akteur:innen konkret ausgefüllt, verstanden bzw. gestaltet werden. Letztgenannter Aspekt kann nur empirisch überprüft bzw. rekonstruiert werden (vgl. Bohnsack 2021a). Zusammen mit der Dokumentarischen Methode zeichnet sich die Praxeologische Wissenssoziologie als ein empirischer Forschungszugang aus, dessen zentraler Gegenstand soziale Praxen darstellen, die in ihrer Genese und ihrer Mehrdimensionalität betrachtet werden. Mit Mehrebenenanalyse ist gemeint, die unterschiedlichen sozialen Erfahrungsräume der konkreten Praxen und/oder Interaktion, der Organisation, z. B. einer Schule, und der Gesellschaft in ihrer Relation zueinander zu betrachten (vgl. z. B. Wagener 2018).

Inklusion und Exklusion bzw. inklusive und exklusive Modi sind (vgl. Przyborski 2004, S. 95 ff.) Begriffe, die in der Dokumentarischen Methode zunächst herangezogen wurden, um die Diskursorganisation sozialer Akteur:innen, z. B. in Gruppendiskussionen zu beschreiben. Entsprechend sind die Begriffe im Kern der Praxeologischen Wissenssoziologie verortet und verweisen auf die diskursorganisatorisch hervorgebrachte Teilhabe –

2.2 Inklusion und Exklusion: mehrdimensionale und relative Verständnisse

und/oder Ausschlussformen der von unterschiedlichen Akteur:innen eingebrachten Äußerungen bzw. Orientierungen. Dies kann themenbezogen, aber auch thematisch übergreifend erfolgen. Dabei liegt das Erkenntnisinteresse wesentlich darin, die jeweilige Art und Weise der interaktiven und handlungspraktischen Hervorbringung der unterschiedlichen beteiligten Akteur:innen zu rekonstruieren. Inklusion und Exklusion in Schule und Unterricht werden jedoch nicht nur interaktiv in den Praxen, wie z.B. der unterrichtlichen, hervorgebracht, sondern, dem mehrdimensionalen Verständnis des Zugangs folgend, auch in den Regeln und Programmen bzw. Programmatiken einer Schule und/oder einer spezifischen Klasse, die sich ihrem eigenen Selbstverständnis nach als inklusiv – seltener explizit als exklusiv – verstehen. Auf der gesellschaftlich-institutionellen Ebene klären Zugangsregeln zu Schulen und/oder Bildungsgängen, ob diese inklusiv sind, also allen Schüler:innen offen stehen oder nur ausgewählten. Am Beispiel des Vergleichs der KMK-Empfehlungen von 1994 mit denen von 2011 lässt sich dies exemplarisch illustrieren: Während in den erstgenannten der Zugang von Schüler:innen mit attestiertem sonderpädagogischen Förderbedarf in eine sogenannte Regelschule als eine Möglichkeit formuliert wird, die sich bei ausreichend vorhandenen Ressourcen eröffnet – die formalen Zugangsmöglichkeiten der genannten Schüler:innen also eingeschränkt werden –, ist diese beschränkende Klausel in dem jüngeren Dokument und die Prämissen der UN-BRK aufgreifend nicht enthalten. Diese den Unterricht bzw. die unterrichtlichen Praxen fremdrahmenden Verständnisse von Inklusion und Exklusion gestalten sich nicht als entweder/oder, sondern vielmehr als gleichzeitig und in ambivalenter Form miteinander verbunden. Wie dies konkret erfolgt, wird empirisch rekonstruiert (vgl. Sturm et al. 2020).

Abschließend kann zusammengefasst werden, dass die drei dargelegten Verständnisse Inklusion und Exklusion als relationale Produkte und/oder Prozesse gesellschaftlicher, materialer und sozialer Bedingungen, Diskurse und/oder Praxen verstehen. Während die Überlegungen, die auf Michel Foucaults Arbeiten sowie die der Praxeologischen Wissenssoziologie aufbauen, Inklusion und Exklusion wesentlich als den Diskursen bzw. Praxen inhärent verstehen, besteht eine Gemeinsamkeit aller drei darin, dass diese in den gesellschaftlichen Bedingungen bzw. Fremdrahmungen der Praxen verorten, die von den sozialen Akteur:innen in ihren Praxen bzw. Praktiken zu bearbeiten sind. Eine weitere Gemeinsamkeit der drei Ansätze besteht darin, dass sie Inklusion und Exklusion relational und zugleich als sozial hervorgebracht und damit die Relation als grundsätzlich veränder- und verhandelbar konzipieren. Dabei werden die Entwicklungsmöglichkeiten hierfür nicht allein bei den Subjekten, Individuen und/oder sozialen Akteur:innen verortet, die die Praxen gestalten, sondern Bedarfe auch in den gesellschaftlichen, sozialen und materialen Rahmenbedingungen, den Normen und (Entscheidungs-)Erwartungen, verortet. Dieser gesellschaftliche Kontext, der sich z. B. in Schulgesetzen und KMK-Empfehlungen formuliert findet, zeichnet sich seinerseits durch unterschiedliche Interessen aus.

Studien, die in diesen drei Paradigmen verankert sind, zeigen, dass sich dies wesentlich am schulischen und unterrichtlichen Leistungsverständnis als zentraler Figur der Differenzkonstruktion entfaltet (vgl. z. B. Reh, Berdelmann & Schulz 2015; Sturm et al. 2020). Leistung stellt nicht nur eine gesellschaftliche, sondern auch eine schulische Kategorie dar, entlang derer Schüler:innen unterschieden werden, und die u. a. durch institutionalisierte Formen, v. a. die Unterscheidung von Bildungsgängen und Schulformen, bearbeitet werden. Die Kategorie soll als schuleigene sowie als pädagogische im nachfolgenden Kapitel näher betrachtet werden.

3 Leistung – schuleigene Differenzkategorie

Das Leistungsprinzip – dies gilt für die Schule gleichsam wie für die Gesellschaft – basiert auf dem Versprechen der Reziprozität von Anstrengung und Erfolg, ohne allerdings, dass dies in einem kausalen Sinn eingelöst würde. Das Versprechen kann als »motivierende Hoffnung auf Erfolg« (Schäfer 2018, S. 27) aufgrund von Anstrengung wirken und Leistungsbereitschaft sowie die Verantwortung der:s Einzelnen nahelegen, dieser kontinuierlich nachzukommen. Leistungsbereitschaft als Voraussetzung für Erfolg steht dabei konträr zu der Annahme vererbter oder natürlich bestehender, differenter Begabungen (vgl. kritisch dazu: Böker & Horveth 2018). In ihrer historischen Analyse arbeitet Nina Verheyen (2018) heraus, dass das heutige Verständnis von Leistung sich in den letzten 150 Jahren entwickelt hat und diese als Ausdruck *individueller Fähigkeiten* versteht. Dies geht mit einem vermeintlich kontextunabhängigen Verständnis von Leistung einher, das in seiner Effizienz und Optimierung nach oben hin quasi offen ist. Dabei wird das Individuum zentral gesetzt, wenn es für die Leistung individuell verantwortlich gemacht wird.

Leistung ist im Alltags- oder Common Sense-Verständnis eng mit der Legitimation sozialer Ungleichheit in der Gesellschaft verbunden: Leistet jemand viel, so ist es rechtens, wenn die Person über größere materielle, aber auch soziale Gestaltungsmöglichkeiten verfügt als eine, die wenig(er) leistet. Historisch betrachtet stellt dies einen emanzipatorischen Fortschritt innerhalb der bürgerlichen Gesellschaft dar, da prestigeträchtigere Positionen nicht mehr entlang der ständischen Herkunft, des Geschlechts und/ oder der sozial-ökonomischen Situation der Familie vergeben werden, sondern auf der Grundlage individueller Anstrengungen und ihres Erfolgs. Dies ist der Anspruch eines »gerechten Leistungsvergleichs mit anderen« (Schäfer 2018, S. 11) – ein Konzept, das zugleich brüchig ist, da es bisher

3 Leistung – schuleigene Differenzkategorie

nicht gelungen ist, auf diese Art und Weise Ungerechtigkeiten zu überwinden (vgl. Schimank 2018). Leistung wird vielfach, nicht nur in Schule und Unterricht, sondern auch in weiteren Lebensbereichen aufgerufen und verweist dabei auf Besonderheiten – im positiven wie im negativen Sinne –, ohne dass die jeweilige Vergleichsbasis, mit der Leistung bestimmt wird, benannt wird. Insofern hat sich das Leistungsverständnis verselbstständigt, wenn die damit verbundenen sozialen Positionen, aus denen heraus bewertet wird, nicht angeführt werden (vgl. Schäfer 2018). In schul- wie auch in allgemeinpädagogischen Diskursen finden sich normative Leistungsverständnisse, z. T. als pädagogische Leistung (vgl. z. B. Jürgens 2010; Klafki 1996) konkretisiert, und deskriptiv-analytische Perspektiven, die ausführen, wie Leistung in Schule und Unterricht verstanden und praktisch hervorgebracht wird. Von diesen sind Perspektiven zu unterscheiden, die definieren, was z. B. fachliche Leistungen sind und wann diese als ›erfüllt‹ gelten. Dieser letztgenannte Aspekt findet sich v. a. in Bildungs- und Rahmenplänen, die Kompetenzen definieren, deren Erreichung und Nachweis als Leistung gilt. Ausgewählte Bildungsstandards für das Fach Deutsch werden exemplarisch in Kapitel 5.7 analysiert (▶ Kap. 5.7). Den bisherigen Ausführungen folgend, sollen hier zentrale Diskurslinien der erziehungswissenschaftlichen Auseinandersetzung mit einem Begriff der Leistung vorgestellt werden.

Das für die Gesellschaft in zweifacher Hinsicht zentrale Leistungsprinzip stellt nicht nur eine wesentliche Stütze des Gerechtigkeitsverständnisses dar, sondern legitimiert auch über die meritokratische Grundfigur eigener Verdienste den Zugang zu knappen bzw. umkämpften gesellschaftlichen Gütern. Dabei markieren die beiden Aspekte auch die Schwächen des Leistungskonzepts, da sozial festzulegen ist, was genau Leistung ist und welchen Beitrag der:die Einzelne an ihrer Erbringung hat resp. haben kann und welcher Anteil durch die ökonomischen und sozial-kulturellen Bedingungen, in denen jemand sozialisiert wird und lebt, erfolgt.

> »Die Unmöglichkeit, Leistung jeweils kontextfrei bestimmen und auf individuelle Akteure eindeutig zurückführen zu können, zeigt im Kern des Leistungsprinzips die Schwierigkeit, Leistung nicht nur nicht hinreichend präzise fassen zu können, sondern vor allem auch zwischen Deskription und Askription nicht hinreichend unterscheiden zu können« (Ricken 2018, S. 49).

3 Leistung – schuleigene Differenzkategorie

Diese Kritik am Leistungsprinzip findet sich vergleichbar bei Nina Verheyen (2018), deren theoretische und historische Analysen zeigen, dass der Leistungsbegriff zum einen ausblendet, dass Menschen immer kooperativ arbeiten und Ergebnisse entsprechend Ausdruck kollektiver Anstrengungen sind, und zum anderen, dass Leistung nur dann real wird, wenn sie von anderen als solche anerkannt wird. Kerstin Rabenstein, Sabine Reh, Norbert Ricken und Till-Sebastian Idel (2013, S. 674) beschreiben »Leistung als Kern pädagogischer Ordnungen«. Vergleichbar resümieren Tanja Sturm, Benjamin Wagener und Monika Wagner-Willi (2020, S. 584) Ergebnisse ihrer Studie, in der die unterrichtliche Konstruktion von Differenzen im Mathematik- und Deutschunterricht unterschiedlicher Schulformen der Sekundarstufe der Gegenstand war, »dass Leistung und Leistungsdifferenzen entlang binärer, hierarchisierender Unterscheidungen (z. B. stark/schwach) die primäre Rahmung der Unterrichtsmilieus bilden«. Karl-Dieter Schuck (2014, S. 168) sieht in den bisherigen Konzepten der Leistungsfeststellung, der -rückmeldungen und der -bewertung einen »Bewährungsfall« für schulisch-unterrichtliche Inklusion. Mit anderen Worten: Sie stellen einen bzw. den Maßstab dar, an dem sich zeigen wird, inwiefern es gelingt, dem bildungspolitisch gesetzten und menschenrechtlich fundierten Anspruch der Inklusion nachzukommen.

Pädagogisches Verständnis von Leistung

Die wesentlich auf die Arbeiten von Wolfgang Klafki (1996) zurückgehenden Ausführungen zu einem spezifisch (schul-)pädagogischen Verständnis von Leistung grenzen sich von einem gesellschaftlichen Leistungsverständnis ab. Während letztgenanntes individuell sowie wettbewerbs- und konkurrenzorientiert fundiert ist, soll erstgenanntes an solidarischen Lernzielen, die ihrerseits an Humanität und Demokratie orientiert sind, ausgerichtet sein. Das pädagogische Leistungsprinzip baut auf einem kritischen Erziehungsverständnis auf, das Erziehung und schulische Bildung an Mündigkeit und Emanzipation orientiert, an Fähigkeiten zur Selbst- und Mitbestimmung sowie an Kritik- und Urteilsfähigkeit und der Anbahnung individueller und gesellschaftlicher Handlungsfähigkeit. Dieses pädagogische Leistungsverständnis wird demnach nicht allein auf Produkte, die von Schüler:innen erschaffen wurden bzw. ihnen zugeordnet werden, sondern prozessbezogen verstanden. Es umfasst u. a. die Entwicklung von Ideen und das Problemlösen. Leistungsbeurteilung soll diesem Verständnis nach vornehmlich als Rückmeldung über den Lern- bzw. Lehrprozess dienen, differenziert erfolgen und nicht einem hierarchischen, sondern primär einem Sachbezug folgen. Aufseiten der Schüler:innen sollen die Rückmeldungen zur Selbstständigkeit und auch zur Selbstbeurteilung eigener Lernprozesse führen, für die Lehrpersonen hingegen diagnostische und lehrbezogene Rückmeldungen eröffnen.

Wenngleich diesem skizzierten pädagogischen Verständnis von Leistung das Primat in Schule und Unterricht eingeräumt werden soll, plädiert Wolfgang Klafki (1996) nicht für den Verzicht auf ein individuelles und an Normen und Erwartungen ausgerichtetes. Dieses sollte seiner Ansicht nach jedoch auf ein Mindestmaß reduziert werden. An seine Überlegungen anschließend wurden eine Vielzahl an Methoden und Medien entwickelt, wie Leistungsrückmeldungen jenseits von Noten in einem reflexiven Sinn gestaltet werden können; hierzu zählen u. a. Lerntagebücher und Berichtszeugnisse, die zunächst in sogenannten reformpädagogischen Ansätzen formuliert wurden (vgl. Bohl 2005).

Deskriptiv-analytische Rekonstruktionen schulischer Leistung

Norbert Rickens (2018) Arbeiten zum Leistungsverständnis zählen neben den empirischen, die einer qualitativ-rekonstruktiven Logik folgen, ebenfalls zu den deskriptiv-analytischen. Metatheoretisch sind sie in den anerkennungs- und machttheoretischen Arbeiten von Michel Foucault (u. a. 1976, 2013) und Judith Butler (u. a. 2006) verankert und fokussieren mit Leistungen einhergehende Formen der Subjektivierung. Norbert Ricken (2018) rekonstruiert für schulisch-unterrichtliche Zusammenhänge ein individualtheoretisches Verständnis von Leistung. Dabei erkennt er in diesem eine Form des gesellschaftlichen Konsenses, Akteur:innen als individuelle Urheber:innen von Leistung resp. von Produkten, die Leistung ausweisen, zu verstehen. Diese werden im Horizont sozialer Normen hierarchisiert verglichen. Norbert Ricken (2018) beschreibt Leistung resp. das Leistungsverständnis entlang der folgenden fünf Bedeutungselemente:

3 Leistung – schuleigene Differenzkategorie

Anstrengung, soziale Anerkennung, individuelle Zuschreibungen durch *Bewertungen und Vergleiche* sowie *dem Anspruch auf Gegenleistungen*. Mit Anstrengung wird am deutlichsten darauf verwiesen, dass nicht jede Tätigkeit als Leistung verstanden wird. Der Konstruktionscharakter findet sich in der Voraussetzung sozialer Anerkennung für das Geleistete. Diese begründet sich in der jeweiligen gesellschaftlichen Ordnung, die etwas als wertvoll oder nützlich klassifiziert. Individuen werden aufgrund ihres Wissens, ihres Könnens, aber auch ihres Wollens, im Sinne von Bereitschaft, zu Leistungsträger:innen. Die mit der Leistungserbringung einhergehenden Formen von Erfolg werden ebenso individuell zugeschrieben wie Misserfolge und damit möglicherweise einhergehende Stigmatisierungen. Das diesen Annahmen zugrunde liegende Prinzip ist insofern brüchig, als dass Leistung als individuell statt sozial-kulturell hervorgebracht verstanden wird. Illustrieren lässt sich dies an einem Beispiel aus der (kindlichen) Sprachentwicklung. Den Erwerb von Sprache als Leistung allein einem Kind zuzuschreiben, losgelöst von seiner sozialen und kulturellen Umwelt, von jenen Bezugspersonen, mit denen es interagiert und kommuniziert, stellt eine einseitige Verkürzung dar. Die individuelle Zuschreibung von Leistung blendet deren Kontextualisierungen und Interaktions- und Kommunikationsmöglichkeiten aus. Auch schulisch-unterrichtliches Lernen stellt soziale Prozesse dar, in denen Schüler:innen Leistung – kooperativ mit anderen und nicht ausschließlich individuell – erbringen. Interaktions- und kommunikative Bedeutungszusammenhänge, die Kinder im Spracherwerbsprozess ebenso wie in schulisch-unterrichtlichen Erwerbs- und Lernprozessen erfahren, können stark variieren. Es ist entsprechend eine Verkürzung, wenn Leistung als ein individuell hervorgebrachtes Produkt konzipiert wird und dabei ungleiche Kontexte als nicht bedeutsam gerahmt werden.

Bewertungen und Vergleiche mit den Leistungen anderer stellen ein weiteres Merkmal des von Norbert Ricken (2018) beschriebenen Leistungsverständnisses dar. Die Bewertung ist eine Voraussetzung, um etwas als eine Leistung fassen zu können. In Schule und Unterricht erfolgen Bewertungen dabei nicht allein entlang der Unterscheidung nicht-/erfüllt, sondern v.a. in hierarchisierter Form, als Unterscheidung von besser/schlechter. Ein prominentes Beispiel ist die in den Schulen aufgerufene Bewertung im sogenannten 6er-System. Leistung wird darin als »graduelle

Erfüllung der schulischen Bildungsstandards«, die als »Passung der seitens der Schule bzw. der Lehrer dargebrachten Bildungsproblematiken zum eigenen Modus der Welterschließung« (Wiezorek 2009, S. 190) verstanden werden. Das Erbringen von Leistung geht weiter mit dem Anspruch von Gegenleistungen einher, wie z. B. Anerkennung, Honorierung und Gratifikation. Die Kehrseite hiervon stellen Degradierungen dar, die bei Nicht- oder im Vergleich mit anderen niedrigerer Leistung zu erwarten sind. Letztgenannte scheinen dabei die Degradierungen zu legitimieren. Im Unterricht können De-/Gradierungen sich u. a. als Gewährung von mehr oder weniger Freiraum zur Distanzierung gegenüber den Lehrpersonen und der Schüler:innenrolle zeigen (vgl. Wagener 2018).

Um in schulisch-unterrichtlichen Zusammenhängen Schüler:innen Leistungen individuell zuschreiben zu können, sind kontinuierlich Situationen zu schaffen, in denen Leistung ›gezeigt‹ werden kann, die als Produkt einer Person resp. einer:m Schüler:in zugeschrieben werden kann, die als Gestaltende anerkannt werden. Weiter sind die Produkte bewertbar, d. h., es müssen explizite oder implizite Kriterien angelegt werden, die einen Vergleich ermöglichen und die durch Bewertung zu schulischer Leistung werden (vgl. Ricken 2018, S. 52).

Beispiel

Das von Norbert Ricken (2018) beschriebene schulische Leistungsverständnis und der damit verbundene Widerspruch, gerecht(er) zu sein und gleichzeitig Ungerechtigkeit und Ungleichheit hervorzubringen und zu verstärken, soll an dem Ausschnitt einer Gruppendiskussion mit Lehrer:innen einer dem formalen Anspruch nach inklusiven Grundschule, in der die Schüler:innen jahrgangsgemischt unterrichtet werden, illustriert werden. Die Lehrer:innen beschreiben hier ein Dilemma, das sich aus der individuellen Bewertung von Schüler:innen für ihre Unterrichtsgestaltung ergibt:

Cf: Und wir hatten auch so Allianzen wo man nachher wirklich nicht mehr wusste wer hat das jetzt gearbeitet und das so bei

3 Leistung – schuleigene Differenzkategorie

	Viertklässlern ne wo wir echt nicht mehr wussten wessen Produkt ist das jetzt hat sie das jetzt verstanden oder hat er das gemacht so wo wir dann auch gesagt haben bestimmte Sachen ehm müsst ihr alleine erledigen damit wir sehen wie gut ihr das könnt und verabreden könnt ihr euch für n Spiel dann
Yf:	mmh
Af:	Ja wir hatten das auch so bei uns so
Bf:	Ja und auch dass es so Phasen gibt so in diesen ganzen Lernprozess dass man da auch Kinder hat bei denen man beobachtet ehm wenn man sagt überleg dir mal was du dir eintragen könntest dass die wirklich auch nur Spiele eintragen würden
Yf:	mmhm
Bf:	und sich auch meinetwegen ne Stunde vor n Heft setzen und ja vielleicht ein Wort schreiben und finden das total schlimm und anstrengend wo wir dann auch gesagt haben, dann machen wir das jetzt so also bevor die dieses Kind halt irgendwie nach nem Monat irgendwie vielleicht gerade mal eine Seite geschafft hat und nur noch die Augen verdreht wenn man n Heft sagt eh haben wir halt schon sind wir zum Teil dann auch zu bei einer Schülerin zurückgerudert und haben gesagt okay dann ist das jetzt halt so also um die halt dann auch so am Ball zu halten ne ehm da muss man halt irgendwie so n Gefühl für haben weil ich klar es gibt denke ich Schüler wo man dann wenn man dann sagt ach ja denn machen wir das jetzt mal so die dann
Cf:	die ruhen sich dann aus
Bf:	so den Freifahrtschein sehen und sagen cool ne Schule ist nur noch spielen ne klar aber es gibt halt auch Kinder wo man so n bisschen ja sensibel gucken muss ja erreichen wir die
Cf:	erreichen
Bf:	erreichen wir das Kind dann überhaupt noch ne
Cf:	Ja ich glaub das ist auch der Unterschied zwischen eins zwei und drei vier
Bf:	Richtig genau das sehe ich auch

3 Leistung – schuleigene Differenzkategorie

> In dem Ausschnitt dokumentiert sich die Erwartung der Lehrpersonen an die Schüler:innen, dass diese durchgängig Anstrengungs- und Leistungsbereitschaft zeigen. Können sie diese nicht – zumindest bei den Schüler:innen der Jahrgangsstufen 3 und 4 und/oder dauerhaft – beobachten, schränken sie die Partizipationsmöglichkeiten bzw. Freiheiten der Auswahl von Aufgaben dieser Schüler:innen ein. Die Erwartung, sich anzustrengen, dokumentiert sich ebenfalls in der Erwartung, dass die Schüler:innen während der Freiarbeit weder »Spiel« eintragen noch kooperativ arbeiten sollen. Letztgenanntes begründen die Lehrer:innen damit, dass sie die Schüler:innen einzeln bewerten müssen und die unterrichtlich erstellten Produkte einzelnen Schüler:innen zuordnen können müssen. Hier dokumentiert sich eine Praxis, in der die Norm der Bewertung einzelner Schüler:innen insofern eine primäre Rahmung des Unterrichts darstellt, als kooperative Auseinandersetzungen diesem nachgeordnet sind. Dies findet eine Entsprechung in den Rollenerwartungen, die die Schule an Lehrpersonen stellt, Schüler:innen individuell zu bewerten.

Bildungsstandards: Maßstab für die Bewertung von Leistung

Seit der Jahrtausendwende werden schulisch-unterrichtliche Bildungsziele bzw. Leistungserwartungen in Form von Standards, genauer Bildungsstandards, die als fachliche und überfachliche definiert und gemessen werden, vonseiten der Bildungspolitik formuliert. Die Bildungsstandards stellen dabei einen Bestandteil in einem größeren Reformprozess der Schule bzw. ihrer Steuerung dar: der Wechsel von einer Input- zu einer Outputsteuerung (vgl. z. B. Katzenbach & Schnell 2012; Zeitler, Heller & Asbrand 2012, S. 7 ff.). Die zu erreichenden Kompetenzen beschreiben den *Output* schulisch-unterrichtlichen Lehrens und Lernens. Die Veränderungen umfassen neben der Standardisierung der Ziele die regelmäßige Kontrolle und Überprüfung der von den Schüler:innen erreichten Kompetenzen. Mithilfe der Standardisierung von Bildungserwartungen sollen die schulisch-unterrichtlichen Lehr-Lernziele vereinheitlicht und so Vergleichbarkeit geschaffen werden. Die Vereinheitlichungen können international – wie prominent in den PISA-Studien der Organisation für wirtschaftliche Zusammenarbeit und Entwicklung, kurz OECD (2020) –, national (vgl. z. B. KMK 2019) und/oder bundeslandspezifisch sein (▶ Kap. 6).

4 Normen und Erwartungen in schulischen, unterrichtlichen und professionalisierten Praxen: Perspektiven der Praxeologischen Wissenssoziologie und der Dokumentarischen Methode

Die Praxeologische Wissenssoziologie (vgl. Bohnsack 2017, 2020) stellt mit ihren metatheoretischen Kategorien nicht nur einen Rahmen bereit, der es ermöglicht Schule, Unterricht und professionalisierte Praxen vor der Folie von Normen und (Entscheidungs-)Erwartungen zu betrachten, sondern auch zu rekonstruieren, wie diese im Medium des Habitus von den Akteur:innen wahrgenommen und erfahren sowie handlungspraktisch bearbeitet werden. Die Praxen werden dabei auch als Ergebnis oder Produkt der Bearbeitung der Normen und (Entscheidungs-)Erwartungen, die vonseiten der Institution und Organisation an die Akteur:innen gestellt werden, verstanden. Die Bearbeitung erfolgt dabei entlang der Erfahrungen, »virtualen sozialen Identitäten« (Goffman 2012, S. 10) sowie den Normen und Erwartungen der Akteur:innen an ihre Handlungen selbst. Diese umfassen explizite und implizite Anteile. Entsprechend werden die Normen und (Entscheidungs-)Erwartungen, die u.a. in Gesetzestexten formuliert sind, nicht als die Praxen determinierend verstanden, sondern als Rahmungen der Praxen. Die sozialen Akteur:innen sind entsprechend gefordert, sich mit diesen auseinanderzusetzen. Dass dies nicht überall identisch, sondern in vielfältigen Variationen erfolgt, zeigen eine Vielzahl von Studien, die in der Praxeologischen Wissenssoziologie verankert sind (für einen Ein- und Überblick vgl. u.a. Bohnsack, Fritzsche & Wagner-Willi 2015; Bohnsack, Hoffmann & Nentwig-Gesemann 2018; Bohnsack, Michel & Przyborski 2015).

Ralf Bohnsack hat, die wissenssoziologischen Arbeiten von Karl Mannheim (u.a.1964, 1980) sowie die Erkenntnisse aus diversen Forschungsprojekten aufgreifend, die Kategorien der Praxeologischen Wissenssoziologie in den letzten Jahren weiterentwickelt. Diese Differenzierung umfasst v. a. die Erweiterung der Begriffe für soziale und interaktive Praxen, die in Organisationen, wie z. B. einer Schule oder einer Kindertagesstätte, generiert werden. Sie unterscheiden sich von Praxen, die außerhalb von Organisationen hervorgebracht werden, durch kodifiziert vorliegende Rahmungen. Letztgenannte finden sich z. B. in Schulprogrammen und -ordnungen. Schule stellt jedoch nicht nur eine einzelne Organisation dar, sondern ist auch eine gesellschaftliche Institution, für die formale Regeln auf institutionell-gesellschaftlicher Ebene vorliegen. Diese umfassen u. a. Schulgesetze, Bildungs- und Rahmenpläne sowie diese ergänzenden Verwaltungsvorschriften, zu denen u. a. Richtlinien und Erlasse zählen (vgl. Avenarius & Hanschmann 2019, S. 10 f.).

Die meisten Studien, die in der Praxeologischen Wissenssoziologie – und der mit ihr verbundenen Dokumentarischen Methode – verankert sind, rekonstruieren die Praxen oder Milieus sozialer Akteur:innen, z. B. die unterrichtlichen Handlungspraxen von Schüler:innen und/oder Lehrpersonen (vgl. z. B. Hackbarth 2017; Wagener 2020). Das vorliegende Buch verfolgt ein anderes Anliegen: Nicht die generierten Praxen sozialer Akteur:innen stehen im Zentrum des Interesses, sondern die institutionellen Rahmungen, die virtualen, sozialen Identitäten, die Normen und (Entscheidungs-)Erwartungen, die in schulischen Dokumenten explizit sowie implizit in Bezug auf Leistung, Differenzen und Behinderung formuliert sind. Dass die inhaltliche Erkenntnis in der Analyse dieser schulisch-unterrichtlichen Fremdrahmungen liegt, begründet sich u. a. damit, Erklärungen für Unterrichtspraxen, die vielfach als defizitär und/oder nicht inklusiv bezeichnet werden, zu generieren, die über die Perspektive hinausgehen, dass die Lehrpersonen die »falschen Einstellungen« (Trautmann & Wischer 2011, S. 133) hätten. Um diesem Anliegen nachzukommen, soll das komplexe Verhältnis von Norm und Praxis bzw. Norm und Habitus – das eine zentrale Figur der Praxeologischen Wissenssoziologie darstellt – erläutert werden. Das Kapitel gliedert sich in folgende Abschnitte: Zuerst werden die Grundannahmen der Praxeologischen Wissenssoziologie (vgl. Bohnsack 2017) dargelegt (▶ Kap. 4.1). Die Ausführungen werden anschließend auf Schulen als gesellschaftliche Institution und Organisationen bezogen (▶ Kap. 4.2). Das Kapitel endet mit methodologisch-methodischen Ausführungen, wie Orientierungen bzw. Denkstile, die öffentlichen Diskursen – zu denen Schulgesetze sowie Lehr-, Bildungs- und

Rahmenpläne zählen – zugrunde liegen, praxeologisch-wissenssoziologisch bzw. dokumentarisch rekonstruiert werden können (▶ Kap. 4.3).

4.1 Normen, (Entscheidungs-)Erwartungen und Praxen: Grundbegriffe der Praxeologischen Wissenssoziologie

Die Praxeologische Wissenssoziologie, wie sie heute in der Erziehungswissenschaft vielfach aufgerufen wird, wurde maßgeblich von Ralf Bohnsack (2017, 2020, 2021a) entwickelt. Sie stellt eine Grundlagen- oder Metatheorie dar, d. h., sie stellt Begriffe und Kategorien bereit, mit denen die soziale Welt, das soziale Miteinander – mit unterschiedlichen gegenstandsbezogenen Fokussierungen – gefasst und analysiert werden kann. Ralf Bohnsack greift dabei wesentlich die Arbeiten von Karl Mannheim (1980, 1995) zur Wissenssoziologie auf, der den ursprünglich von Max Scheler (1960 [1925]) geprägten Begriff inhaltlich differenziert hat. Prägend ist dabei das Verständnis von der »›Seinsverbundenheit des Wissens‹« (Mannheim 1980, S. 227, Herv. im Orig.). Die metatheoretischen Erweiterungen und Fundierungen erfolgten wesentlich auf der Grundlage empirischer Arbeiten (vgl. Bohnsack 2021a) und finden ihren begrifflichen Ausdruck u. a. in dem mittlerweile namensgebenden Zusatz ›praxeologisch‹ (Bohnsack 2007, S. 183). Diese Ergänzung greift die Habitustheorie Pierre Bourdieus (u. a. 1987, 2009) auf, der sich über die Rezeption Erwin Panofskys (u. a. 1975) seinerseits auf Arbeiten Karl Mannheims (1980, 1995) bezieht, und betont die »*handlungspraktische Herstellung* der Realität«, also die »habitualisierten Praktiken, die auf dem handlungsleitenden und zum Teil inkorporierten Erfahrungswissen der Akteure basieren« (Bohnsack 2007, S. 182 f., Herv. im Orig.). Die Seinsverbundenheit verweist auf die Erfahrungen, die Menschen in ihrer Lebenswelt, die wesentlich durch soziale und materiale Bedingungen gerahmt ist und entlang

4.1 Grundbegriffe der Praxeologischen Wissenssoziologie

derer sie ihre Perspektiven auf Welt entwickeln, wie z. B. Entscheidungen und Auswahlen gegenüber anderen zu begründen, machen. Die damit verbundene Perspektivgebundenheit von Wissen unterscheidet Karl Mannheim (1980, S. 282) von der Vorstellung eines grundsätzlich anderen oder übergeordneten, gültigen Wissens, wie es v. a. in der (Natur-)Wissenschaft und in Teilen der Sozialwissenschaft Anwendung findet (▶ Kap. 6). Er distanziert sich von der diesen Paradigmen zugrunde liegenden rationalen Handlungstheorie, die von Wissen ausgeht, das weitgehend losgelöst von den sozialen und materialen Lebenskontexten der Akteur:innen besteht und sich methodisch durch rechnerischen Zugang erschließen lässt. Während die rationalen und technologischen Handlungstheorien auf der Annahme von Fremdheit und Entpersönlichung gegenüber den zu untersuchenden und beschreibenden sozialen und materiellen (Forschungs-)Gegenständen, wie z. B. Differenzkonstruktionen im Unterricht oder das schulische Bildungsverständnis der Schüler:innen, basieren, wird in der Wissenssoziologie von dem je spezifischen Wissen der Akteur:innen, das in ihrer Lebenswelt fundiert ist, nicht abstrahiert. Vielmehr stellt dieses in seiner Relation zu den Kontexten und den Erfahrungsräumen, in denen es erworben wurde, das zentrale Erkenntnisinteresse dar. Die jeweilige Standortgebundenheit, also die konkrete Perspektive von Akteur:innen auf Gegenstände steht im Mittelpunkt des Erkenntnisinteresses. Das spezifische Erfahrungswissen, das auch als *konjunktives Wissen* bezeichnet wird, unterscheidet Karl Mannheim (1980, S. 211 ff.) vom *kommunikativen*. Während beide Wissensformen in der Praxis miteinander verbunden sind, lassen sie sich analytisch trennen. Diese Doppelstruktur des Wissens stellt eine Kernannahme dieser Grundlagentheorie dar.

Kommunikatives Wissen lässt sich in alltagssprachlichen Zusammenhängen, anknüpfend an Pierre Bourdieu (1996), auch als *Common Sense-Wissen* fassen. Es liegt in expliziter Form als theoretisches Wissen vor, d. h., es ist i. d. R. reflexiv zugänglich und basiert auf der Grundlage unhinterfragter Regeln bzw. einer *illusio* sowie damit verknüpfter Unterstellungen (zweck-)rationaler Handlungsmuster. Als solches folgt es einer deduktivhierarchischen Begriffsbildung (vgl. Bohnsack 2017, S. 92). Kommunikatives Wissen kann verbalsprachlich, aber auch in schriftlicher Form vorliegen, wie z. B. in formalen Regeln und Gesetzestexten, oder in argumentativ-theoretischen Ausführungen der (Erziehungs-)Wissenschaft. Ein Beispiel für explizites Wissen im Schulalltag stellt die Zuschreibung von sonderpädagogischem Förderbedarf dar; ebenso wie die Zuschreibung, wenn auch nicht vergleichbar kodifiziert, dass einzelne Schüler:innen leistungsstark/-schwach sind.

Konjunktives Wissen liegt hingegen i.d.R. nicht explizit vor und ist entsprechend auch nicht vergleichbar reflexiv zugänglich. Es ist gleichermaßen konstitutiv für alltägliche Handlungen und dem kommunikativen primordial, also vorgänglich. Als solches stellt es die Basis des Wissens dar. Es wird auch als implizites, als »atheoretisches« und als handlungspraktisches Wissen bezeichnet und ist in den jeweiligen existenziellen Erfahrungen und Beziehungen, die Karl Mannheim (1980, S. 208) als »Kontagion« oder als »konjunktiven Erfahrungsraum« bezeichnet, erworben und verankert. Konjunktive Erfahrungen erfolgen v. a. körperbasiert und sinnesphysiologisch. Sie markieren eine Einheit zwischen der:m erkennenden Akteur:in und dem sozialen und/oder materialen Gegenstand bzw. der Perspektive auf Welt, wie z.B. der Bedeutung von schulischer Bildung für unterschiedliche Milieus, also Gruppen von Schüler:innen mit vergleichbaren – strukturidentischen – sozialen und materialen Erfahrungen (vgl. z.B. Jünger 2008; Lange-Vester & Redlich 2010). Rahel Jünger (2008) hat in ihrer Studie die Perspektiven Schweizer Primarschüler:innen, die ressourcenprivilegiert und ressourcenbenachteiligt aufwachsen, auf schulische Bildung rekonstruiert und verglichen. Ein zentrales Ergebnis ist, dass die erstgenannte Gruppe Bildung wesentlich als Selbstzweck versteht, während sie für die letztgenannte eher Mittel zum Zweck darstellt, v. a. um eine Ausbildung machen und in der Folge eine Arbeit aufnehmen zu können. Diese unterschiedlichen Perspektiven und impliziten Vorstellungen von Bildung bringen die Schüler:innen in die unterrichtliche Handlungspraxis ein. Ihre sozialisierenden Erfahrungen strukturieren ihre aktuellen und zukünftigen unterrichtlichen Handlungspraxen sowie ihre Art und Weise des Interesses an der Auseinandersetzung mit Fachgegenständen. Konjunktives Wissen ist vor diesem Hintergrund weder allgemeingültig noch individuell zu verstehen, da es sozial, kulturell und historisch verankert ist, in den Erfahrungskontexten, in denen es erworben bzw. erfahren wurde.

4.1 Grundbegriffe der Praxeologischen Wissenssoziologie

Soziale, kulturelle und historische Erfahrungszusammenhänge können im gleichen Kontext, also gemeinsam, erfahren werden, oder in strukturell vergleichbaren Zusammenhängen. Letztgenannte werden auch als *strukturidentisch* oder *gesellschaftlich* bezeichnet. In beiden Fällen wird von einer geteilten Alltagspraxis gesprochen – so diese sich empirisch zeigt. Da die Handlungspraxis nicht individuell, sondern immer im Austausch mit anderen generiert wird, sie also kollektiv oder überindividuell ist, wird sie auch als *Milieu* bezeichnet. Milieuspezifische Handlungspraxen lassen sich sowohl in Bezug auf gesellschaftliche Differenzdimensionen, zu denen u. a. Generation und Geschlecht, aber auch professionelle Kontexte zählen, als auch für konkrete soziale Zusammenhänge finden (vgl. Bohnsack 2021b, S. 64 ff.). Milieus sind ihrerseits mehr- und nicht eindimensional, da die Akteur:innen immer mehreren Erfahrungsräumen angehören resp. in ihnen Erfahrungen machen, die sich überlagern und die in ein Zusammenspiel gebracht werden, z. B. Geschlecht, Generation und sozio-ökonomischer Hintergrund (vgl. Bohnsack & Nohl 2001). Diese können ihrerseits im Widerspruch, in Spannungsverhältnissen und/oder im Einklang miteinander sein (vgl. Nohl 2014, S. 166 ff.).

Die analytische Unterscheidung von zwei Wissensformen, das kommunikative und das konjunktive Wissen Karl Mannheims (1980), wurden von Ralf Bohnsack (2017) zu *propositionaler* und *performativer* Logik weiterentwickelt und vor diesem Hintergrund die Spezifika von Praxen, die in Organisationen hervorgebracht werden, differenziert (▶ Kap. 4.2). Kommunikatives Wissen folgt einer »propositionalen Logik« (ebd. 2017, S. 63), konjunktives hingegen einer »performativen Logik« (ebd.). Kommunikatives Wissen bzw. Wissen, das einer »propositionalen Logik« (ebd.) folgt, wird auch als Common Sense-Wissen verstanden. Es zeichnet sich durch einen zweckrationalen Charakter aus und findet sich u. a. in Normen bzw. Regeln, aber auch Rollen- und Identitätserwartungen (vgl. ebd.). Das konjunktive Wissen bzw. Wissen, das einer »performativen Logik« (ebd., S. 63) folgt, fungiert in der Handlungspraxis implizit und stellt zugleich orientierendes Wissen dar, das in der gemeinsamen Erfahrung, im »konjunktiven Erfahrungsraum« (ebd.), erworben wird. Es wird als »*Orientierungsrahmen im engeren Sinne*« (Bohnsack 2017, S. 103, Herv. im Orig.) bezeichnet. Beide Logiken, die proponierte, oder die der Norm, und die performative resp. die des Habitus, stehen in einem »Spannungsverhältnis«

(ebd., S. 103) zueinander. Die »notorische Diskrepanz« (ebd.) zwischen beiden wird in der Alltagspraxis von den Akteur:innen explizit, v. a. aber implizit oder habituell, reflektiert und entsprechend handlungspraktisch bearbeitet. Erfolgt die Bearbeitung dieses Spannungsverhältnisses in habitualisierter Form, beschreibt Ralf Bohnsack (ebd., S. 103, Herv. im Orig.) dies als »*Orientierungsrahmen im weiteren Sinne*« bzw. den »konjunktiven Erfahrungsraum«.

4.2 Schulen: gesellschaftliche Institutionen und konkrete Organisationen

Die Differenzierung der Kategorien der Praxeologischen Wissenssoziologie erfolgt mit der Perspektive, die Besonderheiten von Praxen und Milieus zu rekonstruieren, die in gesellschaftlichen Institutionen bzw. in konkreten Organisationen, wie z. B. einer Schule oder einer Kindertagesstätte generiert werden (vgl. Bohnsack 2017; Nohl 2007). Während mit einer Organisation eine konkrete Einrichtung gemeint ist, wie z. B. die Schule Marmstorf in Hamburg, ist mit Institution die gesellschaftliche Institutionalisierung gemeint (vgl. Nohl 2018). Letztgenannte findet ihren Ausdruck u. a. in Schulgesetzen und Bildungs- und Rahmenplänen, die Ausdruck der (dominierenden) Weltsicht des jeweiligen historischen und sozialen Zusammenhangs sind. Sie formulieren institutionalisierte Normen und (Entscheidungs-)Erwartungen im Sinne von Rahmenbedingungen, mit denen die Akteur:innen der einzelnen Organisationen gefordert sind, sich auseinanderzusetzen und in ihrem Sinne zu handeln. Die Besonderheit organisationaler Praxen hängt dabei mit der Aufgabe zusammen, die die Institution für die bzw. innerhalb der Gesellschaft übernimmt und die in codierten Regelungen festgehalten ist. Organisationen bzw. organisationale Erfahrungsräume zeichnen sich durch die folgenden vier Strukturmerkmale aus: doppelte Doppelstruktur, die doppelte Mehrdi-

4.2 Schulen: gesellschaftliche Institutionen und konkrete Organisationen

mensionalität, die Verdopplung der Zugehörigkeit sowie durch konstituierende Fremdrahmungen (vgl. Bohnsack 2017, S. 134 ff.). Mit *doppelter Doppelstruktur* von Erfahrungsräumen ist gemeint, dass neben den gesellschaftlich-institutionalisierten Normen, Rollen- und Identitätserwartungen – wie sie z. B. in Schulgesetzen formuliert sind – Programme der konkreten Organisation vorliegen. Letztgenannte finden sich in organisationsinternen Identitätsentwürfen und -normen oder als »virtuale soziale Identität« (Goffman 2012, S. 9 ff.) von Schüler:innen, wie Schulordnungen oder Klassenregeln, sowie in schulischen Selbstpräsentationen in Schulprogrammen und auf Schulhomepages. So formulieren beispielsweise zahlreiche Schulen in ihren Programmen, dass sie inklusiv arbeiten, dies ist v. a. in Ländern, zu denen Deutschland zählt, der Fall, in denen dies keine institutionelle Selbstverständlichkeit darstellt. Mit der *doppelten Mehrdimensionalität* wird die interne Mehrdimensionalität konjunktiver Erfahrungsräume oder Organisationsmilieus einerseits und die unterschiedlichen milieugeprägten Hintergründe der Akteur:innen, die diese in das soziale Miteinander der Organisation einbringen, andererseits verstanden. In Organisationen lassen sich drei Erfahrungsräume unterscheiden: die zwischen den Mitgliedern und der Klientel der Organisation (1), die der Dokumentation über die Klientel (2) sowie die Interaktionen der Mitglieder untereinander (3). In der Schule findet sich die erste Form maßgeblich, aber nicht ausschließlich im Unterricht, an dem v. a. die Lehrpersonen, die den theoretischen Überlegungen folgend als Mitglieder von Organisationen bezeichnet werden, und die Schüler:innen, die diesen Ausführungen nach das Klientel darstellen, miteinander interagieren. Hier zeigt sich eine Besonderheit der Schule gegenüber anderen Organisationen, wie beispielsweise einem Polizeirevier oder einem Krankenhaus; da die Schüler:innen i. d. R. über längere Zeiträume hinweg die Organisation besuchen und dies meist für mehrere Jahre in einem Klassenverband. Diese Dauerhaftigkeit gemeinsamer Interaktionen führt meist zur Entwicklung konjunktiver Erfahrungsräume bzw. geteilter Milieus von Lehrpersonen und Schüler:innen. Derartige Organisationsmilieus lassen sich im schulischen Unterricht, in dem ein Großteil schulischer Interaktionen angesiedelt ist, auch als »Unterrichtsmilieu« (Wagner-Willi & Sturm 2012) oder als *»konstituierende Rahmung«* (Bohnsack 2017, S. 135, Herv. im Orig.) bezeichnen. Die zweite Form organisationsinterner Erfahrungsräume stellt die *Dokumentationspraxis über Klientel* durch die Mitglieder der Organisation dar. Dies erfolgt wesentlich propositional und selektiv, und findet sich u. a. in der (bewerteten) Dokumentation erbrachter Leistungen einzelner Schüler:innen. Die Dokumentation, die sich v. a. in Zeugnissen findet, wird nach außen kommuniziert, z. b. gegenüber Eltern, zukünftigen Ausbildungsstellen oder gegenüber zuständigen Behörden. Letzteres findet z. B. bei der Feststellung bzw. Empfehlung von sonderpädagogischem Förderbedarf statt. Die dritte Form organisationsspezifischer Erfahrungsräume, die *Interaktion der Mitglieder untereinander*, bezieht sich in der Schule v. a. auf das pädagogische Personal. Dieser soziale Austausch kann sich auf die Schüler:innen beziehen, aber auch auf organisatorische Bedingungen und ihre Bearbeitung. Im Vergleich zu den anderen beiden ist dieser Erfahrungsraum eher reflexiv angelegt, da er – wenngleich er eine Praxis darstellt – gegenständlich-thematisch die anderen Praxen aufgreift und bearbeitet. Die drei Erfahrungsräume sind ihrerseits mehrdimensional und zugleich miteinander verbunden (vgl. Bohnsack 2017, S. 133 f.). Die *Verdopplung der Zugehörigkeit in Organisationen* durch die sogenannte Mitgliedschaftsregel verweist auf die Regelung der Zugehörigkeit zu Organisationen, die kommunikativ erfolgt, d. h. entlang von expliziten Regeln. So ist es in Hamburg Voraussetzung, mindestens sechs Wochenstunden selbstständig zu unterrichten, um stimmberechtigt in der Lehrer:innenkonferenz einer schulischen Organisation zu sein (vgl. Hamburg 2021, S. 64). Diese formale Seite der Mitgliedschaft ist eine notwendige Bedingung dafür, um an den konjunktiven Erfahrungsräumen der Organisation, in dem Beispiel an der Lehrer:innenkonferenz, partizipieren zu können. Zugleich gehören die Lehrpersonen – wie auch die Schüler:innen – nicht allein schulisch-unterrichtlichen Milieus an, sondern auch weiteren Erfahrungsräumen, z. B. generationeller und/oder geschlechtlicher Art. In der Handlungspraxis überlagern sich diese Erfahrungsräume. Die Verdopplung der Erfahrungsräume kann harmonisch, aber auch spannungsgeladen erfolgen (vgl. Bohnsack 2017, S. 134 ff.). Arnd-Michael Nohl (2014, S. 168 ff.) bezeichnet jene Milieus als schwach heterogen, die sich durch wenig Diskrepanz – die es (habituell) zu bearbeiten gilt – auszeichnen. Das vierte Charakteristikum von Organisationsmilieus stellen seine *strukturellen Fremdrahmungen* dar. Diese liegen in kodifizierter Form vor und umfassen Rollen- und Identitätserwartungen und stellen eine

4.2 Schulen: gesellschaftliche Institutionen und konkrete Organisationen

»organisationale Strukturbedingung für den jeweiligen Interaktionsmodus« (Bohnsack 2017, S. 135) dar. Die sozialen, v. a. die professionalisierten, Akteur:innen sind entsprechend gefordert, *Entscheidungen* entlang der jeweiligen Programmatiken und Ziele der Organisation vorzunehmen. Angelehnt an Niklas Luhmann (1978, S. 248) bezeichnet Ralf Bohnsack (2017, S. 255) die Schule als »people processing organization«, die sich z. B. von Betrieben und Unternehmen, die materiale Produkte erstellen, unterscheidet, indem sie klientelbezogene Biografie- und Identitätskonstruktionen hervorbringt. So sind die professionellen Akteur:innen (auf) gefordert,

> »Entscheidungen‹ mit Bezug auf eine organisational erwartete (rechtliche, fachliche, pädagogische, therapeutische etc.) Programmatik im Kontext eines komplexen interaktiven und (qua kollektivem performativem Gedächtnis oder Systemgedächtnis) reproduzierbarem Prozess mit der Klientel im Sinne eines konjunktiven Erfahrungsraums *routinisiert* und *habitualisiert* zu treffen und zu vermitteln« (Bohnsack 2020, S. 102).

Die sogenannten Entscheidungen werden dabei der Klientel individualisiert zugeschrieben, obwohl die Entscheidungsprämissen und die Entscheidung selbst eine Zuschreibung organisationsspezifischer Prämissen darstellt. Ein Beispiel hierfür ist die Unterscheidung von Schüler:innen entlang ihrer Zugehörigkeit zu unterschiedlichen Bildungsgängen, wie dem gymnasialen oder dem, der – die Bezeichnungen variieren zwischen den Bundesländern – zum Ersten Schulabschluss führt. Die Unterscheidung der Kinder und Jugendlichen oder die Entscheidung ihrer Zuordnung ergibt sich aus der Institution selbst. Schulsysteme, wie z. B. das der kanadischen Provinz British Columbia, kennen die Unterscheidung nicht, entsprechend sind keine Erwartungen formuliert, Schüler:innen begründet und legitim zuzuordnen. Im Kontext von Schule und Unterricht stellen in den Schulsystemen der deutschsprachigen Länder *Leistung* und *Leistungsmessung* zentrale Aspekte des konstitutiven Rahmens bzw. der Entscheidungserwartungen dar, entlang derer die Klientel, also die Schüler:innen, bewertet und unterschieden werden (vgl. Bohnsack 2017, S. 136; Sturm 2022b) – so auch in British Columbia.

Der konstitutive Rahmen organisatorischer Milieus kann zu Macht werden, wenn neben den sogenannten Erst-Codierungen – in Schule sind dies v. a. Leistung und Leistungsmessung – des konstituierenden (Fremd-)

Rahmens Zweit-Codierungen und die Invisibilisierung des Konstruktionsprozesses von Erst- und v. a. von den Zweitcodierungen erfolgen (vgl. Bohnsack 2017, S. 246 ff.). Diese verweisen darauf, dass nicht das Interaktionssystem, also der konjunktive Erfahrungsraum resp. das Unterrichtsmilieu, als die Leistung und Leistungsdifferenzen hervorbringend verstanden wird, sondern diese den Schüler:innen – v. a. als Abweichung von (impliziten) Erwartungsnormen – zugeschrieben wird. Zweitcodierungen stellen mithin codespezifische Transformationen dar, in denen die Erst-Codierung, z. B. erwartungs(non)konforme Leistung im Fachunterricht Mathematik auf die gesamte Person resp. die gesamte Rolle des:der Schüler:in als schlechte:r/gute:r Schüler:in übertragen wird, wenn beispielsweise die Erklärung angeführt wird und/oder handlungsleitend ist, dass ein:e Schüler:in, der in einer Mathematikstunde eine nicht erwartungskonforme Leistung erbracht hat, grundsätzlich mathematische Inhalte nicht (erwartungskonform) lernen kann. Es werden in diesem Fall weder das unterrichtliche Interaktionssystem, das nicht unwesentlich durch die Lehrperson gestaltet wird, noch die gesellschaftlich-institutionellen und/oder organisationsspezifischen Fremdrahmungen, die bearbeitet werden, in die Erklärungen einbezogen. In Anlehnung an Herold Garfinkel (1967) spricht Ralf Bohnsack hier von der Konstruktion »totaler Identitäten«, die den Schüler:innen zugeschrieben werden. Das dritte Kriterium von Macht – die strukturelle Invisibilisierung dieser Alltagskonstruktionen – verweist darauf, dass die kausale Logik der Übertragung von Erst- zur Zweitcodierung und die damit verbundenen Identitäts- und Biografiekonstruktionen der Klientel selbst nicht in Frage gestellt werden und/oder Gegenstand des Austauschs der Beteiligten sind – obwohl dies möglich wäre. Macht bzw. Rahmungsmacht wird dabei nicht als Eigenschaft von Personen verstanden, die v. a. nach dem Prinzip der Androhung von Sanktionen funktioniert, sondern in *performativer Hinsicht* als Teil der konjunktiven Erfahrungsräume der Milieus in den Organisationen. Entsprechend werden sie interaktiv von den beteiligten Akteur:innen – also den professionellen Mitgliedern und der Klientel – hervorgebracht. Von *Willkür* wird hingegen gesprochen, wenn sich in den Praxen, z. B. des Unterrichts, zwischen den Akteur:innen keine gemeinsamen Erfahrungsräume etablieren.

4.2 Schulen: gesellschaftliche Institutionen und konkrete Organisationen

Eine weitere, konstitutive Rahmung des schulischen Unterrichts stellt seine fachliche Ausrichtung dar, da die Interaktionen entlang eines Fachs und seiner Gegenstände erfolgt. Unterricht zeichnet sich insofern durch »doppelte Kontingenz« (Bohnsack 2020, S. 91) aus, als dass (i. d. R.) Diskrepanzen zwischen den jeweiligen Sachverständnissen der Schüler:innen gegenüber den fachlichen Inhalten bestehen und die Schüler:innenverständnisse sich zugleich durch sachbezogene Eigensinnigkeiten auszeichnen, die in lebenspraktischer Relevanz verankert sind (vgl. ebd., S. 91). Die Diskrepanz zwischen den habituell geprägten Gegenstandsvorstellungen der Schüler:innen und den fachlich-sachlich zu vermittelnden und zugleich in Leistungshierarchien zu transformierenden charakterisiert schulisch-unterrichtliche Milieus. Dieser Zusammenhang wird im Rahmen von Macht relevant, da die fachlich-sachlichen Auseinandersetzungen, die ihren Ausdruck v. a. in Schüler:innenprodukten finden, da sie ihre habituelle Auseinandersetzung mit dem Gegenstand darstellen, die in ein Verhältnis, in eine Relation zu dem Wissen und der Leistung der Organisation gesetzt werden.

Die unterschiedlichen Verdopplungen sowie die konstitutiven Fremdrahmungen, die Praxen in Organisationen auszeichnen, verweisen auf ihre Komplexität. Obwohl die organisatorischen Bezüge zunächst auf der kommunikativen Ebene zu verorten sind, prägen sie die performative Logik bzw. die konjunktiven Erfahrungsräume. Das Spannungsfeld zwischen dem kommunikativen Wissen, das einer propositionalen Logik folgt, und dem Orientierungsrahmen im engeren Sinne, das denjenigen im weiteren Sinne konstituiert, ist gegenüber dem außerorganisationaler Praxen entsprechend komplexer. Organisationale Milieus sind interaktiv generiert und die Akteur:innen – stärker als in Milieus außerhalb von Organisationen – gefordert, Inkongruenzen zu bearbeiten bzw. auszuhandeln. Gelingt es den professionellen Akteur:innen – gemeinsam mit der Klientel –, habitualisierte Formen des unterrichtlichen Miteinanders, also *konjunktive Erfahrungsräume* bzw. *Orientierungsrahmen im weiteren Sinne*, zu generieren und zu etablieren, eröffnen diese Verlässlichkeit für das soziale Miteinander (vgl. Bohnsack 2020, S. 103). Sie werden als »*konstituierende Rahmung*« (ebd. 2017, S. 135, Herv. im Orig.) bezeichnet.

Die Genese professionalisierter Praxen erfordert die Aneignung der organisationsspezifischen konstitutiven Fremdrahmung im Sinne *konjunk-*

tiver Erfahrungsräume im weiteren Sinn durch die Akteur:innen. Professionalisierte Milieus sind, diesen Ausführungen folgend, in ihrer Struktur vergleichbar, bezogen auf die Ausgestaltung variieren sie, da jeweilige Bearbeitung des Spannungsverhältnisses von Norm und Habitus unterschiedlich erfolgen (können).

4.3 Praxeologisch-wissenssoziologische und Dokumentarische Interpretation öffentlicher Dokumente der gesellschaftlichen Institution Schule

Formale schulische Dokumente stellen öffentliche Diskurse dar, deren Erstellung in Deutschland wesentlich Ländersache ist, d. h., die Bundesländer formulieren Schulgesetze sowie Lehr-, Bildungs- und Rahmenpläne, die in den Schulen ihres Landes gelten. Gerd Hepp (2011, S. 171) zu Folge gilt »die Schulgesetzgebung als wichtigstes Gestaltungs- und Steuerungsinstrument der Länder[,] um Ziele, Inhalte und Strukturen des Schulwesens festzulegen«. Als Verwaltungsrecht lässt das Schulrecht sich in ein engeres und weiteres Schulrecht unterscheiden. Ersteres umfasst neben Gesetzen auch Verwaltungsvorschriften und Rechtsverordnungen, die Rechte und Pflichten – also die Erwartungen – von Schulleitungen, Lehrer:innen, Schüler:innen und Eltern. Letztgenanntes umfasst neben dem Schulrecht weitere Rechtsnormen, die einbezogen werden, wie Grundrechte und die Landesverfassung (vgl. Helbig & Nikolai 2015, S. 36). Die weiteren Ausführungen in diesem Buch greifen das *Schulrechtsverständnis im engeren Sinn* auf.

Schulgesetze, Rechtsverordnungen und Verwaltungsvorschriften stellen die drei zentralen Dokumentformen dar, die sich wesentlich darin unterscheiden, welche demokratischen und/oder Verwaltungsgremien sie verabschieden. *Schulgesetze* werden in parlamentarischen Entscheidungsprozessen gestaltet und verabschiedet. Sie sind Rechtsnormen und dürfen der

4.3 Dokumentarische Interpretation öffentlicher Diskurse

Verfassung des Bundes und des jeweiligen Landes nicht widersprechen. Sie klären die grundlegenden Fragen schulischer Erziehung und Bildung, wie u. a. die Erziehungs- und Bildungsziele, den Aufbau oder die Gliederung des Schulwesens. *Rechtsverordnungen* werden von der Exekutive erlassen, also von den Kultusminister:innen bzw. Schulsenator:innen. Sie sind ebenfalls Rechtsnormen und als solche verbindlich für die schulischen Akteur:innen. *Verwaltungsvorschriften* umfassen u. a. Erlasse, Verwaltungsrichtlinien und Rundschreiben. In ihnen werden vielfach Rechtsbegriffe aus den Schulgesetzen und Rechtsverordnungen konkretisiert, wie z. B. in Lehrplänen, Stundentafeln und Bildungsplänen. Die Verwaltungsvorschriften können von Behörden formuliert werden, d. h., eine parlamentarische und/oder ministerielle bzw. senatorische Zustimmung ist nicht erforderlich (vgl. Helbig & Nikolai 2015, S. 37 ff.). In diesen Dokumenten – und in ihrem Zusammenspiel – finden sich folglich jene Normen und (Entscheidungs-)Erwartungen, die an die schulisch-unterrichtlichen Akteur:innen gestellt werden.

Die in den Dokumenten enthaltenen inhaltlichen Normen und (Entscheidungs-)Erwartungen sowie die damit verbundenen virtualen, sozialen Identitäten stellen neben der staatlichen Finanzierung des Bildungs- und Schulsystems eine Form der bildungspolitischen Steuerung dar (vgl. Busemeyer 2015). Diese mehrfache Verantwortung für Finanzierung und Governance sowie für die Inhalte des Staats begründet sich für den Bereich der Schule im Artikel 7 des Grundgesetzes. Das gesamte Schulwesen untersteht der Aufsicht des Staates, wobei die Wahrnehmung dieser Verantwortung den Ländern zufällt. Sowohl die Gliederung und die Strukturen als auch die Formulierung inhaltlicher Bildungsziele obliegen den jeweiligen Bundesländern; gleiches gilt auch für die Personalhoheit des öffentlichen Schulwesens. Das heißt, das Land regelt die Einstellung, den Einsatz und die Besoldung des Personals, u. a. der Lehrpersonen (vgl. Hepp 2011, S. 35 ff.). Auf die Seite der Finanzierung wird in den weiteren Ausführungen nicht eingegangen, es wird die inhaltliche Seite (▶ Kap. 5) und die der Governance (▶ Kap. 6) betrachtet.

Die Diskursanalyse, die in den vergangenen Jahren in der deutschsprachigen Erziehungswissenschaft an Bedeutung gewonnen hat (z. B. Fegter et al. 2015), versteht Texte und schriftliche Dokumente – z. T. auch Praktiken – als Diskurse, denen Ordnungen zugrunde liegen. Neben der Diskursanalyse, die auf den grundlagentheoretischen Arbeiten Michel Foucaults (2020) fußt, hat Arnd-Michael Nohl (2016, 2019) ein dokumentarisch und praxeologisch-wissenssoziologisch fundiertes Verständnis und Vorgehen zur Rekonstruktion von Texten zugrunde liegenden Verständnissen entwickelt. Seine Ausführungen stützt Arnd-Michael Nohl auf die Arbeiten von Karl Mannheim zum »Konservatismus« (1984) und zu »Ideologie und Utopie« (1995). Öffentliche Diskurse und Dokumente, zu denen u. a. Gesetzestexte und Zeitungsartikel zählen, werden dabei als Ausdruck von Weltauslegungen und Denkstilen derjenigen Akteur:innen verstanden, die sie verfasst haben. Arnd-Michael Nohls Analysevorgehen baut auf dem Verständnis auf, dass diese über kommunikative Wissensbestände hinausgehen und den jeweiligen Ausführungen auch konjunktive Erfahrungen zugrunde liegen. Die gesellschaftlichen Denkformen oder -weisen unterscheidet er von milieuspezifischen, die in gemeinsamen oder strukturidentischen Erfahrungsräumen generiert werden und die bisher v. a. Gegenstände dokumentarischer Analysen sind, da sie nicht zuletzt durch die Schriftlichkeit stärker kommunikativ sind. Ilja Srubar (2009, S. 280), der Diskurse auch als Kulturgegenstände versteht, hebt hervor, dass *das Wie* den Zusammenhang ausweist, »der sich aus der perspektivischen sozialen Konstruktion von Realität ergibt und etwa lexikalischen Ausdrücken ihre textspezifische Bedeutung verleiht und die Inklusion sinnverwandter Elemente hervorbringt.« Trotzdem geht die Analyse des Modus Operandi von Denkstilen über die von deren Inhalten hinaus, indem sie die Erfahrungsräume resp. die Orientierungsrahmen im weiteren Sinne der sie Produzierenden, in denen sie verankert sind, rekonstruiert. Vergleichbar der Rekonstruktion milieuspezifischer Orientierungen steht im Zentrum der Analyse öffentlicher Diskurse und Dokumente nicht das Was, z. B. Begriffe, sondern »das ›Wie‹ dieses Vorkommens« (Nohl 2016, S. 122, Herv. im Orig.). Dies eröffnet den Zugang zu den kollektiven Intentionen und tieferen Zusammenhängen, die dem Diskurs zugrunde liegen bzw. derjenigen sozialen Gruppen, die ihn hervorgebracht haben. Wenngleich das dem hier skizzierten Vorgehen zugrunde liegende Verständnis die Relation von kommunikativem und konjunktivem Wissen nicht als Spannungsfeld konstituiert, wird es für die rekonstruktiven Analysen der formalen Dokumente herangezogen, da es Zugang zu den zugrunde liegenden Orientierungen eröffnet.

4.3 Dokumentarische Interpretation öffentlicher Diskurse

Die Dokumentarische Diskursanalyse folgt – vergleichbar der Rekonstruktion von Orientierungsrahmen und Milieus – einem mehrschrittigen Vorgehen, bestehend aus formulierender und reflektierender Interpretation sowie der auf diesen Schritten aufbauenden Typenbildung, die v. a. durch komparative Analyse gekennzeichnet ist (vgl. z. B. Bohnsack 2021b). Mit der formulierenden Interpretation wird der immanente Sinngehalt oder das Was rekonstruiert, mit der reflektierenden die Semantik und die formal-sprachliche Struktur, die Ordnungsmechanismen des Diskurses, also das Wie. Dabei werden über die Begriffsbildung wie auch das Fehlen von Begriffen, der Aufbau der kategorialen Apparatur, die zugrunde liegenden, impliziten Denkmodelle rekonstruiert. Die auf diesen beiden Auswertungsschritten aufbauende komparative Analyse dient der methodischen Kontrolle der eigenen Standortgebundenheit sowie der Typenbildung (vgl. Bohnsack 2021b, S. 133 ff.), die zugleich die öffentliche Weltauslegungen über die einzelnen Fälle hinweg erkennbar werden lässt (vgl. Nohl 2016). Im Unterschied zu Gruppendiskussionen, die prinzipiell offen und selbstläufig sind, zeichnen sich öffentliche Diskurse durch eine Geschlossenheit aus. Aufgrund der unterschiedlichen Strukturierung öffentlicher und schriftlicher Diskurse gegenüber verbalen, wie sie sich beispielsweise in Gruppendiskussionen, aber auch im alltäglichen Miteinander entfalten, hat Arnd-Michael Nohl (2019) das begriffliche Repertoire zur Beschreibung der Diskursordnung, das wesentlich von Aglaja Przyborski (2004) systematisiert wurde, erweitert und differenziert. Für die Beschreibung von Diskursbewegungen und ihrer Kontextualität hat Aglaja Przyborski (2004) die charakteristischen Beschreibungen *Proposition*, also das Aufwerfen oder Formulieren eines Themas oder einer Orientierung, auf die – so sie von den anderen beteiligten Akteur:innen aufgegriffen wird – *Elaborationen, Differenzierungen, Validierungen* und/oder *Ratifizierungen* folgen, also positive oder negative Formen der Bearbeitung, wie sie sich in *Antithesen, Opposition* und *Divergenz* zeigen, erarbeitet. Letztgenannte greifen die Orientierung bzw. das Thema zwar ebenfalls auf, aber bearbeiten oder verstehen es anders als in der Proposition formuliert. Da die schriftlichen Texte, dies wurde für Zeitungsartikel entwickelt, einer anderen »Dramaturgie (Ein- und Überleitung, Coda)« (Nohl 2019, S. 90) folgen als Gruppendiskussionen, wurde das begriffliche Inventar um die Kategorien der Einleitung, der Apposition, der Überleitung und der Coda erweitert. Diese werden ebenfalls weiter differenziert, u. a. ob sie propositionaler, narrativer, differenzierender, exemplifizierender, argumentativer, ritueller oder deskriptiver Art sind (vgl. ebd. 2019).

5 Leistungsbezogene Differenzkonstruktionen in formalen schulischen Dokumenten Bayerns und Hamburgs

Ziel dieses Kapitels ist es, anhand ausgewählter Ausschnitte von formalen schulischen Dokumenten bzw. öffentlichen Diskursen, die einen zentralen inhaltlichen Teil der schulisch-unterrichtlichen Fremdrahmung bilden, die ihnen zugrunde liegenden bzw. inhärenten Verständnisse von Leistung und Differenzen und damit verbundene Behinderungen zu rekonstruieren. Die Rekonstruktionen, das sei an dieser Stelle hervorgehoben, werden dabei nicht als determinierende, also als direkte und wörtliche Vorgaben verstanden, sondern als *Fremdrahmungen* der schulisch-unterrichtlichen Praxen. Das heißt, dass die sozialen Akteur:innen – v. a. Lehrpersonen und Schüler:innen – gefordert sind, die *Policy*, also die v. a. von bildungspolitischer Seite formulierten virtualen sozialen Identitäten der Schüler:innen, Normen und (Entscheidungs-)Erwartungen, in ihrer Handlungspraxis zu bearbeiten. Den Annahmen der Praxeologischen Wissenssoziologie folgend, tun sie dies vor dem Hintergrund ihrer eigenen Perspektiven und Erfahrungen, also ihres Habitus. Dabei sollen die hier notwendigerweise exemplarisch bleibenden Ausführungen die Lesenden auch dazu anregen, sich mit der jeweiligen Policy, den Normen und (Entscheidungs-)Erwartungen, die ihre aktuelle und/oder zukünftige pädagogische Praxis fremdrahmen, explizit auseinanderzusetzen und deren Bearbeitung als Teil ihrer Praxis zu verstehen.

Dieses Kapitel gliedert sich in acht Abschnitte: Im ersten wird die Auswahl der Dokumente, die aufgrund ihres Umfangs hier nicht vollständig, sondern nur in Ausschnitten betrachtet und analysiert werden können, erläutert (▶ Kap. 5.1). Daran anschließend werden leistungsbezogene Differenzkonstruktionen der *Allgemeinen Bildungs- und Erziehungsaufträge* (▶ Kap. 5.2), deren *schulform- bzw. bildungsgangspezifischen Differenzierungen in der Sekundarstufe I* (▶ Kap. 5.3), die Regelungen von

5 Leistungsbezogene Differenzkonstruktionen in Dokumenten

Wechseln und Übergängen (▶ Kap. 5.4), des sonderpädagogischen Förderschwerpunkts *Lernen* (▶ Kap. 5.5), die Thematisierung von *Inklusion bzw. Integration* (▶ Kap. 5.6) und ausgewählte *Bildungsstandards des Fachs Deutsch des 8. Jahrgangs* (▶ Kap. 5.7) rekonstruiert. Abschließend werden die Ergebnisse aufeinander bezogen und zusammengefasst (▶ Kap. 5.8).

5.1 Auswahl der Datengrundlage: Schulgesetze, Lehr- und Bildungspläne sowie Verordnungen zum sonderpädagogischen Förderbedarf Lernen

Die Auswahl der gesellschaftlich-institutionellen, also formalen schulischen Dokumente, die die Datengrundlage der nachfolgenden Analyse zugrunde liegender Leistungsverständnisse darstellt, erfolgte entlang theoretisch-inhaltlicher sowie methodologisch-methodischer Überlegungen: die (explizite) Thematisierung von Leistung, Differenzen und Behinderung zum einen und die Möglichkeit möglichst maximal differenter Verständnisse zum anderen. Letztgenannte sollen es ermöglichen, nicht nur Unterschiede in den Verständnissen von Leistung und Leistungsdifferenzen sowie Behinderungen, die deutschen Schulgesetzen zugrunde liegen, zu erkennen, sondern auch deren Gemeinsamkeiten, die zusammen Abstraktions- und Generalisierungsmöglichkeiten eröffnen können. Die thematische Auswahl und die Eingrenzung des Datenmaterials erfolgten vor dem Hintergrund erziehungswissenschaftlicher empirischer Studien und theoretischer Ausführungen aus dem deutschsprachigen Raum, die die Schulsysteme der Bundesländer, v. a. deren Policy vergleichend, betrachten und/oder Leistung als schuleigene und zugleich zentrale Differenzkategorie, zu der andere, wie z. B. sonderpädagogischer Förderbedarf in Relation gesetzt und/oder nachgeordnet werden, wie u. a. sprachliche und kulturelle Vielfalt von Schüler:innen, thematisieren. Um das zur Verfügung stehende, sehr umfangreiche Material an bildungspolitischen Dokumenten einzugrenzen und das leitende Erkenntnisinteresse zugleich bearbeitbar zu machen, wurden aus den insgesamt 16 deutschen Bundesländern zwei ausgewählt: Bayern und Hamburg. In unterschiedlichen Studien, deren Ergebnisse nachfolgend kurz umrissen werden, unterscheiden sie sich in vielerlei Hinsicht voneinander, die für das hier leitende Interesse von Relevanz sind: u. a. die Schulstruktur der Sekundarstufe I und die Gestaltung bzw. Umsetzung von Inklusion.

Die Ergebnisse der zwei Studien – »Die Unvergleichbaren. Der Wandel der Schulsysteme in den deutschen Bundesländern seit 1949« (Helbig & Nikolai 2015) und »Die Umsetzung schulischer Inklusion nach der UN-Behindertenrechtskonvention in den deutschen Bundesländern« (Steinmetz et al. 2021) – nehmen eine vergleichende Betrachtung der 16 Bundesländer vor. Marcel Helbig und Rita Nikolai (2015) haben in ihrer Studie auf der Grundlage von 12 Indikatoren die Strukturen der Schulsysteme der 16 deutschen Bundesländer sowie deren Kontrolle für den Zugang zum höchsten Schulabschluss, der Allgemeinen Hochschulreife bzw. dem Abitur, untersucht. Sie haben u. a. den Zugang zum Gymnasium und die Anzahl der Bildungsgänge und Schulformen, an denen das Abitur erlangt werden kann, in ihre Betrachtungen einbezogen. Vor diesem Hintergrund unterscheiden sie die folgenden Schulsystemtypen: Mischtyp-traditionell, Mischtyp-modernisiert und Modernisierte Strukturen. Das Schulsystem Bayerns beschreiben sie als *traditionellen Mischtyp*, während sie Hamburgs – neben neun weiteren Bundesländern – dem Typ *modernisierter Strukturen* zuordnen. Die Autor:innen der Studie gehen von einer evolutionären Entwicklung der Schulsysteme aus, d. h., dass sie erwarten, dass die traditionellen Mischtypen perspektivisch zu modernisierten Mischtypen und anschließend zu modernisierten Strukturen politisch entwickelt werden. Für Bayern konstatieren sie für den von ihnen untersuchten Zeitraum, von 1949 bzw. 1990 bis zum Schuljahr 2009/2010, ein sich nur sehr langsam modernisierendes Schulsystem – vergleichbar zu dem Sachsens und Baden-Württembergs – und führen dies u. a. darauf zurück, dass es in diesem Zeitraum keine Regierungswechsel gab und Bayern von einer Unionspartei, entweder in Alleinregierung oder als Koalitionspartner regiert wurde. Die modernisierten Strukturen des Hamburger Schulsystems begründen Marcel Helbig und Rita Nikolai u. a. damit, dass das Abitur nicht nur am Gymnasium, sondern auch in weiteren Schulformen erreicht werden kann; zur Zeit der Untersuchung war dies v. a. an der Gesamtschule. Unterschiede zwischen den Schulsystemen der beiden Bundesländer zeigen sich auch in Schulsystemtypen: Das Hamburger Schulsystem ist ein sogenanntes *horizontales Zwei-Säulen-Modell*[4], bestehend aus Gymnasien und Stadtteilschulen, die im Schuljahr 2010/2011 eingeführt wurden und die beide den Weg zum Abitur und zu anderen Schulabschlüssen eröffnen. Als dritte Schulform gibt es Sonderschulen für die sonderpädagogischen Förderschwerpunkte Hören und Kommunikation, Sehen, Körperlich-motorische Entwicklung und Geistige Entwicklung sowie Regionale Bildungs- und Beratungszentren (ReBBZ), in denen u. a. Schüler:innen mit den attestierten sonderpädagogischen Förderbedarfen Lernen sowie Sprache und Kommunikation in sogenannten temporären Lerngruppen unterrichtet werden. Bayern hingegen hat ein sogenanntes *dreigliedriges Schulsystem*, bestehend aus Gymnasium, Realschule und Mittelschule sowie als vierte Schulform Sonderschulen für die sieben sonderpädagogischen Förderschwerpunkte. Neben diesen zwei Schulsystemtypen finden sich in der Bundesrepublik Deutschland auch solche der sogenannten *vertikalen Zweigliedrigkeit*, die v. a. in den ostdeutschen Bundesländern bestehen. Sie umfassen neben dem Gymnasium eine weitere Schulform, die jedoch anders als in Hamburg und den beiden anderen Stadtstaaten Berlin und Bremen nicht zum Abitur führt, sondern zum Ersten und zum Mittleren Schulabschluss, sowie Sonder- bzw. Förderschulen.

Die zweite, Bundesländer vergleichende Studie, die von Sebastian Steinmetz, Michael Wrase, Marcel Helbig und Ina Döttinger (2021) durchgeführt wurde, hat den aktuellen Stand der Umsetzung des Artikels 24 zur Bildung der *UN-Konvention über die Rechte von Menschen mit Behinderungen* auf Ebene der einzelnen Bundesländer zum Gegenstand. Entlang der differenzierten Auswertungen, u. a. der Exklusionsquote und

---

4 Dass dieser Begriff die Förder- bzw. Sonderschulen nicht einbezieht, kann als Ausdruck von Ableismus verstanden werden; da dieser Schultyp bereits begrifflich ausgeblendet wird. Hier werden dennoch die Begriffe des Diskurses übernommen, diese jedoch durch Formulierungen wie sogenannte und/oder einfache Anführungszeichen ergänzt, um die Distanzierung zum Ausdruck zu bringen.

5.1 Auswahl der Datengrundlage

der (schul-)strukturellen Veränderungen, die seit der Ratifizierung der UN-BRK durch Bund und Länder im Jahr 2009 vorgenommen wurden, sowie dem Vorrang inklusiver gegenüber separativer Beschulung von Schüler:innen mit attestiertem sonderpädagogischen Förderbedarf, bewerten die Autor:innen die zwei Bundesländer Bayern und Hamburg als sehr unterschiedlich: Während sie Bayern als »strukturpersistent« (Steinmetz et al. 2021, S. 240) und ohne »wirkliche Transformation hin zu einem ›inklusiven Schulsystem‹« (ebd., S. 240) beurteilen, attestieren sie Hamburg – neben Bremen und Schleswig-Holstein – eine Inklusionsorientierung (vgl. ebd., S. 245). Die Autor:innen kommen zu dem Ergebnis, dass das bayrische Schulsystem den Vorgaben der UN-BRK nicht, das Hamburger hingegen fast vollständig entspricht (vgl. Helbig, Steinmetz, Wrase & Döttinger 2021, S. 6). Die Ergebnisse beider Studien weisen aus, dass sich die Schulsysteme der zwei ausgewählten Bundesländer voneinander unterscheiden. Inwiefern dies auch für die Verständnisse von Leistung, Differenz und Behinderung gilt, soll in den weiteren Ausführungen mit einem Fokus auf den zentralen Begriff der Leistung rekonstruiert werden.

Für den Vergleich wurden Passagen aus den Gesetzen sowie ergänzenden Dokumenten ausgewählt, in denen Leistung, (Leistungs-)Differenz und Behinderung resp. sonderpädagogischer Förderbedarf explizit und/oder implizit thematisiert werden und/oder Leistung als Grundlage für Entscheidungen über den weiteren schulischen Bildungsweg formuliert werden. Neben dem *Allgemeinen Bildungs- und Erziehungsauftrag*, der die rahmende, inhaltliche Einleitung der Gesetzestexte darstellt, sollen die bildungsgangspezifischen Differenzierungen, die für die Sekundarstufe I formuliert werden und in *schulformbezogenen Lehr- bzw. Bildungsplänen* ausgeführt sind, betrachtet werden. Weiter sind Passagen von Interesse, die möglicherweise auf Brüche mit der Logik der Unterscheidung von Bildungsgängen und Schulformen in der Sekundarstufe I entlang von Leistung verweisen können (vgl. Blanck, Edelstein & Powell 2013). Neben den Regelungen zu *Wechseln und Übergängen* sind dies u. a. die Ausführungen zu *Inklusion bzw. Integration*. Weiter wurden die Ausführungen des *sonderpädagogischen Förderschwerpunkts Lernen* ausgewählt, der in den schulischen Dokumenten Abweichungen von den ›normalen‹ schulischen Leistungserwartungen, die von Schüler:innen zu erfüllen sind, bzw. den Möglichkeiten ihrer Erfüllung beschreibt. Von den sieben Förderschwerpunkten, die die Kultusministerkonferenz unterscheidet, wurde dieser ausgewählt, da er sich am stärksten auf schulische Leistung und Leistungsfähigkeit bezieht, indem er deren Nicht-Erfüllung thematisiert. Gemeinsam ist den bisher genannten Dokumenten, dass sie Leistung fach- und gegenstandsunabhängig beschreiben und verstehen. Die Unterrichtsfach- und Gegenstandsbezüge finden sich in den *Lehr- bzw. Bildungsplänen*[5], die durch Verordnungen erlassen werden (vgl. z. B. Hamburg 2021c, S. 14). Aufgrund der hohen Anzahl von Fächern und der schulformbezogenen Differenzierung der Dokumente wurden für die Analysen die Ausführungen für das Fach Deutsch der 8. Schulstufe ausgewählt. Lehr- und Bildungspläne stellen Dokumente dar, die im Sinne von Verwaltungsvorschriften bindend sind und zugleich pädagogisch interpretationsoffene Bezugspunkte für die Schul- und Unterrichtsgestaltung haben (vgl. Reuter 2003). In ihnen werden die (übergeordneten) Erziehungs- und Bildungsziele inhaltlich konkretisiert. Dies erfolgt für die Sekundarstufe I entlang von Schulformen und bezieht sich auf festgelegte Zeiträume, d. h., die Ziele werden für einzelne Jahrgänge und/oder Schulstufen formuliert. Das Nicht-/Erfüllen der formulierten Erwartungen stellt seinerseits den Ausgangspunkt für formale Entscheidungen (Nicht-/Versetzung, Bildungsgangwechsel) und/oder für die Formulierung, spezifischer, zusätzlicher pädagogischer Unterstützungsformen innerhalb der Schule dar.

5.2 Allgemeine Erziehungs- und Bildungsaufträge der Schulgesetze

In diesem und in den fünf folgenden Abschnitten werden ausgewählte Auszüge aus dem »Bayerischen Gesetz über das Erziehungs- und Unterrichtswesen« (Bayerische Staatskanzlei 2019a) und dem Hamburgischen Schulgesetz (Hamburg 2021c) sowie diese ergänzenden Dokumenten und

---

5 Die Bezeichnungen variieren zwischen den Bundesländern.

5.2 Allgemeine Erziehungs- und Bildungsaufträge der Schulgesetze

die rekonstruierten Verständnisse von Leistung, Differenz und Behinderung dargelegt. Letztgenanntes erfolgt in Form der reflektierenden Interpretation der Dokumentarischen Methode. Ziel der empirischen Rekonstruktionen ist es, die explizit formulierten Konzepte bzw. Verständnisse sowie die ihnen inhärenten Vorstellungen zu Leistung und Leistungsdifferenzen zunächst getrennt für die Bundesländer herauszuarbeiten; anschließend werden diese miteinander vergleichend betrachtet.

5.2.1 Bayern

Das »Bayerische Gesetz über das Erziehungs- und Unterrichtswesen« (Bayerische Staatskanzlei 2019a) gliedert sich in acht Teile: Grundlagen (1), öffentliche Schulen (2), private Unterrichtseinrichtungen (3), Schülerheime (4), Schulaufsicht, Schulverwaltung (5), Maßnahmen zur Durchsetzung der Schulpflicht, Ordnungswidrigkeiten (6), Staatsinstitute und Studienkollegs (8) und Übergangs- und Schlussbestimmungen (9). Diese Teile unterteilen sich ihrerseits in Unterabschnitte.

Das Gesetz beginnt mit der folgenden Passage, in der die übergeordneten Bildungs- und Erziehungsziele formuliert sind:

> »[1]Die Schulen haben den in der Verfassung verankerten Bildungs- und Erziehungsauftrag zu verwirklichen. [2]Sie sollen Wissen und Können vermitteln sowie Geist und Körper, Herz und Charakter bilden. [3]Oberste Bildungsziele sind Ehrfurcht vor Gott, Achtung vor religiöser Überzeugung, vor der Würde des Menschen und vor der Gleichberechtigung von Männern und Frauen, Selbstbeherrschung, Verantwortungsgefühl und Verantwortungsfreudigkeit, Hilfsbereitschaft, Aufgeschlossenheit für alles Wahre, Gute und Schöne und Verantwortungsbewusstsein für Natur, Umwelt, Artenschutz und Artenvielfalt. [4]Die Schülerinnen und Schüler sind im Geist der Demokratie, in der Liebe zur bayerischen Heimat und zum deutschen Volk und im Sinn der Völkerversöhnung zu erziehen« (Bayerische Staatskanzlei 2019a).

Diese sich in vier Sätze gliedernde Einleitung rahmt das Dokument und die in ihm weiter formulierten Inhalte. In dem ersten Satz wird zunächst ein Außenbezug, der verfassungsrechtliche Bildungs- und Erziehungsauftrag der Schulen hervorgehoben, wobei offenbleibt, ob sich dies auf die deutsche Verfassung, die bayrische, beide und/oder weitere Verfassungstexte bezieht. Im nachfolgenden, zweiten Satz werden die Aufträge im Sinne eines ganzheitlichen Vermittlungsverständnisses, das neben Wissen und Können »Geist und Körper, Herz und Charakter« bilden soll, differenziert und ein Bildungs- und Erziehungsverständnis aufgemacht, das die Schüler:innen als ganze Personen anspricht und betrachtet. Im dritten Satz werden die Bildungsziele inhaltlich differenziert und durch die Rahmung als »Oberste« in ihrer Bedeutung für die weiteren Ausführungen hervorgehoben. Zusammen beschreiben diese obersten Bildungsziele einen »Wertekanon« oder einen normativen Rahmen, an dem v. a. das pädagogische Handeln bzw. die pädagogischen Praxen in Schule und Unterricht ausgerichtet sein sollen. Zugleich enthalten sie Vorstellungen einer idealen Schüler:innenidentität, die durch Bildung (und Erziehung) erreicht werden sollen. Die ersten beiden inhaltlichen Ziele beziehen sich mit den Formulierungen »Ehrfurcht vor Gott« und der »Achtung vor religiöser Überzeugung« auf religiöse bzw. spirituelle und weltanschauliche Perspektiven. Während mit dem Begriff der »Ehrfurcht« nicht nur auf Hochachtung und Respekt gegenüber einem übermächtigen, spirituellen Konstrukt – Gott – verwiesen, sondern auch auf eine spezifische Religion – die christliche – Bezug genommen wird, findet sich diese Singularität in dem zweiten Ziel nicht vergleichbar, da hier von einer Vielfalt möglicher religiöser Überzeugungen ausgegangen wird. Das Erziehungsziel der »Ehrfurcht vor Gott« und die grundgesetzlich verankerte Religionsfreiheit können, so Lutz Reuter (2003, S. 30),»nur im Sinne der Bedeutung religiös-weltanschaulicher Toleranz im Einklang mit der Religionsfreiheit« als Lernziel aufgerufen werden. Folgt man diesen Überlegungen und betrachtet sie in Verbindung mit dem zweiten genannten Ziel, bleibt ein Verständnis erhalten, das Weltanschauungen als prinzipiell religiöser Art versteht. Mit dem Begriff der Ehrfurcht wird eine Unterordnung unter die mit Gott assoziierten Überzeugungen erwartet und Bildung damit insofern einseitig konzipiert, als sie v. a. die Reproduktion einer vorgegebenen Sicht – die maßgeblich religiös und die einzelnen Schüler:innen in ihrer Gesamtheit ansprechend – verstanden wird, nicht aber sich mit diesen Inhalten (auch) hinterfragend und diskutierend, wie es u. a. transformatorische sowie emanzipative Bildungsverständnisse vorsehen, auseinanderzusetzen (vgl. z. B. Koller 2011; Rosenberg 2011). Die weiteren, als oberste gerahmten Bildungsziele sind die Achtung »vor der Würde des Menschen und vor der Gleichberechtigung von Männern und Frauen«.

5.2 Allgemeine Erziehungs- und Bildungsaufträge der Schulgesetze

Mit der »Achtung der Würde des Menschen« wird eine Formulierung des Grundgesetzes der Bundesrepublik aufgerufen sowie auf einen zentralen Begriff der Vereinten Nationen (2006, 2008), die Würde, verwiesen. Würde beschreibt den Wert eines jeden Menschen, die unbedingt und wechselseitig rechtlich wie moralisch zu achten und zu schützen ist (vgl. Bielefeldt 2008). Vergleichbar zur Achtung vor religiösen Überzeugungen wird weiter in Bezug auf Geschlecht impliziert, dass differente, binäre Geschlechter unterschieden werden. Mit dem Ziel der Gleichberechtigung wird zwar darauf verwiesen, dass Geschlecht nicht mit Nachteilen und/oder Ungerechtigkeit einhergehen soll, zugleich aber betont der Ausdruck die Unterschiedlichkeit, die vermutlich biologisch und/oder natürlich konzipiert wird (vgl. Budde, Scholand & Faulstich-Wieland 2008). Beide formulierten Bildungsziele verweisen dezidiert auf die besondere Schutzbedürftigkeit und indirekt auf die Risiken, dass Gleichberechtigung und Würde gefährdet sein können. Mit »Selbstbeherrschung, Verantwortungsgefühl und Verantwortungsfreudigkeit, Hilfsbereitschaft, Aufgeschlossenheit für alles Wahre, Gute und Schöne und Verantwortungsbewusstsein für Natur und Umwelt« werden weitere oberste Bildungsziele genannt, die auch Erwartungen an die Schüler:innen darstellen. Mit »Selbstbeherrschung« wird, Thomas Höhne (2003) folgend, impliziert, dass Menschen sich nicht per se selbstbeherrschen und kontrollieren können – im Sinne der jeweiligen kulturellen und sozialen Ordnung. Abweichungen davon werden hier implizit den Schüler:innen zugeschrieben und nicht einer möglicherweise Nicht-Passung zu den schulischunterrichtlichen Erwartungen und/oder eine Unterordnung unter deren Prämissen. Mit den drei Zielen »Verantwortungsgefühl und Verantwortungsfreudigkeit, Hilfsbereitschaft« werden der ›Dienst‹ des Individuums an der Gemeinschaft und zugleich Haltungen oder Einstellungen beschrieben, die sie verinnerlichen sollen. Es wird von den Schüler:innen erwartet, dass sie diese Idealbilder oder Identitätserwartungen erfüllen. Die zuletzt genannten Begriffe der »Aufgeschlossenheit für alles Wahre, Gute und Schöne«, stellen ebenfalls eine Erwartung an die Perspektiven der Schüler:innen auf die Welt dar. Wenngleich nicht dezidiert formuliert wird, was mit dem »Wahren, Guten und Schönen« gemeint ist, legen die Formulierungen nah, dass dies nicht plural und unterschiedlich verstanden wird, sondern aus einer spezifischen Perspektive, die implizit vorausgesetzt wird. Der vierte, den ersten Paragrafen abschließende Satz formuliert: »Die Schülerinnen und Schüler sind im Geiste der Demokratie, in der Liebe zur bayerischen Heimat und zum deutschen Volk und im Sinne der Völkerversöhnung zu erziehen« (Bayerische Staatskanzlei 2019a). Zunächst fällt auf, dass hier im Vergleich zu den vorherigen Ausführungen Erziehung thematisiert wird. Es dokumentiert sich, vor allem in dem Begriff der Demokratie, ein plurales Verständnis, also eines das von unterschiedlichen ggf. konträren Perspektiven im Miteinander ausgeht, die es zu bearbeiten und/oder auszuhalten gilt. Dies stellt insofern einen Bruch gegenüber der bisher eher einseitigen Perspektive und der tendenziellen Erwartung der Unterordnung in die bestehenden gesellschaftlichen und religiösen Vorstellungen dar, da wesentliche Merkmale von Demokratien in der Mitbestimmung und Mitgestaltung sowie der Aushandlung divergierender Perspektiven liegen. Zugleich passt es zur Achtung der Menschenwürde sowie religiöser Weltanschauung – die ebenfalls implizieren –, dass Menschen über differente Perspektiven und Erfahrungen verfügen. Mit der Erwartung der »Liebe« zur »bayerischen Heimat« und »zum deutschen Volk«, werden nicht nur lokale Bezüge des Schulgesetzes zum Ausdruck gebracht, sondern auch die Erwartung einer starken Zuneigung und Wertschätzung, die zugleich einen Moment des Unhinterfragten umfasst, deutlich; wenngleich die Liebe nicht explizit als bedingungslose markiert ist. Auch kommt ein Moment der Zugehörigkeit zum Ausdruck – der alle Schüler:innen umfasst – und andererseits begrenzt er diese, da Herkunft und damit verbunden Heimat vielfältig sein können, wie z. B. durch den Umzug eines Schülers von Bremen nach Bayern oder einer Schülerin, die aufgrund der Flucht vor einem Krieg in Deutschland resp. Bayern die Schule besucht. In der Erwartung, im Sinne der »Völkerversöhnung« zu erziehen, dokumentiert sich eine nationale Perspektive.

Zusammenfassend dokumentiert sich hier ein Verständnis von Leistung im Sinne inhaltlicher Erwartungen, wie Schüler:innen in Schule erzogen und gebildet werden sollen. Neben der Anerkennung und Würdigung von Vielfalt und Pluralität im Sinne der Demokratie liegt dies wesentlich in der Ein- und Unterordnung in religiöse Werte und Vorstellungen. Diese stehen – gedankenexperimentell – konträr zu eigenen und/oder sich verändernden Perspektiven gesellschaftlichen Miteinanders, wie sie z. B. vor dem

Hintergrund globaler und gesellschaftlicher Veränderungen entstehen können.

5.2.2 Hamburg

Das »Hamburgische Schulgesetz« (Hamburg 2021c) beginnt im Ersten Teil »Recht auf schulische Bildung und Auftrag der Schule«, der insgesamt drei Paragrafen umfasst, wie folgt:

> »Jeder junge Mensch hat das Recht auf eine seinen Fähigkeiten und Neigungen entsprechende Bildung und Erziehung und ist gehalten, sich nach seinen Möglichkeiten zu bilden. Dies gilt ungeachtet seines Geschlechts, seiner Abstammung, seiner Rasse, seiner Sprache, seiner Heimat und Herkunft, seines Glaubens, seiner religiösen oder politischen Anschauungen oder einer Behinderung.«

Mit der einleitenden und die weiteren Ausführungen rahmenden Proposition werden nicht nur die Rechte auf Bildung und Erziehung formuliert, sondern auch bereits deren Differenzierung – entlang von Fähigkeiten und Neigungen der Schüler:innen – vorgenommen. Die differenzierende Einschränkung kann als Berücksichtigung der individuellen Situation oder Ausgangslage der Schüler:innen verstanden werden. Ihr lässt sich gedankenexperimentell ein, die individuelle Situation der Schüler:innen nicht berücksichtigendes Verständnis gegenüberstellen, also eine Pädagogik bzw. Unterrichtsgestaltung, die unabhängig von den konkreten Kindern und Jugendlichen konzipiert und gestaltet wird. Der Satz kann auch als Limitierung oder Begrenzung des Bildungs- und Erziehungsrechts der Einzelnen verstanden werden. Dem letztgenannten Verständnis lässt sich ein Bildungsangebot für alle gedankenexperimentell gegenüberstellen. Zudem wird die Erwartung an die Schüler:innen formuliert, sich nach ihren »Möglichkeiten zu bilden«. Damit wird die Verantwortung für Bildungsprozesse maßgeblich bei den Schüler:innen verortet. Die Ausführungen des Gesetzestextes erscheinen insofern kohärent, als die Berücksichtigung der individuellen Lernausgangslagen der Schüler:innen vonseiten der Schule durch die Gestaltung unterschiedlicher Erziehungs- und Bildungsangebote bearbeitet wird. Dabei wird die Ausgangslage der Schüler:innen, die mit Begabungen und Neigungen beschrieben wird, individualisiert und als individuelles Merkmal konzipiert, das Erziehungs-

und Bildungsmöglichkeiten spezifiziert und begrenzt. Dieser Perspektive ist gedankenexperimentell eine gegenüberzustellen, in der die Erziehungs- und Bildungsmöglichkeiten der Einzelnen wesentlich durch die sozialen und materialen Angebote, die vonseiten der Schule eröffnet werden, geprägt sind. Der, in diesem ersten Satz formulierte, rahmende Grundsatz wird im zweiten Satz differenziert, in dem hervorgehoben wird, dass dieses Recht der Schüler:innen ungeachtet von »Geschlecht«, »Abstammung«, »Rasse«, »Sprache«, »Heimat und Herkunft«, »Glauben«, »religiöser oder politischer Anschauungen oder einer Behinderung« besteht. Mit den ersten drei Begriffen werden aus einer sozialwissenschaftlichen Perspektive – gleiches gilt für Begabung und Neigung – nicht nur unübliche Begriffe und Konzepte aufgerufen, sondern auch welche, die v. a. biologisch und damit essentialisierend konzipiert sind (vgl. Böker & Horvath 2018) – dies gilt auch für den letztgenannten, »eine Behinderung« (vgl. Waldschmidt 2005). Ihnen liegt das Verständnis zugrunde, dass damit Merkmale den Personen, also den Schüler:innen, zugeschrieben werden und nicht, dass diese interaktiv und sozial bzw. kulturell hervorgebracht werden. Die weiteren genannten Differenzdimensionen ließen sich möglicherweise auch als sozial und kulturell hervorgebracht verstehen. Da sie hier jedoch in einer Reihe mit den anderen aufgeführt werden, liegt es nah, dass die Autor:innen des Dokumentes sie ebenfalls als Eigenschaften bzw. Merkmale der Personen ansehen, die stabil, also nicht veränderbar sind. Vergleichend dokumentiert sich – wie auch in weiteren Passagen des Gesetzes, die aus Platzgründen nicht dargelegt werden können –, dass die Schüler:innen entlang von zwei unterschiedlichen Aspekten unterschieden werden, die in Bezug auf ihre Bildungs- und Erziehungsrechte mit differenten schulisch-unterrichtlichen Bearbeitungsformen einhergehen: Zum einen werden sie entlang ihrer Fähigkeiten und Neigungen unterschieden, die durch differenzierte Bildungs- und Erziehungsangebote vonseiten der Schule bearbeitet werden sollen, und zum anderen entlang von Geschlecht, Glauben und weiteren Aspekten. Die letztgenannten Unterschiede differenzieren die Bildungs- und Erziehungsrechte nicht. Wäre dies der Fall, so würde es als Benachteiligung verstanden, von der sich der Text deutlich abgrenzt. Implizit wird hier formuliert, dass letztgenanntes für die Begabungs- und Neigungsdifferenzen nicht vergleichbar gilt. Die Unterscheidung von Differenzen in zwei Gruppen, die losgelöst und unabhängig voneinander sowie von den materialen und sozialen bzw. kulturellen Zusammenhängen, in denen die Schüler:innen aufwachsen und leben, konzipiert werden, dokumentiert sich ein individualisiertes Verständnis von schulisch-unterrichtlichen Bildungs- und Erziehungsmöglichkeiten.

Die größere Bedeutung der Begabungs- und Neigungsdifferenzen der Schüler:innen gegenüber der zweiten Gruppe von Differenzen für die Schule resp. das Bildungs- und Erziehungsrecht der Schüler:innen zeigt sich im weiteren Gesetzestext, in dem Fähigkeiten zehn weitere Male, Sprache neun Mal, Neigungen sieben Mal, Behinderung vier Mal und die anderen Differenzdimensionen gar nicht mehr begrifflich aufgerufen werden. Die größere Relevanz, die den Fähigkeiten, der Sprache und den Neigungen der Schüler:innen gegenüber den anderen Merkmalen geben wird, liegt nicht allein in der Anzahl der Nennung. Vielmehr zeigt er sich v. a. darin, dass sie als bedeutsam für die schulisch-unterrichtlichen Bearbeitungen und (Entscheidungs-)Erwartungen aufgerufen werden, wie u. a. die Zuordnung der Schüler:innen zu den ›richtigen Bildungsgängen‹ und einer, über die ›normale‹ pädagogische Begleitung hinausgehende Förderung (v. a. ▶ Kap. 5.3, ▶ Kap. 5.6, ▶ Kap. 5.7).

Zusammenfassend dokumentiert sich hier ein Verständnis von Erziehungs- und Bildungsmöglichkeiten der Schüler:innen, das auf der Grundlage ihrer sogenannten Begabungen und Neigungen unterschieden und begründet wird. Diese werden den Schüler:innen im Sinne einer »totalen Identität« (Garfinkel 1967) individuell zugeschrieben. Neben dieser Identitätskonzeption werden im Schulgesetz weitere Merkmale genannt, entlang derer die Schüler:innen unterschieden werden. Diese sollen das Bildungs- und Erziehungsangebot jedoch nicht begrenzen. Wenngleich Leistung in dem Ausschnitt als Begriff nicht aufgerufen wird, liegt es nah, dass diese wesentlich als Ergebnis der Begabungen und Neigungen der Schüler:innen verstanden wird.

5.2.3 Vergleich Bayern und Hamburg

Die einleitend formulierten und die weiteren Ausführungen rahmenden Bildungs- und Erziehungsaufträge vergleichend betrachtend zeigt, dass in den beiden Bundesländern Bayern und Hamburg zunächst abstrakte Ziele formuliert werden, die für die Bildung und Erziehung der Schüler:innen vorgesehen sind und zugleich ihre Rechte beschreiben. Beide Dokumente – wenn auch auf unterschiedliche Art und Weise – thematisieren Differenzen zwischen Schüler:innen, die ihnen askriptiv im Sinne individueller Merkmale zugeschrieben werden. Während im rahmenden Eingangssatz des bayrischen Dokuments v. a. religiöse und geschlechtliche Differenzen thematisiert werden, die als natürliche konzipiert und zu achten sind, werden in dem Hamburgischen Gesetz weitere genannt und zwei Formen ihrer schulischen Bearbeitung unterschieden: eine, die nicht mit Benachteiligungen einhergehen soll, während dies für Begabung und Neigung nicht formuliert wird. Anders als in Bayern soll die Bearbeitung der Unterschiede der Schüler:innen in Hamburg mithin nicht allein durch deren Anerkennung erfolgen, sondern sie stellt den Ausgangspunkt für die Konkretisierung der schulisch-unterrichtlichen Bildungs- und Erziehungsangebote dar.

5.3 Schulform- und bildungsgangspezifische Bildungs- und Erziehungsziele der Sekundarstufe I

Bayern unterscheidet ebenso wie Hamburg formal schulformspezifische Bildungs- und Erziehungsaufträge. Diese sind nicht nur im Schulgesetz, sondern auch in schulformspezifischen Dokumenten formuliert und konkretisieren und differenzieren die Ausführungen in den Schulgesetzen. Während die Bundesländer unterschiedliche Bezeichnungen für die Schulformen wählen können, sind sie, gemäß der »Ländervereinbarung über die gemeinsame Grundstruktur des Schulwesens und die gesamtstaatliche Verantwortung der Länder in zentralen bildungspolitischen Fragen« der KMK (2020), verpflichtet, in den unterschiedlichen Schulformen einen, zwei oder drei der formalen schulischen Bildungsabschlüsse anzubieten: den Ersten Schulabschluss (ESA), den Mittleren Schulab-

5.3 Bildungsgangspezifische Bildungs- und Erziehungsziele

schluss (MSA) und/oder das Abitur. Dies gilt für die sogenannten Regelschulen, während für Sonderschulen auch die Möglichkeit besteht, keinen der genannten Abschlüsse anzubieten.

In Bayern werden in der Sekundarstufe I vier Schulformen unterschieden. Für die nachfolgenden analytischen Betrachtungen wurden zwei, die Mittelschule und das Gymnasium, ausgewählt. Sie stellen innerhalb des Schulsystems – jenseits der Sonderschulen – einen maximalen Kontrast in Bezug auf die dort zu erreichenden Abschlüsse dar: In der Mittelschule können der ESA und in den sogenannten Mittlere-Reife-Klassen der MSA erworben werden, im Gymnasium das Abitur. Hamburg bietet in der Sekundarstufe I neben dem Gymnasium und der Stadtteilschule Sonderschulen und Regionale Bildungs- und Beratungszentren, kurz ReBBZ, an. Ausgewählt wurden, auch mit dem Blick auf einen Vergleich zu Bayern, die Stadtteilschule, an der alle drei Abschlüsse erworben werden können, und das Gymnasium, an dem v. a. das Abitur, aber auch, bei entsprechender Empfehlung in Klasse 10, der MSA absolviert werden kann.

Tab. 1: Schulformen und die angebotenen Abschlüsse der Sekundarstufe in Bayern und Hamburg, in die nachfolgenden Ausführungen gehen die kursiv gedruckten Schulformen ein

	Bayern	Hamburg
Mittelschule	*Erster Schulabschluss (ESA)* *Mittlerer Schulabschluss (MSA)* *ab Klasse 8 getrennt*	–
Realschule	MSA	–
Stadtteilschule	–	*ESA* *MSA* *Abitur*
Gymnasium	*Abitur*	*Abitur und MSA*
Sonder-/Förderschule ReBBZ	ESA, z. T. MSA	ESA und MSA

Diese Auswahl von Schulformen – die ihrerseits ausschnitthaft bleiben – eröffnet sowohl einen Vergleich innerhalb der Bundesländer als auch zwischen ihnen. Die Begründungen, die für die Gliederung des Schulwesens resp. die Unterscheidung von Bildungsgängen formuliert werden, sollen einleitend ebenfalls betrachtet werden.

5.3.1 Bayern: Mittelschule und Gymnasium

Der 6. Artikel des »Bayerischen Unterrichts- und Erziehungsgesetzes« (Bayerische Staatskanzlei 2019a) des Abschnitts 1 trägt die Überschrift »Gliederung des Schulwesens«. Erläuterungen zum Aufbau finden sich in den schulformspezifischen Lehrplänen, die die Grundlage der weiteren rekonstruktiven Analysen darstellen, sowie in dem diese ergänzenden und differenzierenden Dokument, »Oberste Bildungsziele in Bayern. Art. 131 der Bayerischen Verfassung – Wertefundament des LehrplanPLUS« (Staatsinstitut für Schulqualität und Bildungsforschung 2016). Dort heißt es zur Schulstruktur:

> »Bayern setzt die obersten Bildungs- und Erziehungsziele in einem gegliederten Schulsystem um, das sowohl für eine grundlegende Bildung sorgt als auch den unterschiedlichen Bedürfnissen und Begabungen der Schülerinnen und Schüler gerecht wird« (Staatsinstitut für Schulqualität und Bildungsforschung 2016, S. 18).

Hier wird explizit ausgeführt, dass die »obersten Bildungs- und Erziehungsziele« in einem Schulsystem umgesetzt werden, das gegliedert ist. Dies wird entlang der Ansprüche konkretisiert, einerseits »grundlegende Bildung« anzubieten und andererseits bzw. gleichzeitig den »unterschiedlichen Bedürfnissen und Begabungen« der Schüler:innen zu begegnen. In den Ausführungen wird der »grundlegenden Bildung« hier keine – wie es begrifflich zu vermuten wäre – vertiefte Bildung gegenübergestellt, sondern eine, die auf die »Bedürfnisse und Begabungen« der Schüler:innen abgestimmt ist. Dabei bleibt offen, ob davon ausgegangen wird, dass nicht alle Schüler:innen, alle Kinder und Jugendlichen, über vergleichbare »Bedürfnisse und Begabungen« verfügen, denen mit einer »grundlegenden Bildung« zu begegnen wäre. Vielmehr legen die Ausführungen nah, dass diesbezüglich Unterschiede vorliegen. Wenngleich die zwei Aspekte nicht

5.3 Bildungsgangspezifische Bildungs- und Erziehungsziele

explizit als Begründung für das gegliederte Schulsystem benannt werden, stellen sie eine solche insofern dar, als – mindestens zwei – Formen schulischer Bildung unterschieden werden und formuliert wird, dass die Schüler:innen sich entlang ihrer »Bedürfnisse und Begabungen« unterscheiden. In dem Begriff »Begabung« steckt – einem Common Sense-Verständnis folgend – die Naturalisierung dieser sowie eine deskriptive Zuschreibung (vgl. Böker/Horvath 2018). Begabungen werden dabei insofern positiv konnotiert, als sie über eine »grundlegende Bildung« hinauszuweisen scheinen. In diesem Ausschnitt dokumentiert sich – vergleichbar zu dem Eingangssatz des Hamburgischen Schulgesetzes –, dass die Begabungen der Schüler:innen, hier in Verbindung mit Bedürfnissen, unterschiedlich sind und diese ein gegliedertes Schulwesen legitimieren bzw. begründen. Die virtuale, soziale Identität der Schüler:innen, also die ›Bilder‹ von Schüler:innen und die mit ihnen verbundenen Erwartungen an ihre Leistung und Leistungsdifferenzen wird entlang unterschiedlicher, klar zu differenzierender Begabungen und Fähigkeiten konzipiert.

Wie die differenten schulischen Angebote in den schulformspezifischen Lehrplänen konkretisiert werden, soll nachfolgend für die zwei Schulformen bzw. Bildungsgänge der Mittelschule – die zum ESA und in Mittleren-Reife-Klassen auch zum MSA führen – und dem Gymnasium, an dem das Abitur erlangt werden kann, zunächst getrennt und daran anschließend vergleichend betrachtet werden.

5.3.1.1 Mittelschule

Das bildungspolitische Dokument »LehrplanPLUS für die Bayerische Mittelschule« (Staatsinstitut für Schulqualität und Bildungsforschung 2019b) zeichnet sich durch folgenden Aufbau aus: Nach einer propositionalen Einleitung, die inhaltlich der des »Bayerischen Unterrichts- und Erziehungsgesetzes« (Bayerische Staatskanzlei 2019a) entspricht, gliedert sich das Dokument entlang der folgenden Abschnitte: »Anspruch und Profil der Mittelschule«, »Schülerinnen und Schüler an der Mittelschule«, »Lernen, Leisten und Leben an der Mittelschule«, »Mittelschule im gesellschaftlichen Kontext«, »Übergänge« und »Qualitätsentwicklung«. Die Ausführungen zu den Schüler:innen wurden für eine differenzierte Betrachtung ausgewählt; anders als die anderen Punkte untergliedert sich dieser nicht entlang weiterer Unterüberschriften. Im ersten Absatz heißt es: »Während des Besuchs der Mittelschule befinden sich die Schülerinnen und Schüler in der Entwicklung vom Kind zum Jugendlichen bzw. zum jungen Erwachsenen. Sie durchlaufen während der Pubertät erhebliche emotionale, körperliche, kognitive, soziale und persönliche Veränderungen. Diesen Veränderungen und Belastungen, die zum Hinterfragen von Autoritäten und mitunter zu stark wechselnder Leistungsbereitschaft führen, trägt die Mittelschule durch psychosoziale Zielsetzungen und pädagogische Maßnahmen Rechnung. Aufbauend auf Anerkennung und Ermutigung während ihrer Schulzeit an der Mittelschule entwickeln die Schülerinnen und Schüler zunehmend sowohl Selbstvertrauen als auch Perspektiven für ihr eigenes Leben und schreiten in ihrer Persönlichkeitsentwicklung voran« (Staatsinstitut für Schulqualität und Bildungsforschung 2019b).

Die Schüler:innen werden zu Beginn als eine homogene Gruppe beschrieben, die sich während ihres Besuchs der Mittelschule »vom Kind zum Jugendlichen bzw. jungen Erwachsenen« entwickelt. Dies wird weiter in dem Begriff der »Pubertät« konkretisiert, die als Phase »erheblicher emotionaler, körperlicher, kognitiver, sozialer und persönlicher Veränderungen« und »Belastungen« beschrieben wird, die sich v. a. im »Hinterfragen von Autoritäten« und »stark wechselnder Leistungsbereitschaft« zeigt. Die Schüler:innen werden also entlang einer Entwicklungsphase, die sie während des Besuchs der Mittelschule durchlaufen, beschrieben, die v. a. als Herausforderung, aber auch negativ konnotiert verstanden wird. Dieses, als schwierige Lebensphase der Schüler:innen konzipiertes Alter wird in der Schule pädagogisch begleitet, d. h. es ist die Aufgabe dieser Schulform. Die Lebensphase wird dabei selbst als ›natürliche‹ konzipiert, da sie mit dem Lebensalter der Schüler:innen erklärt wird und die Schüler:innen die Situation scheinbar nicht rational oder anders bearbeiten können. Die Schwierigkeiten bzw. Herausforderungen werden in den weiteren Ausführungen mit einem direkten Bezug zu Schule und Unterricht differenziert, da temporär die »Leistungsbereitschaft« wechseln kann und »Autoritäten« – zu denen vermutlich die Schule resp. die Lehrpersonen gezählt werden – von den Schüler:innen hinterfragt werden. Hier dokumentiert sich – was im Vergleich zur Beschreibung der Schüler:innenschaft des Gymnasiums noch deutlicher werden wird – die Erwartung, dass Schüler:innen kontinuierlich Leistungsbereitschaft zeigen, bestehende Ordnungen nicht hinterfragen, sondern sich in diese einfügen und es eine schulisch-unterrichtliche Herausforderung darstellt, wenn dies temporär nicht geteilt wird bzw. gegeben ist. Die Mittelschule begegnet diesen Herausforderungen mit pädagogischen Programmen, die v. a. in der Anerkennung und Ermutigung der Schüler:innen liegen und an dem Ziel orientiert sind, deren Leistungsbereitschaft (wieder-)herzustellen und das Selbstvertrauen und die Persönlichkeiten der Schüler:innen zu entwickeln. Widerständige Praxen oder das Hinterfragen von Autoritäten, wie es beispielsweise Paul Willis (1982) für die sogenannte Arbeiterjugend Englands beschreibt, die v. a. von gesellschaftlich benachteiligten Gruppen vorgenommen werden, werden dabei implizit von dem schulischen Bildungsverständnis abgegrenzt bzw. als gegenüber diesem konträr konzipiert. Vielmehr werden sie als (temporäre) Abweichungen individualisiert bzw. als Abweichung der Schüler:innen, die diese Schulform besuchen, konzipiert.

Im Anschluss folgt ein Absatz zur Peergroup, der hier nicht weiter betrachtet wird, sowie der folgende, zum schulischen Lernen:

> »Die Schülerinnen und Schüler denken überwiegend anschaulich und lernen in konkreten Handlungszusammenhängen. Erst langsam entwickelt sich ein abstrahierendes Denken. Der Unterricht und die Erziehung tragen diesem Aspekt Rechnung« (Staatsinstitut für Schulqualität und Bildungsforschung 2019b).

Die Schüler:innen werden homolog zu dem vorherigen Ausschnitt als homogene Gruppe konstituiert, die »anschaulich« und »in konkreten Handlungszusammenhängen« lernt und »erst langsam« abstrahierendes Denken entwickelt. Auch hier dokumentiert sich, dass die Aufgabe der Schule darin besteht, den spezifischen, als negative Abweichung formulierten Bedürfnissen der Schüler:innen durch eine spezifische, auf sie abgestimmte Didaktik kompensatorisch zu begegnen.

In dem die Ausführungen zu den Schüler:innen abschließenden Satz werden Unterschiede innerhalb dieser Gruppe thematisiert:

> »Wie in allen Schularten unterscheiden sich die Schülerinnen und Schüler der Mittelschule innerhalb jeder Lerngruppe hinsichtlich Alter, Temperament, Stärken, Begabungen und Interessen. Kulturelle und sprachliche Vielfalt ist an vielen Mittelschulen in besonderem Maße zu beobachten und wird durch das Einbeziehen in den Unterricht und in vielfältigen Unterstützungsmaßnahmen aufgegriffen« (Staatsinstitut für Schulqualität und Bildungsforschung 2019b).

Die Schüler:innen der Mittelschule werden als unterschiedlich in Bezug auf »Alter, Temperament, Stärken, Begabungen und Interessen« sowie in Bezug auf »kulturelle und sprachliche Vielfalt« als heterogen oder different beschrieben. Diese Vielfalt wird durch den Zusatz »in besonderem Maße« als Spezifikum der Schulform gerahmt. Während mit dem Alter ein Merkmal benannt ist, das gemeinhin als fortschreitend stabil und nicht veränderbar verstanden wird, fällt zugleich auf, dass die Schulform – wie die anderen auch – nach dem Jahrgangsprinzip arbeitet, d. h., dass jahrgangshomogene Lerngruppen vorgesehen sind. Altersdifferenzen, die über das übliche Schuljahr hinausweisen, könnten damit erklärt werden, dass die Mittelschule – mehr als andere Schulformen – von Schüler:innen besucht wird, die ein oder zwei Schuljahre wiederholt haben. Gemeinsam hat das Alter mit den weiteren genannten Differenzen, dass es gemäß eines Common Sense-Verständnisses, also der epochalen Denkweise nach, als ›natürliche Eigenschaft‹ konzipiert wird, die kontinuierlich fortschreitend und zugleich nicht veränderbar ist. Ein solches Verständnis legen auch die anderen Begriffe, Temperament, Stärken, Begabungen und Interessen, nah, die ebenfalls als vermeintlich ›natürliche Eigenschaften‹, die nicht einfach veränderbar sind, gefasst werden.

Im Kontrast zu diesen stabilen Eigenschaften wird die Adoleszenz – die zuvor thematisiert wurde – als temporäre Lebensphase verstanden, die sich v. a. durch nicht erwünschtes bzw. nicht-schulkonformes Handeln aufgrund mehr oder weniger natürlicher bzw. biologischer Prozesse auszeichnet. Nach Abschluss dieser Phase legt sich den Ausführungen zur Folge auch das für sie typische Phänomen.

Es fällt auf, dass sozio-ökonomische Unterschiede – die nicht nur in den Sozialwissenschaften, sondern auch in den internationalen Schulleistungsvergleichsstudien, wie u. a. PISA (vgl. OECD 2020) –, die zentrale Erklärung für unterschiedliche schulische Leistungen von Schüler:innen darstellen, in dem Text nicht thematisiert werden. Entsprechend dokumentiert sich hier ein (implizit) zugrunde liegendes, individuelles Leistungskonstrukt, das v. a. natürlich bzw. essentialisierend erklärt wird und diese losgelöst von sozialen, kulturellen und materiellen Differenzen des Aufwachsens der Schüler:innen ebenso wie von der sozialräumlichen und schulischen Situation, der von ihnen besuchten Grundschule, als Erklärungen für (Nicht-)Lernen resp. die Nicht-Passung zu schulisch-unterrichtlichen Erwartungen.

Zusammenfassend dokumentiert sich ein Verständnis von schulischer Leistung, das die Schüler:innenschaft der Mittelschule als eine leistungshomogene Gruppe konzipiert, die im impliziten Vergleich mit anderen insofern als defizitär beschrieben wird, als kompensatorisch mit ihnen zu arbeiten ist. Innerhalb dieser Leistungshomogenität werden die Schüler:innen entlang unterschiedlicher Aspekte als different charakterisiert, die jedoch nicht als vergleichbar relevant (im schulischen Kontext) markiert werden. Sie begründen formal keine Schulformen und Bildungsgänge. Weiter werden die Schüler:innen insofern als ›problematisch‹ bzw. abweichend von einer implizit bleibenden ›normalen Schüler:innenschaft‹ konzipiert, als sie die schulischen und gesellschaftlichen Normen temporär hinterfragen und/oder deren Anerkennung nicht habitualisiert haben und Lehr-Lernbedürfnisse haben, die negativ gerahmt werden. Die Mittelschule und ihre Programmatik werden aus dieser spezifischen Situation begründet. Im Vergleich dazu werden für die sprachlichen und kulturellen Unterschiede zwischen den Schüler:innen keine spezifischen schulischen und/oder pädagogischen Bearbeitungsformen formuliert. Darin dokumentiert sich deren nachgeordnete Bedeutung im schulisch-unterrichtlichen Kontext. Die Erklärungen für die Merkmale und deren schulisch-unterrichtliche Bedeutung wird in den Schüler:innen verortet, also individualisiert. Sie werden als Ausgangspunkt für die Gestaltung spezifischer pädagogischer Angebote verstanden, die in der Schulform der Mittelschule bearbeitet werden – also eine Antwort auf natürliche Begabungsdifferenzen darstellen. Es dokumentieren sich virtuale soziale Identitäten von Schüler:innen der Mittelschule, die diese nicht nur in einem totalen Sinne verstehen – mit der Ausnahme der Pubertät, die temporär konzipiert wird – als schulische Erwartungen nur bedingt erfüllend. Dies begründet die kompensatorische Ausrichtung der Schulform.

5.3.1.2 Gymnasium

Der »Bildungs- und Erziehungsauftrag des Gymnasiums«, der im LehrplanPLUS (Staatsinstitut für Schulqualität und Bildungsforschung 2019a) formuliert ist, gliedert sich in sechs Abschnitte, deren zweiter die »Schülerinnen und Schüler am Gymnasium« beschreibt. Entlang des hier leitenden Interesses sollen der erste und der zweite Absatz der Ausführungen zu den Schüler:innen näher betrachtet werden.

»(1) In einer Zeit, in der sich vor dem Hintergrund wachsender gesellschaftlicher Heterogenität auch Lerngruppen zunehmend ausdifferenzieren, fördert das Gymnasium alle gymnasial geeigneten Schülerinnen und Schüler auf der Grundlage einer Pädagogik der Vielfalt. Dabei haben die Schülerinnen und Schüler die Möglichkeit, nach ihrer Neigung und Begabung Schwerpunkte zu setzen, ohne dass die damit verbundene Spezialisierung zu Lasten einer soliden Allgemeinbildung ginge. Sie können zudem bis zum Erreichen der gymnasialen Lern- und Bildungsziele unterschiedliche Formen der Flexibilisierung und Individualisierung der Lernzeit in Anspruch nehmen« (Staatsinstitut für Schulqualität und Bildungsforschung 2019a).

Mit einem Verweis auf die Zunahme »gesellschaftlicher Heterogenität«, die in den Lerngruppen ihren Ausdruck findet, wird der Absatz zu den Schüler:innen eingeleitet. Die Heterogenität wird unmittelbar anschließend relativierend differenziert, indem das Gymnasium als eine Schulform charakterisiert wird, die ausschließlich von Schüler:innen, die entsprechend »geeignet sind«, besucht wird. Die zunehmende gesellschaftliche Heterogenität wird also nicht auf die sogenannte gymnasiale Eignung, sondern auf zunächst implizit bleibende, für den gymnasialen Kontext nachgeordnete Differenzen bezogen. Das pädagogische Programm des Gymnasiums wird weiter differenziert als eins, das den Schüler:innen die Möglichkeit eröffnet, eine »solide Allgemeinbildung« zu erwerben und sich entlang »ihrer Neigungen und Begabungen« zu spezialisieren. Beide Ziele, die einerseits Individualität und andererseits Gemeinsamkeit betonen, sollen ausgewogen bearbeitet werden. Bezogen auf Begabungs- und Neigungsdifferenzen der Schüler:innen dokumentiert sich hier eine positive Sicht, die durch schulisch-unterrichtliche Angebote in ihrer Entfaltung unterstützt werden. Für die allgemeinen, schulformbezogenen Ziele wird weiter differenzierend ausgeführt, dass diese flexibel und individuell erreicht werden können. Dies schließt an den propositionalen Gehalt an, dass die gymnasiale Didaktik unterschiedliche Zugänge zu Themen eröffnet bzw. berücksichtigt. Weiter wird ausgeführt, dass die »gymnasial geeigneten« Schüler:innen »auf der Grundlage einer Pädagogik der Vielfalt« un-

5.3 Bildungsgangspezifische Bildungs- und Erziehungsziele

terrichtet werden. Damit wird – in Bezug auf die Ausführungen von Annedore Prengel (2019), die diese Begriffe in ihrem 1993 erstmals erschienen Werk geprägt hat – Gleichberechtigung von Verschiedenheit resp. »egalitäre Differenz« (Prengel 2001) zum Ausgangspunkt für pädagogische Handlungen genommen. Die von Annedore Prengel formulierten Theorien stehen insofern im Widerspruch zu der Prämisse der »gymnasialen Eignung« der Schüler:innen, als sie auf einem nicht-egalitären Verständnis von (Leistungs-)Differenzen fußt.

Die Ausführungen des Gymnasiums differenziert die »gymnasiale Eignung« der Schüler:innenschaft dieser Schulform wie folgt:

> »(2) Ein Gymnasium besuchen Schülerinnen und Schüler, die aufgrund ihrer Begabung, ihres breiten Interesses, ihrer Leistungsbereitschaft und ihres Leistungsvermögens in der Lage sind, die Kompetenzen aufzubauen, die sie später für ein Studium und für verantwortungsvolle berufliche Aufgaben benötigen« (Staatsinstitut für Schulqualität und Bildungsforschung 2019a).

In diesem zweiten Absatz wird der Besuch des Gymnasiums bzw. des gymnasialen Bildungsgangs mit den »Begabungen«, dem »breiten Interesse«, der »Leistungsbereitschaft« und dem »Leistungsvermögen« der Schüler:innen begründet. Darin dokumentieren sich nicht nur ein exklusiver Zugang zu der Schulform, sondern auch positiv konnotierte Beschreibungen der Schüler:innen in Bezug auf schulische Erwartungen. Die Vagheit der Begriffe – Begabungen, Leistungsbereitschaft und Leistungsvermögen – wird durch Vergleiche mit den Schüler:innen anderer Schulformen positiv gerahmt, wie die anschließende Kontrastierung mit den Schüler:innenidentitäten der Mittelschule (▶ Kap. 5.3.1.3) zeigt. Eine Differenzierung findet sich in der formulierten Perspektive, dass die Eigenschaften derart ausgeprägt sind, dass es den Schüler:innen gelingt, »Kompetenzen aufzubauen, die für ein Studium Voraussetzung sind und die sie für verantwortungsvolle berufliche Aufgaben benötigen«. Die Begabungen der Schüler:innen werden damit zur Voraussetzung für die angestrebten, inhaltlich konturierten Bildungsprozesse. Diese führen, den Ausführungen entsprechend zum höchsten Schulabschluss, der Allgemeinen Hochschulreife, die für ein Studium nachzuweisen ist und zugleich implizit hierarchisch gegenüber anderen Abschlüssen abgegrenzt werden. Weiter wird die Schüler:innenschaft beschrieben:

> »(3) Beim Kompetenzerwerb zeigen sich Schülerinnen und Schüler des Gymnasiums geistig besonders beweglich und fantasievoll, sie lernen schnell, gern und zielstrebig und verfügen über ein gutes Gedächtnis. Sie sind bereit, sich ausdauernd und unter verschiedenen Blickwinkeln mit Denk- und Gestaltungsaufgaben auseinanderzusetzen, und entwickeln dabei zunehmend die Fähigkeit zur Abstraktion, zu analytischem und vernetztem Denken, zu eigenständiger Problemlösung und zur zielgerichteten Zusammenarbeit in der Gruppe« (Staatsinstitut für Schulqualität und Bildungsforschung 2019a).

Bezogen auf schulisch-unterrichtliches Lernen werden die Gymnasiast:innen auch in diesem Ausschnitt mit positiv konnotierten Eigenschaften beschrieben, die »schnell, gern und zielstrebig« schulisch lernen. Der zitierte Ausdruck stellt insofern eine Fokussierungsmetapher dar, als er zugleich eine ideale Passung zwischen schulisch-unterrichtlichen Erwartungen der Leistung und Leistungsbereitschaft der Schüler:innen zu beschreiben scheint. Dies wird in den folgenden Sätzen weiter differenziert, indem u. a. »analytisches Denken« sowie die Eigenständigkeit der Lernenden in der Auseinandersetzung mit Themen genannt werden. Die Beschreibung der Gymnasiast:innen als »geistig besonders beweglich und fantasievoll« wird differenziert als über ein »gutes Gedächtnis« verfügend sowie über die Bereitschaft, sich ausdauernd und aus unterschiedlichen Perspektiven mit »Denk- und Gestaltungsaufgaben« auseinanderzusetzen. Diesen Beschreibungen sind implizite Vergleiche mit anderen Schüler:innen bzw. einer anderen Schulform inhärent, die über diese ›Eigenschaften‹ nicht verfügen. Weiter wird ausgeführt, dass sie »zunehmend die Fähigkeit zur Abstraktion« entwickeln.

Im Vergleich zum einleitenden Satz zu den Schüler:innen, in dem gesellschaftliche Heterogenität, die auch gymnasiale Lerngruppen prägt, als Merkmal der Schüler:innenschaft genannt wird, dokumentiert sich in den weiteren Ausführungen deren nachgeordnete Bedeutung gegenüber den Begabungen und Neigungen sowie der Leistungsbereitschaft der Schüler:innen. Letztgenannte wird dabei nicht nur durch die verwendeten Begriffe, sondern auch durch ihre Verwendung als stabile und bereits vorhandene Eigenschaft, die die Schüler:innen auszeichnet, verstanden. Der positiven Konnotation – im Sinne einer Passung zu den schulischen

5.3 Bildungsgangspezifische Bildungs- und Erziehungsziele

Leistungserwartungen – liegt ein individuelles Begabungsverständnis zugrunde, das Leistung sowie schulisches Lernen losgelöst von sozialen, kulturellen und materiellen Bedingungen des Aufwachsens und der Sozialisation konzipiert. Letztgenanntes bezieht sich sowohl auf die Grundschule als auch auf den in der Schule selbst erfahrenen Unterricht. Das individualisierende Verständnis von Begabung zeigt Parallelen zu Anne Waldschmidts (2005) Ausführungen zu Behinderungen: Begabung wird als Gegenteil von Behinderung im Sinne des individuellen Merkmals thematisiert (vgl. Holzkamp 1997). Die Schüler:innenidentität ist entlang der erwarteten – implizit als höherwertig markierten – Leistung der Schüler:innen im Sinne einer totalen Identifizierung gegeben und zugleich sehr positiv konnotiert.

5.3.1.3 Vergleich Mittelschulen und Gymnasien

Im Vergleich der Beschreibungen der Schüler:innen von Mittelschulen und denen von Gymnasien konturiert sich das Verständnis von Leistung in Abhängigkeit von der individuellen Begabung der Schüler:innen. Es dokumentiert sich ein homologes Verständnis von individuell unterschiedlichen Begabungen, die ihrerseits differente schulische Leistungen und Leistungsbereitschaft erklären. Sie gehen mit je spezifischen unterschiedlichen schulisch-unterrichtlichen Bedürfnissen einher und werden in unterschiedlichen Schulformen und Bildungsgängen, die je eigenen Programmatiken folgen, bearbeitet. Begabungen stellen dabei die zentralen oder primären Unterschiede der Schüler:innen dar, die im Gegensatz zu anderen Heterogenitätsdimensionen für schulisch-unterrichtliche Zusammenhänge als relevant verstanden werden. Dabei werden die hier unterschiedenen zwei Schüler:innengruppen, die sich in ihren Begabungen und ihrer Leistung(sbereitschaft) unterscheiden, in Bezug auf diese Aspekte als in sich weitgehend homogen konzipiert. Differenzen werden v. a. durch den Vergleich mit den Schüler:innen der je anderen Schulformen deutlich.

Der Vergleich der zwei Gruppen zeigt, dass die virtuale, soziale Identität der Gymnasiast:innen ein positives Schüler:innenideal darstellt, das optimal zu den schulisch-unterrichtlichen Anforderungen und Erwartungen passt, während die der Mittelschüler:innen von diesem Verständnis negativ abweicht, temporär auch stärker als ›gewöhnlich‹. Die Bedürfnisse der letztgenannten Schüler:innen werden mittels einer kompensatorisch orientierten Pädagogik in der Mittelschule bearbeitet. Dies unterscheidet sich von dem pädagogischen Anspruch resp. der Programmatik des Gymnasiums, die an der individuellen Entwicklung und Bildung der Schüler:innen ausgerichtet ist. Weiter zeigt der Vergleich, dass die Phase der Pubertät als eine mögliche Abweichung der Erfüllung schulischer Erwartungen v. a. als Problem der Schüler:innen der Mittelschule thematisiert wird, obwohl die Gymnasiast:innen im gleichen (biologischen) Alter sind wie ihre Peers. Damit wird – implizit – die biologisch-körperliche Erklärung für temporäres stärkeres Abweichen nicht nur als eine Besonderheit der Mittelschüler:innen beschrieben, sondern implizit auch als eine, die potenziell mit den entsprechenden Begabungen – über die jedoch ausschließlich die Gymnasiast:innen verfügen – kompensierbar zu sein scheint. Eine weitere Unterscheidung zwischen den Gruppen wird für die Entwicklung des abstrakten Denkens formuliert: Von den Mittelschüler:innen wird angenommen, dass sie dies »erst langsam« erlernen, während Gymnasiast:innen »zunehmend [über] die Fähigkeit zur Abstraktion« verfügen. Die letztgenannte Formulierung deutet darauf hin, dass »abstraktes Denken« grundsätzlich erlernt werden muss, also die Schüler:innen dies nicht per se können, und sie dies im Verlauf ihrer Schulzeit erlernen. Zieht man in Betracht, dass die Schüler:innen die Mittelschule bereits nach fünf Jahren, das Gymnasium aber erst nach acht Jahren verlassen, also drei Jahre länger die Möglichkeit haben, abstraktes Denken zu lernen, relativiert sich die thematisierte Differenz und auch das zugrunde liegende individualisierte Verständnis von Begabung.

Die Bearbeitung der wesentlich als natürlich konzipierten Begabungs- und Leistungsunterschiede der Schüler:innen erfolgt durch die Bereitstellung unterschiedlicher Bildungsgänge, die differenten pädagogischen Programmatiken folgen.

5.3.2 Hamburg: Stadtteilschulen und Gymnasien

Die Gliederung des Hamburger Schulsystems wird im Schulgesetz (Hamburg 2021c) beschrieben, dort heißt es in § 11:

5.3 Bildungsgangspezifische Bildungs- und Erziehungsziele

»Das Schulwesen gliedert sich nach Jahrgangsstufen, Schulstufen und Schulformen.«
Eine erläuternde Begründung für diese Unterscheidungen wird nicht aufgeführt. In § 3, also an früherer Stelle im Text, heißt es:

>»(1) Das Schulwesen ist so zu gestalten, dass die gemeinsame Erziehung und das gemeinsame Lernen von Kindern und Jugendlichen in größtmöglichem Ausmaß verwirklicht werden können. Diesem Grundsatz entsprechend sollen Formen äußerer und innerer Differenzierung der besseren Förderung der einzelnen Schülerin oder des einzelnen Schülers dienen. Eine Lernkultur mit stärkerer und dokumentierter Individualisierung bestimmt das schulische Lernen« (Hamburg 2021c, S. 12).

Hier wird einleitend proponiert, dass die Prämisse im »gemeinsamen Lernen von Kindern und Jugendlichen« liegt; ein Ziel, das unmittelbar anschließend relativierend differenziert wird, indem dies auf das »größtmögliche[...] Ausmaß« begrenzt wird. Darin dokumentiert sich eine Limitierung des zuvor formulierten Anspruchs, der allerdings explizit nicht weiter erläutert wird. Im nächsten Satz wird weiter differenziert, dass dies durch »Formen äußerer und innerer Differenzierung« – die für dauerhafte und temporäre Trennung der Schüler:innen steht – erfolgt. Dies wird mit dem Verweis auf bessere, individuelle Fördermöglichkeiten begründet. Die Grenze des gemeinsamen Unterrichts wird entsprechend in der Individualität der Bildungsprozesse der einzelnen Schüler:innen gesehen. Dies steht im Widerspruch zu zahlreichen, auch international generierten Ergebnissen, dass Formen der äußeren, bildungsgangbezogenen und/oder curricularen, für ausgewählte Unterrichtsfächer vollzogene Differenzierungen zu akademischen bzw. Bildungsbenachteiligungen führen, von denen v. a. Schüler:innen, die aus sozio-ökonomisch benachteiligten Familien stammen, betroffen sind. Diese Benachteiligungen gehen zugleich mit einer Segregation der Gruppe von ihren im Vergleich sozio-ökonomisch privilegierteren Peers einher (vgl. z. B. Chmielewski 2014; Werfhorst 2021). Im abschließenden Satz des hier zitierten Ausschnitts wird die aufgerufene Orientierung der begrenzten individuellen Fördermöglichkeiten – mit der u. a. die äußere Differenzierung begründet wird – im gemeinsamen Unterricht als grundsätzliches unterrichtliches und didaktisches Prinzip aufgerufen. Damit wird der gemeinsame Unterricht den individuellen Fördermöglichkeit gegenübergestellt und zugleich nachgeordnet. Mit anderen Worten: Der eingangs formulierte propositionale Gehalt – das größtmögliche gemeinsame Lernen – wird in diesem Ausschnitt sukzessive durch das Primat der individuellen Förderung relativiert und in seiner Relevanz reduziert. Dies erfolgt auf der Grundlage eines Verständnisses, das gemeinsames Lernen implizit als Auseinandersetzung mit einem homogen zu bearbeitenden Lehrangebot versteht, das die Individualität der einzelnen nicht berücksichtigt. Diesem wird als positiver Horizont die individuelle Förderung gegenübergestellt, die die Bedürfnisse der einzelnen Schüler:innen aufgreift und differenziert bearbeitet.

Die äußeren Differenzierungsformen, die in der Sekundarstufe I wesentlich durch die Unterscheidung von Schulformen und ihren Bildungsgängen erfolgt, wird in Hamburg u.a. in den schulformbezogenen Bildungsplänen[6] differenziert. Ausschnitte aus diesen sollen für die Stadtteilschule und für das Gymnasium nachfolgend betrachtet werden. Beide Dokumente folgen einem vergleichbaren Aufbau und gliedern sich entlang der vier folgenden Überschriften: »Auftrag der Stadtteilschule« bzw. des Gymnasiums, »Organisatorischer Rahmen und Gestaltungsaufgaben der Stadtteilschule« bzw. des Gymnasiums, »Gestaltung der Lernprozesse« und »Leistungsbewertung und schriftliche Lernkontrollen«. Da anders als in den bayrischen Dokumenten kein Abschnitt mit der Überschrift Schüler:innen vorliegt, werden – mit dem Ziel des Vergleichs – die entsprechend Passagen aus dem »Auftrag« der jeweiligen Schulform herangezogen.

---

6 Während das Manuskript für dieses Buch finalisiert wird, steht eine überarbeitete Version der Hamburger Bildungspläne zur öffentlichen Diskussion: Hamburg (2022). *Bildungsplan. Grundschule, Stadtteilschule und Gymnasium. Allgemeiner Teil (Entwurf)*, hrsg. von Freie und Hansestadt Hamburg, Behörde für Schule und Berufsbildung. Zugriff: https://www.hamburg.de/contentblob/16017762/80c62daf1d08b58e517e0e7233d0eb14/data/a-teil-dl.pdf [10.06.2022].
Da zum jetzigen Zeitpunkt unklar ist, ob diese in der gegebenen Form und/oder mit welchen Änderungen politisch legitimiert werden, werden die aktuell gültigen herangezogen. Eine Unterscheidung des Entwurfs gegenüber den aktuellen Dokumenten ist, dass nur ein Dokument für die Grundschule, die Stadtteilschule und das Gymnasium besteht, also auf eine Differenzierung für diese drei Schulformen verzichtet wurde.

5.3.2.1 Stadtteilschule

Der »Auftrag der Stadtteilschule« (Hamburg 2018c), der unmittelbar nach den Ausführungen zu weiteren Gesetzen am Anfang des Dokuments formuliert ist, beginnt wie folgt:

> »Stadtteilschulen haben die Aufgabe, Schülerinnen und Schüler unterschiedlicher Leistungsfähigkeit bestmöglich zu fördern, sodass sie einen ihren Möglichkeiten entsprechenden Schulabschluss erreichen und in eine weiterführende Ausbildung in Beruf oder Hochschule übergehen können. Dazu lernen in der Stadtteilschule Schülerinnen und Schüler mit unterschiedlichen Lernvoraussetzungen sowie unterschiedlicher sozialer und ethnischer Herkunft in einem gemeinsamen Bildungsgang« (Hamburg 2018c, S. 4).

In dem Eingangssatz werden die Schüler:innen als different in ihrer Leistungsfähigkeit beschrieben. Damit wird zu Beginn und in einem rahmenden Sinn proponiert, dass diese Unterscheide zwischen den Schüler:innen zentral sind. Diese leistungsbezogenen Differenzen werden in den weiteren Ausführungen in doppelter Hinsicht aufgegriffen, indem sie zum Ausgangspunkt der pädagogischen Arbeit der Stadtteilschule gemacht werden: Die Schüler:innen sollen dort eine »bestmögliche Förderung« erhalten, um einen ihren Möglichkeiten entsprechenden Schulabschluss zu erreichen. Hier wird ein Verständnis von Leistung aufgemacht, das in Relation zu den Schulabschlüssen des Schulsystems steht, die insofern eine implizit bleibende spezifische Ausprägung von Leistungsfähigkeit der Schüler:innen voraussetzen, als sie durch Förderung, also durch schulisches und pädagogisches Handeln, zu erreichen verstanden werden. Dabei sind die Lern- und Bildungsmöglichkeiten der Schüler:innen – trotz der schulisch-unterrichtlichen Angebote, die auf eine interaktive Hervorbringung hindeuten – auf ein bestimmtes Maß, das in differenten, hierarchisch unterschiedenen Schulabschlüssen besteht, begrenzt. Die pädagogischen Fördermöglichkeiten sind einerseits eine Voraussetzung für Leistung, zugleich limitiert die unterschiedliche Leistungsfähigkeit der Schüler:innen jedoch die Ziele, hier die Abschlüsse, die erreicht werden können. Die Unterscheidung der Schüler:innen entlang der ihnen individuell zugeschriebenen Leistungsfähigkeiten, die in Verbindung mit schulisch-unterrichtlichen Lehr-Lernangeboten zu schulischer Leistung konzipiert werden, wird weiter ergänzt um differente soziale und ethnische Herkünfte; ohne allerdings, dass die beiden letztgenannten Dimensionen als bedeutsam für das Erreichen der unterschiedlichen Schulabschlüsse charakterisiert werden. Leistung und Leistungsfähigkeit stellen mithin die primären Merkmale dar, entlang der Schüler:innen unterschieden werden und denen weitere Unterschiede nicht nur nachgeordnet, sondern auch als unabhängig und losgelöst von diesen betrachtet werden. Das hier aufgerufene individualisierte Leistungsverständnis ist insofern homolog zu dem, das für den Eingangssatz des Schulgesetzes rekonstruiert wurde, als es auf einem Verständnis individueller Begabung beruht, das die differenten schulischen Leistungen erklärt. Zugleich wird diese Perspektive erweitert, indem Begabungen nicht in einem essentialisierenden Sinne verstanden werden, die losgelöst von der Umwelt zu Leistungen – im Sinne der schulisch formulierten – transformiert werden, sondern sie bedürfen eines entsprechenden schulischen bzw. pädagogischen Settings; ohne allerdings, dass durch diese die angenommene natürliche Begrenzung überwunden werden kann.

Der Auftrag der Stadtteilschule wird in dem Bildungsplan wie folgt weiter differenziert:

»Die pädagogische Arbeit der Stadtteilschule ist auf eine Stärkung der Persönlichkeit, der Lernmotivation und der Anstrengungsbereitschaft aller Schülerinnen und Schüler ausgerichtet. Aufgabe der Stadtteilschule ist es, ein anregendes Lernmilieu zu gestalten, damit alle Schülerinnen und Schüler ihr individuelles Leistungspotenzial optimal entwickeln können« (Hamburg 2018c, S. 4).

In diesem zweiten Absatz wird dezidiert die »pädagogische Arbeit« der Stadtteilschule thematisiert, die zentral für die »Stärkung der Persönlichkeit, der Lernmotivation und der Anstrengungsbereitschaft« der Schüler:innen verstanden wird. Während die Persönlichkeitsstärkung die Schüler:innen als ganze Personen versteht, verweisen die beiden letztgenannten Begriffe explizit auf schulische Erwartungen. Die Erwartungen werden dabei durch pädagogische Prämissen, die v. a. als kompensatorische konzipiert sind, bearbeitet, die implizit auf nicht ausreichende und erwartungskonforme Einstellungen der Schüler:innen gegenüber der Schule hinweisen. Weiter wird, homolog zu dem rekonstruierten Leistungsverständnis, die Gestaltung eines »anregenden Lernmilieus« als Voraussetzung dafür angeführt, dass die Schüler:innen »ihr individuelles Lernpotenzial entwickeln können«. Eine weitere Homologie zu den vorherigen Ausführungen besteht darin, dass Leistung hier mit dem Begriff des Lernpotenzials als individuelle konzipiert wird. Diese individuellen Potenziale werden als unterschiedlich ausgeprägt und zugleich Bildungs- bzw. Lernmöglichkeiten begrenzend verstanden. Begabung, Leistung und Lernen werden in einen Zusammenhang gebracht, wobei erste eine notwendige, aber keine hinreichende Bedingung für Leistung und Lernen zu sein scheint. Sie bedarf zusätzlicher sozialer und kultureller Angebote. Leistung wird also nicht ausschließlich als Produkt von Begabung und damit essentialisierend verstanden, sondern als notwendige Voraussetzung, die in Verbindung mit entsprechenden Lehr-Lernangeboten entwickelt werden kann.

Zusammenfassend dokumentiert sich eine virtuale, soziale Identität von Schüler:innen, die diese als unterschiedlich begabt konzipiert. Die Identifizierung erfolgt allerdings insofern nicht total, als dass diese sich erst durch schulische bzw. pädagogische Angebote entfalten kann. Mithin stellt sie eine notwendige, aber keine hinreichende oder alleinige Voraussetzung für das Erfüllen der schulischen Leistungserwartungen dar.

5.3.2.2 Gymnasium

Der einleitende Teil des »Bildungsplans für das Gymnasium« (Hamburg 2018a) zeichnet sich durch die gleiche Struktur und Gliederung aus wie der der Stadtteilschule. Die Ausführungen zum Auftrag beginnen wie folgt:

> »Das Gymnasium ermöglicht Schülerinnen und Schülern eine vertiefte allgemeine Bildung und führt in einem achtjährigen Bildungsgang zur allgemeinen Hochschulreife. Es befähigt Schülerinnen und Schüler gemäß ihren Leistungen und Neigungen zur Schwerpunktbildung, sodass sie nach Maßgabe der Abschlüsse in der gymnasialen Oberstufe ihren Bildungsweg an einer Hochschule und in anderen berufsqualifizierenden Bildungsgängen fortsetzen können. Das Gymnasium fördert gezielt besonders leistungsfähige Schülerinnen und Schüler« (Hamburg 2018a).

Der Ausschnitt beginnt mit der rahmenden Formulierung und zugleich der Proposition des Ziels, dass das Gymnasium »eine vertiefte allgemeine Bildung« ermöglicht und in acht Jahren zur »allgemeinen Hochschulreife«

führt. Das Abitur kann in der Stadtteilschule nach neun Schuljahren erlangt werden; insofern dokumentiert sich hier eine Abgrenzung des Gymnasiums gegenüber der Stadtteilschule, die in der zeitlichen Dauer liegt, in der der Abschluss und die vorzuweisenden Kompetenzen, erreicht werden können. Da es sich um den höchsten Schulabschluss handelt, den das Schulsystem offeriert, der diesem Vergleich nach im Gymnasium schneller und effizienter erworben werden kann, dokumentiert sich darin auch eine hierarchische Positionierung gegenüber den langsamer lernenden Schüler:innen der Stadtteilschule. Der schulische Auftrag des Gymnasiums wird weiter differenziert, er soll den Schüler:innen »gemäß ihrer Leistungen und Neigungen« – diese werden als unterschiedlich konzipiert – ermöglichen, eigene Schwerpunkte zu setzen. Die Unterschiede der »Leistungen und Neigungen« werden hier als Ausgangspunkt für die individuellen Vertiefungen und Differenzierungen der lernenden Auseinandersetzung herangezogen und als solche positiv konnotiert, die von der Schule aufgegriffen werden. Weiter werden die individuellen Schwerpunkte an den Schulabschluss – das Abitur – sowie die hieran perspektivisch anschließenden hochschulischen und universitären Bildungsmöglichkeiten gebunden. Der diesen ersten Abschnitt abschließende Satz relativiert und differenziert die eingangs genannten Leistungs- und Neigungsunterschiede der Schüler:innen dahingehend, dass das Gymnasium sich an die »besonders leistungsfähigen« Schüler:innen richtet. Hier dokumentiert sich das implizite Verständnis der Abgrenzung bzw. der Nicht-Zuständigkeit dieser Schulform für Schüler:innen, die als nicht besonders oder vergleichbar leistungsfähig gelten. Die Leistungsfähigkeit wird dabei als individuelle Eigenschaft der Schüler:innen konzipiert, die diese in die Schule mitbringen und die – im implizit bleibenden Vergleich – ausgeprägter oder passender gegenüber den schulischen Erwartungen ist. Die gymnasiale Schulform bzw. der Bildungsgang werden dabei als exklusiv konzipiert, da er sich an diese Gruppe von Schüler:innen richtet, wobei deren »Begabungen und Neigungen« den Zugang legitimieren.

Im nächsten Absatz wird der gymnasiale Bildungs- und Erziehungsauftrag weiter differenziert:

> »Das Gymnasium bietet Schülerinnen und Schülern ein anregendes Lernmilieu in entsprechend gestalteten Räumen, in dem sie ihr individuelles Lernpotenzial

5.3 Bildungsgangspezifische Bildungs- und Erziehungsziele

im Rahmen gemeinschaftlichen Lernens optimal entwickeln und ihre besonderen Neigungen und Begabungen entfalten können. Es ermöglicht Schülerinnen und Schülern forschendes und wissenschaftspropädeutisches Lernen, allein und im Team. Ihre Fähigkeiten zum Transfer und zur Vernetzung von Wissensbeständen unterschiedlicher Fächer werden gezielt gefördert. Das Gymnasium unterstützt die Entwicklung seiner Schülerinnen und Schüler zu sozial verantwortlichen Persönlichkeiten. Schülerinnen und Schüler unterschiedlicher sozialer und ethnischer Herkunft können ihre Talente und Lernpotenziale in der Interaktion mit anderen entfalten« (Hamburg 2018a, S. 4).

Das Gymnasium bietet seinen Schüler:innen neben einem »anregenden Lernmilieu« »entsprechend gestaltete Räume«, damit sie »ihr individuelles Lernpotenzial« gemeinsam mit anderen entwickeln und ihre »Begabungen und Neigungen« entfalten können. Hier dokumentiert sich ein Leistungsverständnis, das Leistung in ihrer Abhängigkeit zu »Begabungen und Neigungen« konzipiert, die individuell unterschiedlich ausgeprägt sind, und deren Entfaltung ihrerseits abhängig von den unterrichtlichen Angeboten ist. »Begabungen und Neigungen« erklären also nicht alleine differente Leistungen, sondern diese sind auch von einer entsprechend gestalteten Umwelt – zu der auch andere, ›besonders leistungsfähige Schüler:innen‹ zählen – angewiesen. Die Begabungen sind dabei die notwendigen Voraussetzungen, damit die Angebote zu den entsprechenden Leistungen führen können. Oder andersherum: Die Angebote allein werden nicht als ausreichend konzipiert, um Leistungen im schulischen Sinne zu erlangen.

Inhaltlich wird das schulisch-unterrichtliche Angebot des Gymnasiums dahingehend differenziert, dass es forschendes und wissenschaftspropädeutisches Lernen eröffnen soll. Das zuvor für die Stadtteilschule rekonstruierte Verständnis, dass es pädagogischer Angebote bedarf, um die jeweiligen Begabungen und Neigungen dieser Schüler:innengruppe in Leistungen zu transformieren, wird für die inhaltlichen Aspekte insofern weiter differenziert, als den Schüler:innen in dieser Schulform die Möglichkeit eröffnet werden soll, für an das Abitur anschließende, wissenschaftliche Qualifikationswege vorbereitet zu sein; indem ihnen dieser Inhalt angeboten wird. Homolog dazu wird die Förderung der Fähigkeit transdisziplinären Denkens als eine konzipiert, die nicht per se als gegeben angenommen wird, sondern nur mithilfe entsprechend gestalteter Lehr-

Lernangebote entwickelt werden kann und soll. Ein vergleichbares Entwicklungsverständnis zeigt sich in dem Ziel, »sozial verantwortliche Persönlichkeiten« zu entwickeln. Betrachtet man diese inhaltlichen Ziele entlang des aufgerufenen Begabungs- und Neigungsverständnisses, erscheint dies insofern kohärent, als davon ausgegangen wird, dass es spezifischer – nicht weiter erläuterter – Begabungen und Neigungen bedarf, um sich diese Inhalte und Einstellungen mithilfe entsprechend gestalteter, pädagogischer Angebote *überhaupt* aneignen bzw. erschließen zu können. Einem implizit davon abweichenden Typ von Schüler:innen bzw. solche, die mit ›anderen‹ als den hier notwendigen Begabungen und Neigungen ausgestatteten sind, wäre dies im Umkehrschluss nicht vergleichbar möglich. Im abschließenden Satz wird die Vielfalt sozialer und ethnischer Herkunft der Schüler:innen benannt, die jedoch als losgelöst von ihren »Talenten und Lernpotenzialen« konzipiert und damit als unabhängig bzw. nicht relevant für die schulisch-unterrichtliche Leistungsfähigkeit gerahmt wird. Vor dem Hintergrund des erziehungs- und sozialwissenschaftlichen Diskurses (vgl. z. B. Ricken 2018) und auch der international vergleichenden Studien der OECD ist diese Perspektive widersprüchlich und nicht theoretisch haltbar.

Zusammenfassend dokumentiert sich in den Ausführungen zum Gymnasium eine Schüler:innenidentität, die sich durch ein individualisiertes Begabungs- und Neigungsverständnis auszeichnet, das seinerseits Leistung und Leistungsfähigkeit – in Verbindung mit einer entsprechend gestalteten Lehr-Lernumwelt – eröffnet. Die Schüler:innen des Gymnasiums werden dabei in ihren Begabungen und Neigungen als von denen anderer Schulformen positiv abweichend beschrieben. Diese Unterschiede liegen wesentlich in ihren als homolog beschriebenen Merkmalen, die sie »besonders leistungsfähig« machen und die in ihrer individuellen Ausprägung didaktisch aufgegriffen und differenziert werden sollen.

5.3.2.3 Vergleich Stadtteilschule und Gymnasium

Der Vergleich der Eingangssätze der schulformbezogenen Aufträge, die in Hamburg für die zwei größten Schulformen der Sekundarstufe I formuliert werden, zeigt, dass sie Leistung als ein Ergebnis individueller Voraussetzungen der Schüler:innen versteht, die hervorgebracht werden kann, wenn ihnen entsprechende Lehr-Lernangebote oder »Lernmilieus« angeboten werden. Gegenüber anderen Merkmalen stellen Begabungs- bzw. Leistungsdifferenzen in Schule und Unterricht die primären oder zentralen Differenzen dar, entlang derer sich nicht nur die Schüler:innen unterscheiden, sondern auch die Gestaltung der schulformbezogenen Aufgaben und Programmatiken. Nachgeordnet und für die Unterrichtsgestaltung nicht vergleichbar relevant wie die Begabungsunterschiede und unabhängig von diesen konzipiert, werden vielfältige soziale und ethnische Herkünfte verstanden. Die Leistungsdifferenzen, die mit unterschiedlichen Begabungen und Neigungen erklärt werden, sind in beiden Schulformen bzw. Bildungsgängen Bezugspunkt für die Programmatiken: Während diese in der Stadtteilschule v. a. kompensatorisch ausgerichtet sind, wird für die Gymnasien ein erweiterndes Bildungsverständnis formuliert, das die Leistungsfähigkeit der Schüler:innen aufgreift und weiter differenziert. Die Schüler:innen des Gymnasiums werden dabei als ideale Gruppe konzipiert, von der die Schüler:innen der Stadtteilschule in Bezug auf ihre durch Begabungen differente Leistung und Leistungsfähigkeit negativ abweichen. Diese Unterscheidung begründet unterschiedliche Bildungs- resp. schulische Angebote: Der Unterricht im Gymnasium ist an der Entfaltung der unterschiedlichen Begabungen und Interessen auszurichten, während der in der Stadtteilschule – trotz der leistungsbezogenen Vielfalt der Schüler:innen – deren Entwicklung der Leistungsbereitschaft und des Lerninteresses selbst in den Blick nimmt bzw. zum Ziel hat. Mit anderen Worten: ein zentraler Unterschied zwischen den Schüler:innen der zwei Schulformen liegt darin, dass die Gymnasiast:innen bereits über die Voraussetzungen für erfolgreiches Lernen im Sinne einer meritokratischen Leistungs- und v. a. Anstrengungsbereitschaft, die in der Schule erwartet werden, verfügen, während dies bei den Stadtteilschüler:innen nicht (durchgängig) der Fall ist.

Der Vergleich zeigt, homolog zu dem Eingangssatz des Schulgesetzes, ein sich dokumentierendes Leistungsverständnis, das zwar die schulischen Lehr- und Lernangebote als Voraussetzung für die Transformation von Begabung in Leistung versteht, dieses aber zugleich losgelöst von den sozialen, materialen und kulturellen Bedingungen des Aufwachsens und der schulischen (Bildungs-)Sozialisation, z. B. in der Grundschule oder im

Stadtteil, betrachtet. Das aufgemachte Leistungsverständnis ist insofern widersprüchlich, als dass schulische Leistung als ein Ergebnis von Begabung und entsprechenden aktuellen schulisch-unterrichtlichen Lehr-Lernangeboten verstanden wird. Daran schließt notwendigerweise die Frage an, warum weitere soziale, materiale und kulturelle (Lern-)Kontexte – die familiäre, die sozialräumliche sowie die vor- und grundschulische Sozialisation – nicht vergleichbar als Erklärungen für Leistung herangezogen werden. Hier deuten sich konfligierende und widersprüchliche Verständnisse von Leistung und damit verbundener Schüler:innenidentitäten an.

5.3.3 Vergleich Bayern und Hamburg

Der Vergleich der gesellschaftlich-institutionellen Verständnisse von Leistung, der für je zwei Schulformen der Bundesländer Bayern und Hamburg vergleichend betrachtet wurde, zeigt die Gemeinsamkeit, dass sie wesentlich durch Begabung, die den Schüler:innen als individuelles Merkmal und hierarchisiert zugeschrieben, erklärt und konzipiert wird. Mit anderen Worten: Beide Schulsysteme bauen auf einem Leistungsverständnis auf, das Begabungen als Eigenschaften von Schüler:innen versteht, die unterschiedlich ausgeprägt sind. Diese machen den Kern der Schüler:innenidentitäten aus. Je nach Ausprägung eröffnet bzw. verschließt sich den Schüler:innen der Zugang zu schulischen Bildungsgängen bzw. dem Besuch entsprechender Schulformen. Über die zentrale Bedeutung von Begabung für Leistung unterscheiden sich die Verständnisse insofern, als sie in den bayerischen als ausschließliche Erklärung für die Leistung formuliert wird, die von den Einflüssen der Institution unabhängig zu sein scheinen, während sie in Hamburg eine notwendige, aber keine hinreichende Voraussetzung für spezifische, schulische Leistungen ist. Leistung bedarf, so das Verständnis in Hamburg, neben der Begabung spezifische schulisch-unterrichtliche Angebote. Das essentialisierende Verständnis wird allerdings nicht überwunden, da spezifische Begabungen und Neigungen ihrerseits die Grenzen von Erziehungs- und Bildungsmöglichkeiten darstellen, die auch durch Angebote nicht überwunden werden können. Neben differenten Begabungen, die Leistungsunterschiede erklären,

5.3 Bildungsgangspezifische Bildungs- und Erziehungsziele

werden in den vier Dokumenten auch soziale, kulturelle und sprachliche Heterogenität als Merkmale der Schüler:innenschaft benannt. Gemeinsam ist den Ausführungen, dass diese als losgelöst und unabhängig von Leistung und Leistungsbereitschaft verstanden werden und keinen vergleichbaren Ausgangspunkt für die Gliederung der Schule und der Unterscheidung von Bildungsgängen mit unterschiedlichen pädagogischen Programmatiken darstellen.

Über diese unterschiedlichen Leistungsverständnisse hinweg zeigt der Vergleich weiter, dass die Schüler:innenidentität, die als »besonders leistungsfähig« und positiv beschrieben wird, einen exklusiven Zugang zur gymnasialen Schulform erhält. Diese Schüler:innenidentität fungiert hinsichtlich ihrer Leistung(sfähigkeit) als eine Norm oder ein Ideal, das wesentlich mit einem fähigkeitenerweiternden Bildungsverständnis bearbeitet wird. Die Schüler:innen der nicht-gymnasialen Schulformen werden im Vergleich zu ihren Peers als negativ abweichend konzipiert, was schulisch v. a. kompensatorisch bearbeitet werden soll. Die nicht-gymnasiale Schulform sieht in beiden Bundesländern schulisch-pädagogische Programmatiken vor, die wesentlich darin bestehen, die Leistungsbereitschaft – im schulischen Sinne – aufseiten der Schüler:innen zu entwickeln und zu fördern, während die Schüler:innen des gymnasialen Bildungsgangs bereits über diese verfügen. Hier dokumentiert sich nicht nur ein an der Kompensation von ›Defiziten‹ orientiertes Verständnis, das gegenüber einer impliziten gymnasialen Norm als Abweichungen konzipiert ist, sondern auch die Vorstellung, dass Leistungsbereitschaft nicht stabil, sondern veränder- bzw. lernbar ist – in der Auseinandersetzung mit einer entsprechend gestalteten Umwelt. Wenngleich dies für die Leistungsbereitschaft formuliert wird – und nicht für die Leistungsfähigkeit insgesamt – stellt dies eine Relativierung des individualisierenden, natürlichen Verständnisses dar. Diese Perspektive ist homolog zu der in den Hamburger Dokumenten formulierten, dass Leistung auf entsprechende Lehr-Lernangebote angewiesen ist.

Während die Schüler:innenschaft der bayrischen Mittelschule vergleichbar zum Gymnasium als leistungshomogen betrachtet wird, ist die der Stadtteilschule leistungsheterogen und wird an drei unterschiedliche Bildungsabschlüsse herangeführt. Die Leistung(sfähigkeit) stellt in Bayern damit die Grundlage für die Zuordnung von Schüler:innen zu Schulformen und Bildungsgängen dar. Dies ist in Hamburg lediglich für den exklusiven gymnasialen Bildungsgang des Gymnasiums der Fall. Die Stadtteilschule steht unabhängig von dem angestrebten bzw. prognostizierten Schulabschluss und der dafür als Voraussetzung konzipierten unterschiedlichen Begabungen allen Schüler:innen offen. Programmatisch ist sie jedoch stärker kompensatorisch ausgerichtet. Für die unterschiedlichen Schüler:innengruppen halten beide Schulsysteme spezifische Bildungsangebote bereit, die hierarchisiert sind: Das Gymnasium ist der Ort der sogenannten vertieften Bildung, zu der der Zugang exklusiv geregelt ist, während dies für die anderen Schulen nicht vergleichbar gilt. Die schulischen Bildungsangebote und Programmatiken werden in allen vier Dokumenten wesentlich als Antwort auf eine bestehende, natürliche Ungleichheit der Schüler:innen konzipiert. Mit anderen Worten und zugespitzt, können sie als gesellschaftlich-institutionelle Antwort auf natürliche Begabungsunterschiede der Schüler:innen verstanden werden – oder wie Ongaro Basaglia (1985, S. 84) formuliert –, d. h., das Prinzip der formalen Gleichheit aller Gesellschaftsmitglieder wird mit der Begründung einer »naturgegebenen Ungleichheit« legitimiert und unterlaufen.

In den Ausführungen beider Bundesländer werden neben der Begabung – und in Hamburg den schulischen Angeboten – keine weiteren bzw. sozialisierenden Kontexte und Erfahrungszusammenhänge genannt, die die Hervorbringung von Leistung und Leistungsdifferenzen erklären. Leistung wird wesentlich als Produkt der Schüler:innen gefasst und ihre jeweilige Begabung dabei im Sinne einer »totalen Identität« (Garfinkel 1967). Dies steht im Widerspruch zu den sozial- und erziehungswissenschaftlichen Verständnissen, die Leistung als interaktiv und kooperativ hervorgebracht verstehen. Die Ausblendung sozialer, materialer und kultureller Kontexte des Aufwachsens, also der milieuspezifischen Sozialisation dokumentiert sich in einem Leistungsverständnis, das v. a. als Produkt individueller Begabung verstanden wird, die ein stabiles, nicht veränderbares Merkmal darstellt.

5.4 Wechsel und Übergänge innerhalb und zwischen Schulformen und Bildungsgängen

Wechsel und Übergänge innerhalb und zwischen den Schulformen und/oder Bildungsgängen stehen für die kontrollierte Überprüfung der ›korrekten‹ Zuordnung von Schüler:innen. Als solche stellen sie markante Zeitpunkte und Dokumentationsformen dar, zu denen die Schüler:innen und Lehrer:innen die Leistungen nachweisen und auf deren Grundlage Entscheidungen zu formulieren und zu begründen sind.

5.4.1 Bayern

In Bayern sind die Regelungen für Wechsel und Übergänge in den schulformbezogenen Schulordnungen formuliert. Nachfolgend werden ausgewählte Ausschnitte aus den Schulordnungen der Mittelschule (Bayerische Staatskanzlei 2021) und des Gymnasiums (Bayerische Staatskanzlei 2022) betrachtet.

5.4.1.1 Mittelschule

Aus der »Schulordnung für die Mittelschulen in Bayern« (Bayerische Staatskanzlei 2021), deren aktuelle Fassung ab 01.08.2021 gültig ist, wurden Ausschnitte, die unter den Überschriften »Überweisung an ein Förderzentrum«, »Übertritt an ein Gymnasium oder eine Realschule« und »Entscheidung über das Vorrücken« firmieren, ausgewählt, mit dem Ziel, das ihnen zugrunde liegende Verständnis von Leistung und Leistungsdifferenzen sowie darin sich dokumentierende virtuale, soziale Identitäten von Schüler:innen zu rekonstruieren. Während die drei erstgenannten sich auf Übergänge zwischen Bildungsgängen beziehen, also äußere Differenzierungsformen beschreiben, sind letztgenannte auch schulform- und bildungsgangintern organisiert.

5 Leistungsbezogene Differenzkonstruktionen in Dokumenten

In § 5 wird die »Überweisung an ein Förderzentrum« geregelt, in § 6 der »Übertritt an ein Gymnasium oder an eine Realschule«. Vergleichend fällt auf, dass die Übergänge begrifflich anders zum Ausdruck gebracht werden: In ein Förderzentrum erfolgt dies mittels *Überweisung*, womit auf eine Zuweisung bzw. eine schulische Entscheidung verwiesen wird, während *Übertritt* für den Wechsel in Gymnasien und Realschulen, hierarchisch höher gestellte Schulformen, verwendet werden. Letztgenanntes impliziert eine Beteiligung an der Entscheidung derjenigen, die den Bildungsgang wechseln.

Der fünfte Paragraf ist in sieben Abschnitte untergliedert; der erste wurde für die Analyse ausgewählt. Dort heißt es:

»(1) Die Klassenleiterin oder der Klassenleiter meldet nach eingehender Erörterung mit den Erziehungsberechtigten Schülerinnen und Schüler, die auf Grund des möglichen Vorliegens der Voraussetzungen nach Art. 41 Abs. 5 BayEUG für eine Überweisung an ein Förderzentrum in Betracht kommen, der Schulleiterin oder dem Schulleiter, legt den hierfür maßgeblichen Sachverhalt dar, berichtet über den vermuteten sonderpädagogischen Förderbedarf sowie die bisher durchgeführten Fördermaßnahmen und gibt einen Überblick über die Schulleistungen und das Lernverhalten; eine vorhandene Stellungnahme der Mobilen Sonderpädagogischen Dienste ist beizufügen« (Bayerische Staatskanzlei 2021).

In dem einleitenden und rahmenden Satz wird der formale Weg der Meldung einer ›Vermutung‹, dass ein sonderpädagogischer Förderbedarf bei einer:m Schüler:in vorliegt, von der Klassenleitung über die Schulleitung mit Verweis auf Art. 41 Abs. 5 des Erziehungs- und Unterrichtsgesetzes beschrieben. In dem benannten Artikel werden die Grenzen schulischer Inklusion thematisiert, die in den pädagogischen Möglichkeiten von Mittelschulen mit dem Profil Inklusion verortet werden, wenn ein:e Schüler:in mit zugeschriebenem sonderpädagogischen Förderbedarf durch ihren:seinen Schulbesuch »in der Entwicklung gefährdet ist« oder die »Rechte von Mitgliedern der Schulgemeinschaft erheblich« (Bayerische Staatskanzlei 2021, Art. 41, Abs. 45) beeinträchtigt. Offen bleibt dabei, ob – wenn die Ursachen für die Abweichung wie hier im Kind/Jugendlichen verortet werden – und inwiefern die von dem Kind/Jugendlichen ausgehenden Gefährdungen in einer Sonderschule bearbeitet würden, da hier kein grundsätzlicher Ausschluss aus dem Schulsystem formuliert wird. Sonderpädagogischer Förderbedarf wird in dem dargelegten Ausschnitt als individuelles Merkmal verstanden, das den Schüler:innen askriptiv aufgrund ihrer Konstitution zugeschrieben wird. Dessen Vorliegen wird von den Lehrpersonen und der Schulleitung ›vermutet‹ und anschließend in einem formalen, implizit als gegenüber den subjektiven Perspektiven der schulischen Akteur:innen objektiven Überprüfungsverfahren festgestellt. Hier dokumentiert sich – sowie in dem gesamten Paragrafen und weiteren Abschnitten –, dass nicht nur schulische Inklusion – und damit leistungsheterogene Lerngruppen – unter Vorbehalt stehen, sondern auch – homolog zu den bisherigen Rekonstruktionen – dass Leistungs- und Verhaltensabweichungen den Schüler:innen individualisiert zugeschrieben werden. Neben Leistung wird auch das Verhalten von Schüler:innen als Voraussetzung für den Mittelschulbesuch formuliert. Die grundsätzliche Unterscheidung von Schüler:innen entlang ihrer Leistungen, die Grundlage für ihre Gruppierung ist, dokumentiert sich hier homolog zu den bereits betrachteten Ausschnitten auf der Grundlage eines essentialisierenden Verständnisses.

Der sechste Paragraf, der den »Übertritt an ein Gymnasium oder an eine Realschule« regelt, teilt sich in drei Absätze, in dem ersten heißt es:

»^{1}In der Jahrgangsstufe 5 wird eine Eignung für die Bildungswege des Gymnasiums und der Realschule im Jahreszeugnis festgestellt. ^{2}Die Eignung zum Übertritt in die Jahrgangsstufe 5 des Gymnasiums liegt vor, wenn die Gesamtdurchschnittsnote aus den Fächern Deutsch und Mathematik mindestens 2,0 beträgt. ^{3}Die Eignung zum Übertritt in die Jahrgangsstufe 5 der Realschule liegt vor, wenn die Gesamtdurchschnittsnote aus den Fächern Deutsch und Mathematik mindestens 2,5 beträgt. [...]« (Bayerische Staatskanzlei 2021).

Die Ausführungen beginnen einleitend und entsprechend rahmend damit, dass im fünften Jahrgang, also dem ersten der Mittelschule nach dem Wechsel in die Sekundarstufe I, die Eignung für den gymnasialen und realschulischen Bildungsgang festgestellt wird. Damit wird implizit auch die Eignung für die Mittelschule selbst überprüft. Die Übergänge in die beiden genannten Schulformen sind für die Klasse 5 vorgesehen, was eine Wiederholung des 5. Schuljahres bedeutet, die an der Mittelschule absolviert werden muss, damit die Noten, die nachfolgend als Voraussetzung angeführt werden, überhaupt vorliegen. Darin dokumentiert sich eine Hierarchisierung der Bildungsgänge. Die Überprüfung der »Eignung« der Schüler:innen erfolgt entlang ihrer Noten bzw. ihres Notendurschnitts in den Fächern Deutsch und Mathematik. Für das Gymnasium ist ein Durchschnitt von 2, für die Realschule von 2,5 erforderlich. Ausführungen zur Eignung für die Mittelschule werden nicht explizit genannt. Implizit liegen sie darin, dass der Notendurchschnitt in den genannten Fächern bei 2,6 oder höher liegt und dass keine Vermutung für sonderpädagogischen Förderbedarf vorliegt. Hier dokumentiert sich sowohl eine leistungsbezogene Hierarchisierung der Schulformen in Form unterschiedlicher Leistungsanforderungen, die die Bildungsgänge an die Schüler:innen stellen, als auch das Verständnis, dass Leistung – resp. Begabung – durch Noten und Notendurchschnitte einzelnen Schüler:innen zugeschrieben werden kann. Mit anderen Worten: Leistung – gemessen in Schulnoten –, die als individuelles Produkt den Schüler:innen hierarchisiert zugeschrieben wird, stellt eine Grundlage für Entscheidungen über ihren weiteren Bildungsweg dar.

Der Paragraf 15 »Entscheidung über das Vorrücken« umfasst sieben Absätze. In dem ersten der beiden hier ausgewählten, heißt es:

»(1) Das Vorrücken in den Jahrgangsstufen 5 bis 8 soll nur dann versagt werden, wenn die Schülerin oder der Schüler in der Entwicklung oder in den Leistungen erheblich unter dem altersgemäßen Stand der betreffenden Jahrgangsstufe liegt und nicht erwartet werden kann, dass die Schülerin oder der Schüler am Unterricht in der nächsten Jahrgangsstufe mit Erfolg teilnehmen kann« (Bayerische Staatskanzlei 2021).

Die Ausführungen beginnen mit der Beschreibung, wann das Vorrücken in den Jahrgangsstufen 5 bis 8 der Mittelschule »versagt« wird. Dies impliziert, dass Aufrücken die Regel und Nichtvorrücken die Ausnahme darstellt. Als Bezugspunkt oder Maßstab für die Bewertung der Schüler:innen werden das Abweichen ihrer Entwicklung und/oder ihrer Leistung gegenüber »dem altersgemäßen Stand« benannt sowie die Einschätzung, dass sie das nächste Schuljahr nicht erfolgreich absolvieren werden. Leistung und Entwicklung werden hier als altersabhängig bzw. an einer nicht näher benannten Altersnorm konzipiert. Dass hier Entwicklung als Entscheidungskriterium angeführt wird, ohne näher erläutert zu werden, impliziert, dass diese neben Leistung als Kriterium herangezogen wird. Entsprechend ist Leistung nicht der einzige, aufgemachte Bezugspunkt für die Übertrittsentscheidung.

Weiter heißt es im zweiten Satz:

»(2) ¹In den Jahrgangsstufen 5 bis 8 der Regelklasse liegen die Voraussetzungen des Abs. 1 in der Regel vor, wenn die Gesamtdurchschnittsnote aus allen Vorrückungsfächern schlechter als 4,00 ist oder in mehr als drei Fächern eine schlechtere Note als die Note 4 erzielt wurde; die Note 6 zählt dabei wie zweimal die Note 5. ²Vorrückungsfächer sind alle Pflichtfächer und Wahlpflichtfächer mit Ausnahme des Fachs Sport« (Bayerische Staatskanzlei 2021).

Der zweite Satz des Paragrafen, der sich explizit auf die sogenannten Regelklassen bezieht – die von Mittlere-Reife-Klassen unterschieden werden –, differenziert die ersten eher vage gebliebenen Kriterien für das Vorrücken, indem die schulischen Leistungen in Form von Noten resp. dem Notendurchschnitt konkretisiert werden. Diese liegen in einem Gesamtdurchschnitt in den »Vorrückungsfächern« (alle außer Sport), der höher als 4 ist oder die Leistungen der Schüler:innen in drei Fächern mit einer 5 oder in zweien mit einer 6 bewertet wurden. Diese Regelungen werden eingeschränkt bzw. relativiert durch die Möglichkeit eines »Notenausgleichs«, wenn eine Note 1 oder zwei Noten 2 oder drei Noten 3 vergeben wurde. Ein »Vorrücken auf Probe« wird in Paragraf 16 geregelt.

Es dokumentiert sich in diesen Ausführungen ein Verständnis von Leistung, das diese als individuelle Produkte der Schüler:innen, die zugleich Ausdruck virtualer, sozialer Schüler:innenidentitäten sind, die zugleich objektiv in Noten transferiert und gemessen bzw. bewertet werden können. Letztgenannte bilden dabei die Grundlage für Entscheidungen über den weiteren schulischen Bildungsweg der Schüler:innen. Dieses Prinzip findet durchgängig Anwendung, kann jedoch mit dem Ziel, Leistungen für einen höheren Abschluss nachzuweisen, durch Probeunterricht nachgewiesen werden.

5.4.1.2 Gymnasium

Aus der »Schulordnung für Gymnasien in Bayern« (Bayerische Staatskanzlei 2022) sollen Ausschnitte aus den drei Paragrafen § 2 »Aufnahme in die unterste Jahrgangsstufe«, also dem zahlenmäßig am häufigsten vollzogenen Übergang von der Grundschule in die weiterführende Schule, aus § 30 »Entscheidungen über das Vorrücken« innerhalb des gymnasialen Bildungsgangs sowie § 31 »Vorrücken auf Probe« näher betrachtet werden.

Im zweiten und dritten Absatz von acht des Paragrafen zur »Aufnahme in die unterste Jahrgangsstufe« heißt es dort:

> »(2) Die Aufnahme setzt voraus, dass die Schülerin oder der Schüler für den Bildungsweg des Gymnasiums geeignet ist. [...]
> (3) ¹Für den Bildungsweg des Gymnasiums sind geeignet
> 1. Schülerinnen und Schüler einer öffentlichen oder staatlich anerkannten Grundschule, wenn sie im Übertrittszeugnis dieser Schule als geeignet für den Bildungsweg eines Gymnasiums bezeichnet sind,
> 2. Schülerinnen und Schüler, die mit Erfolg am Probeunterricht teilgenommen haben [...]« (Bayerische Staatskanzlei 2022, § 2).

Am Anfang des zweiten Satzes wird einleitend und rahmend proponiert – dies ist homolog zu anderen analysierten Ausschnitten –, dass die Aufnahme von Schüler:innen in den gymnasialen Bildungsgang durch deren Eignung für diesen zu belegen ist. Was hier unkonkret bleibt, wird im dritten Satz differenziert: das Übertrittszeugnis der Grundschule (Zeugnis der 4. Klasse) oder ein erfolgreich absolvierter Probeunterricht. Hier dokumentiert sich, dass die Eignung für den gymnasialen Bildungsgang nicht nur vonseiten der Grundschule zu attestieren ist, sondern dass von den dort erbrachten Leistungen prospektive Entscheidungen für den weiteren schulischen bzw. schulformbezogenen Bildungsweg der Schüler:innen getroffen werden. Darin dokumentiert sich ein stabiles und ein von den erfahrenen schulisch-unterrichtlichen Lehr-Lernsettings unabhängiges Leistungsverständnis, das entsprechend auf ein individuelles Begabungsverständnis rekurriert. Zugleich werden die in der Grundschule erbrachten Leistungen als Eingangsvoraussetzung im nächsten Absatz insofern relativiert, als neben der von dieser Seite formulierten Empfehlung, auch über Probeunterricht der Nachweis der Eignung möglich ist. Beide Prinzipien durchziehen das Dokument wie ein roter Faden. Sie werden, neben dem erreichten Notendurchschnitt, in den sogenannten »Vorrückungsfächern«, die alle »Pflichtfächer und Wahlpflichtfächer der Stundentafel mit Ausnahme von Sport und des Moduls zur beruflichen Bildung« (Bayerische Staatskanzlei 2022, § 16) umfassen bzw. einer Bewertung mit einer Note 6 in einem oder zwei 5en in den Fächern, als Kriterien für Übertritte innerhalb des Bildungsgangs herangezogen.

Der vier Absätze umfassende Paragraf 30 »Entscheidung über das Vorrücken« beginnt mit den folgenden Ausführungen:

»(1) ¹Die Grundlage für die Entscheidung über das Vorrücken bilden die Leistungen in den Vorrückungsfächern. ²Vom Vorrücken sind Schülerinnen und Schüler ausgeschlossen, deren Jahreszeugnis in einem Vorrückungsfach die Note 6 oder in zwei Vorrückungsfächern die Note 5 aufweist. ³Eine Bemerkung in einem Vorrückungsfach gemäß § 39 Abs. 6 steht hinsichtlich des Vorrückens einer Note 6 gleich« (Bayerische Staatskanzlei 2022).

Die Leistungen der Schüler:innen werden in dem einleitenden Satz als Entscheidungsgrundlage für das Vorrücken, also den Besuch der nächsten Jahrgangsstufe, proponiert. Dies wird weiter differenziert, indem die Bedingungen des Ausschlusses vom Vorrücken beschrieben werden: Schüler:innen, die die Ziele nicht erfüllen, sind solche, deren Leistungen in den sogenannten Vorrückerfächern mit einer Note 6 oder mehr als einmal mit der Note 5 bewertet wurden. Es dokumentiert sich – homolog zu den bisherigen Rekonstruktionen – ein Verständnis von Leistung, das diese den Schüler:innen individuell zuschreibt und – durch ihre Transformation in ein Notensystem – eine objektive Grundlage für Entscheidungen des weiteren Bildungswegs darstellen.

In Paragraf 31 »Vorrücken auf Probe« wird im ersten Absatz geregelt:

»Schülerinnen und Schüler der Jahrgangsstufen 5 bis 9, die das Ziel der jeweiligen Jahrgangsstufe erstmals nicht erreicht haben, können mit Einverständnis ihrer Erziehungsberechtigten auf Probe vorrücken, wenn nach dem Gesamtbild aller erzielten Leistungen erwartet werden kann, dass sie im nächsten Schuljahr das Ziel der Jahrgangsstufe erreichen. ²Dies gilt für Schülerinnen und Schüler der Jahrgangsstufen 10 und 11 nur, wenn sie das Ziel der Jahrgangsstufe wegen Note 6 in einem oder Note 5 in zwei Vorrückungsfächern, darunter in Kernfächern keine schlechtere Note als einmal Note 5, nicht erreicht haben; bei Schülerinnen und Schüler[n] der Jahrgangsstufe 11 kommt es darauf an, ob erwartet werden kann, dass sie das Ziel des Gymnasiums erreichen. ³Die Entscheidung trifft die Lehrerkonferenz auf der Grundlage einer Empfehlung der Klassenkonferenz« (Bayerische Staatskanzlei 2022).

Einleitend wird proponiert, welche Gruppe von Schüler:innen für ein Vorrücken auf Probe qualifiziert. Die Schüler:innen müssen die folgenden drei Kriterien erfüllen: Sie erreichen erstmals die Ziele eines Schuljahres nicht, ihre Erziehungsberechtigten stimmen dem Probeunterricht zu und – vermutlich die Lehrer:innenkonferenz – schätzt das »Gesamtbild der erzielten Leistungen« so ein, dass sie prospektiv die Ziele des nächsten Jahrgangs erreichen. Im folgenden Satz wird die Gruppe insofern weiter differenzierend eingegrenzt, als dies für die Jahrgänge 10 und 11 nur dann gilt, wenn bestimmte Noten in den Vorrücker- und/oder Kernfächern nachgewiesen werden können. Für Schüler:innen des 11. Schuljahres wird weiter differenziert, dass sie zudem die gymnasialen Ziele erreichen resp. »gymnasial geeignet« sein müssen. Das »Vorrücken auf Probe« basiert also wesentlich auf der Grundlage von Noten sowie der Einschätzung des »Gesamtbilds aller erzielten Leistungen« durch die Lehrer:innen. Neben den von den Schüler:innen erbrachten bzw. nachgewiesenen Leistungen ist die Entscheidung für die Möglichkeit des Probeunterrichts an eine Zustimmung der Erziehungsberechtigten gebunden und an die Einschätzung der schulischen Akteur:innen. Beide stellen, im Vergleich zu den Noten, kein vergleichbar eindeutiges Kriterium dar. Dies eröffnet einerseits Freiheitsgrade im Entscheidungsprozess, aber kann diese auch begrenzen bzw. Gruppen von Schüler:innen benachteiligen, v. a. die, deren Eltern ihre schulischen Belange nicht in diesem Sinne unterstützen. Insgesamt dokumentiert sich in den Ausführungen zum Vorrücken im Gymnasium ein Leistungsverständnis, das Leistungen als individuelle Produkte von Schüler:innen versteht, die weitgehend unabhängig von der Institution, also der Schule, hervorgebracht werden, und die in Noten transferiert und hierarchisiert werden, die ihrerseits die Grundlage für Entscheidungen über Nicht-/Vorrücken darstellen.

5.4.1.3 Vergleich Mittelschule und Gymnasium

In den Ausführungen der zwei Dokumente dokumentieren sich Verständnisse von Leistung, die diese als individuelle Produkte und zugleich als Nachweise konzipieren, dass die Schüler:innen die schulischen bzw. bildungsgangbezogenen Leistungserwartungen erfüllen. Dies erfolgt für den Zeitraum von Schuljahren. Vor dem Hintergrund des schulpädagogischen Wissens, dass Noten wesentlich auf der Grundlage der sozialen Bezugsnorm der Klasse generiert werden, also über diese hinaus keine objektive und/oder vergleichbare Bedeutung haben, und dass die spezifische (leistungsbezogene) Zusammensetzung der Klasse damit die zentrale Referenzgruppe für die Bewertungen darstellt, die ihrerseits eine Orientierung an einem Durchschnitt (vgl. Koßmann 2019, S. 104 ff.) darstellt, lässt sich die hier implizite aufgerufene Objektivität von Noten als Beschreibung und Bewertung von Leistung hinterfragen. Für Entscheidungen über den weiteren Bildungsweg werden diese jedoch als maßgeblich herangezogen. Die Noten werden dabei als vermeintlich objektive und vergleichbare Größe aufgerufen, deren Infragestellung als Bewertung der Leistungen u. a. eine entsprechende Unterstützung durch die Eltern voraussetzt und im Rahmen von Probeunterricht erfolgen kann. Insgesamt dokumentiert sich eine stetige Bewertung von Leistung resp. der Schüler:innen, die zugleich mit einer »Selektionsbedrohung« (Schuck 2014, S. 163) einhergeht. Dabei zeigt sich in den Ausführungen zugleich die Annahme, dass Leistung nicht allein auf Begabung zurückzuführen ist, sondern wesentlich auch in der Leistungsbereitschaft und -anstrengung der Schüler:innen, die Variationen innerhalb der gleichen ›Begabungsgruppe‹ erklären. Beide werden im Sinne von Einstellungen und/oder Haltungen konzipiert und die Schüler:innen als verantwortlich hierfür gesehen.

5.4.2 Hamburg

Die »Ausbildungs- und Prüfungsordnung« (2021b) der Stadt Hamburg beschreibt die Angaben über Wechsel und Übergänge für die drei Schulformen Stadtteilschule, Gymnasium und Grundschule. Im vierten Abschnitt mit der Überschrift »Verlauf der Bildungsgänge« werden u. a. das »Aufrücken, vorzeitiges Aufrücken und Wiederholungen« sowie der »Übergang in die Jahrgangsstufe 7 des Gymnasiums« geregelt.

Dass in Hamburg ein Aufrücken in das nächste Schuljahr der besuchten Schulform grundsätzlich vorgesehen ist, wird dadurch hervorgehoben, dass Ausnahmen von diesem Prinzip beschrieben werden. Für das vorzeitige Aufrücken heißt es:

»Auf Antrag der bzw. des Sorgeberechtigten und mit Genehmigung der Zeugniskonferenz können Schülerinnen und Schüler vorzeitig in die nächsthöhere Jahrgangsstufe aufrücken, wenn ihr Lernstand und ihre Leistungsfähigkeit den Durchschnitt der Jahrgangsstufe weit überragen und auch unter Berücksichtigung der überfachlichen Kompetenzen zu erwarten ist, dass sie den Anforderungen der nächsthöheren Jahrgangsstufe gewachsen sein werden« (Hamburg 2021b, S. 16).

»Vorzeitiges Aufrücken« ist in Hamburg auf der Grundlage eines Antrags der Sorgeberechtigten möglich, sofern der »Lernstand« und die »Leistungsfähigkeit« der Schüler:innen den Durchschnitt der Jahrgangsstufe »weit überragen« (Hamburg 2021b, S. 16) und ihre »überfachlichen Kompetenzen« erwarten lassen, dass sie die Erwartungen des nächsten Jahrgangs erfüllen können. Der Lernstand, die Leistungsfähigkeit sowie die überfachlichen Kompetenzen stellen eine – hier nicht näher differenzierte – Kriterientrias dar, die als positive Abweichung gegenüber den ›normalen Erwartungen‹ konzipiert wird. Ein entsprechender Antrag der Sorgeberechtigten ist ebenfalls notwendig, dem von der »Zeugniskonferenz«, also den in der Klasse unterrichtenden Lehrpersonen sowie der Schulleitung, zugestimmt wird. Die Kriterien umfassen v.a. schulische Lehr-Lernleistungen – neben den fachlichen auch überfachliche – und verorten die Entscheidung wesentlich bei der Lehrer:innenkonferenz. Die Zustimmung der Sorgeberechtigten ist dabei ebenfalls erforderlich.

Insgesamt dokumentiert sich ein Verständnis von Leistung, das diese als individuelle Produkte der Schüler:innen versteht und an Normen bemessen wird. Dass die Schüler:innen diese erreicht haben, ist durch sie nachzuweisen und stellt die Grundlage für die Entscheidungen über einen von der Erwartungsnorm abweichenden weiteren Bildungsweg dar.

Im nächsten Satz, der Wiederholungen thematisiert, heißt es:

> »Schülerinnen und Schüler können eine Jahrgangsstufe wiederholen, wenn ihre bisherige Lern- und Leistungsentwicklung aufgrund längerer Krankheit oder wegen anderer schwerwiegender Belastungen erheblich erschwert war und zu erwarten ist, dass sie in der nachfolgenden Jahrgangsstufe besser gefördert werden können. Soll die Jahrgangsstufe 10 wiederholt werden, so muss die Erwartung bestehen, dass die Schülerin bzw. der Schüler mit der besseren Förderung einen bisher noch nicht erreichten Schulabschluss oder die bisher nicht erreichte Versetzung in die gymnasiale Oberstufe erwerben wird. Die Entscheidung trifft die zuständige Behörde auf Antrag« (Hamburg 2021b, S. 16).

Möglichkeiten zur Wiederholung von Klassenstufen können nicht vergleichbar durch Sorgeberechtigte initiiert werden – sie bedürfen aber scheinbar auch nicht deren Zustimmung – und sind möglich, wenn aufgrund von »längerer Krankheit oder schwerwiegenden Belastungen«, »die bisherige Lern- und Leistungsentwicklung [...] erschwert war und zu erwarten ist, dass dies im kommenden Schuljahr durch bessere Förderung«

nicht ausgeglichen werden kann. Hier dokumentieren sich Verständnisse von Leistung und Leistungsfähigkeit, die diese als individuell zu erbringend verstehen und als grundsätzlich stabil bzw. unabhängig von der Schule und dem Unterricht konzipieren. Jedoch kann die individuelle Leistung temporär durch soziale und physisch belastende Situationen ›gestört‹ sein, so dass die erwarteten Leistungen von den Schüler:innen nicht nachgewiesen werden können. Homolog zu den bereits rekonstruierten Leistungsverständnissen des Hamburgischen Schulgesetzes dokumentiert sich hier, dass die Schüler:innen die Leistungserwartungen potenziell erfüllen können, wenn sie eine adäquate bzw. »bessere Förderung« angeboten bekommen. Hier deutet sich ein soziales Verständnis von Leistung an, das kooperativ hervorgebracht wird. Zugleich stützen die Ausführungen zum temporären Nicht-Erfüllen der erwarteten Leistungen, deren Ursache in temporären Lebensumständen der Schüler:innen, wie Krankheit oder Belastung, verortet werden, ein grundsätzlich von Schule unabhängiges Verständnis von Leistung resp. Leistungsfähigkeit. Durch Anpassungen der Förderung, die implizit von allgemeinen bzw. ›regulären‹ Förderformen abgegrenzt werden, soll das temporäre Nicht-Erreichen der (bildungsgangbezogenen) Leistungen kompensiert werden. Die Möglichkeit der Wiederholung der 10. Klasse, der von der Behörde zuzustimmen ist, wird an die Einschätzung gebunden, dass ein höherer als der bisher angestrebte Bildungsabschluss erreicht werden kann.

In den Bildungsplänen des Hamburger Gymnasiums (Hamburg 2018a) ebenso wie zur Stadtteilschule (Hamburg 2018b) gibt es einen Abschnitt zur »Vermeidung von Klassenwiederholungen«. Diese sind fast wortidentisch, deswegen werden nachfolgend nur die Ausführungen zur Stadtteilschule zitiert:

»Haben Schülerinnen und Schüler in der Stadtteilschule das Lernziel einer Jahrgangsstufe nicht erreicht beziehungsweise ist die für sie erreichbare Abschlussperspektive gefährdet, so tritt an die Stelle der Klassenwiederholung einer Jahrgangsstufe die verpflichtende Teilnahme an zusätzlichen Fördermaßnahmen. Durch eine gezielte individuelle Förderung auf der Grundlage eines schuleigenen Förderkonzepts werden den Schülerinnen und Schülern ihre Lernpotenziale und Stärken verdeutlicht, Defizite aufgearbeitet und ihnen Erfolge ermöglicht, die sie befähigen, aktiv Verantwortung für den eigenen Bildungsprozess zu übernehmen« (Hamburg 2018b, S. 5).

Schüler:innen, die die jahrgangsstufenbezogenen Lernziele nicht erreichen und/oder »die für sie erreichbare Abschlussperspektive gefährdet« ist – dieser Beisatz fehlt in dem gymnasialen Dokument –, sind verpflichtet, »an zusätzlichen Fördermaßnahmen« teilzunehmen. Die Schüler:innen werden individuell nach einem »schuleigenen Förderkonzept« gefördert, das zum Ziel hat, neben ihren »Lernpotenzialen und Stärken«, ihre »Defizite« aufzuarbeiten. Hier dokumentiert sich, homolog zu vorherigen Ausführungen, wenngleich die gewählten Begriffe die Abweichungen explizit negativ und als nicht-normal rahmen, eine kompensatorische Bearbeitung. Letztgenannte zeichnet sich durch ein Leistungsverständnis aus, das diese als ein kooperatives bzw. sozial-interaktives Produkt konzipiert; also als eines, das durch die Schule und den Unterricht mit hervorgebracht wird. Dieses Verständnis wird insofern relativiert, als der individuell zu erreichende Abschluss die Grenze markiert, die auf einem schul- und unterrichtsunabhängigen Verständnis beruht. Das beschriebene Vorgehen wird explizit mit dem Ziel der Vermeidung von Klassenwiederholungen bzw. dem Prinzip »Fördern statt Wiederholen« zusammengefasst.

Eine Ausnahme von diesem Prinzip und dieser Prämisse stellt der »Übergang in die Jahrgangsstufe 7 des Gymnasiums« dar, der in Paragraf 13 der »Ausbildungs- und Prüfungsordnung« (Hamburg 2021b) geregelt ist. In ihm wird unterschieden, ob dieser aus dem Gymnasium oder der Stadtteilschule erfolgt:

»(1) Der Übergang aus der Jahrgangsstufe 6 des Gymnasiums in die Jahrgangsstufe 7 des Gymnasiums ist zulässig, wenn die Leistungen der Schülerin oder des Schülers in den Fächern Deutsch, Mathematik und Englisch mindestens mit der Note ›ausreichend (4)‹ und im Durchschnitt aller übrigen Fächer mindestens mit der Note ›ausreichend (4)‹ und in nicht mehr als zwei Fächern mit einer schlechteren Note bewertet wurden. […].
Der Übergang aus der Jahrgangsstufe 6 der Stadtteilschule in die Jahrgangsstufe 7 des Gymnasiums ist zulässig, wenn die Leistungen der Schülerin oder des Schülers in den Fächern Deutsch, Mathematik und Englisch mindestens mit der Note ›gut (2)‹ und im Durchschnitt aller übrigen Fächer mindestens mit der Note ›gut (2)‹ und in nicht mehr als zwei Fächern mit einer schlechteren Note bewertet wurden« (Hamburg 2021b, S. 18).

Aus dem Gymnasium ist der Wechsel in die Klasse 7 möglich, wenn Bewertungen in den Fächern Deutsch, Mathematik und Englisch[7] mindestens mit 4 vorliegen, das Zeugnis insgesamt einen Notendurchschnitt von 4 aufweist und nicht mehr als zwei Fächer mit 5 bewertet sind. Werden diese Erwartungen nicht erfüllt, muss der:die Schüler:in den schulischen Bildungsgang und die Schulform wechseln und eine Stadtteilschule besuchen. Ein Übergang in die Klasse 7 des Gymnasiums vom 6. Jahrgang einer Stadtteilschule ist hingegen dann möglich, wenn die Noten in den Fächern Deutsch, Mathematik und Englisch mindestens 2 sind, ebenso wie der Durchschnitt. Zudem dürfen nur in maximal zwei Fächern die Noten schlechter als 2 sein.

Diese vergleichenden Ausführungen zum Übergang in die 7. Gymnasialklasse aus unterschiedlichen Schulformen zeigt, dass davon ausgegangen wird, dass die Schüler:innen Leistungen individuell, also unabhängig von Schule und Unterricht, erbringen und diese in Noten transferierbar und dann vergleichbar sind. Die Leistungen in der Beobachtungsstufe, also den Klassenstufen 5 und 6, werden in den zwei Schulformen scheinbar unterschiedlich gewertet: So entspricht eine 4 im Gymnasium einer 2 in der Stadtteilschule. Diese Unterscheidung impliziert, dass die Referenzgröße für Bewertungen vermutlich bei dem jeweiligen Klassendurchschnitt angesiedelt ist und davon ausgegangen wird, dass sich dieser zwischen den Schulformen grundlegend unterscheidet. Mit anderen Worten: Gleiche Leistungen werden in den zwei Schulformen anders bewertet. Dieses Verständnis wird jedoch insofern nicht konsequent angewandt, als weitere Faktoren bzw. Rahmenbedingungen, wie u. a. der schulische Sozialraum und/oder die Zusammensetzung der Schüler:innenschaft nicht als relevant für die Schulnoten einbezogen werden.

Im Schuljahr 2020/2021 sind nach der 6. Klasse in Hamburg 827 Schüler:innen von Gymnasien in Stadtteilschulen gewechselt, das entspricht etwas mehr als 10 % der Schüler:innen dieses Jahrgangs. Im Vergleich zum Vorjahr ist die Zahl zurückgegangen, da lag sie bei knapp 12 %. Die Schulbehörde erklärt dies mit der Corona-Situation, ohne dies allerdings weiter auszuführen (vgl. Hamburg 2021a). Der Wechsel von der

---

7 Ausnahmen gelten für Schüler:innen, die das Deutsch-Französische Gymnasium besuchen. Auf diese wird hier nicht näher eingegangen.

Stadtteilschule in das Gymnasium ist hingegen deutlich seltener: Im Schuljahr 2020/2021 haben 314 Schüler:innen diesen Wechsel vollzogen, was etwa einem Anteil von 3,8 % entspricht (vgl. Hamburg 2021a). Die Zahlen zeigen, dass 10 % der Schüler:innen, die in der Beobachtungsstufe zunächst das Gymnasium besuchen, die Erfahrung machen, hier zu scheitern, da sie den dort formulierten Leistungserwartungen nicht entsprechen. Mit diesen schulisch-unterrichtlichen Misserfolgserfahrungen treten sie in Klasse 7 der Stadtteilschulen ein.

Zusammenfassend dokumentieren sich in den Ausführungen – homolog zu vorherigen – Leistungsverständnisse, die zum Teil im Widerspruch und Konflikt miteinander stehen: Einerseits stellt Leistung ein individuelles von Schule und Unterricht unabhängiges Produkt der Schüler:innen dar, das in Noten hierarchisiert bemessen wird, die ihrerseits als Grundlage für den Übergang in die 7. Gymnasialklasse herangezogen werden und damit implizit als objektiv markiert werden. Andererseits wird Leistung als kooperativ hervorgebrachtes Produkt der Schüler:innen und der sie unterrichtenden bzw. fördernden Lehrpersonen konzipiert. Auch hier bleiben vorherige und/oder weitere Rahmenbedingungen, die Kinder und Jugendliche erfahren und lernen, als Erklärungen ausgeblendet bzw. sind auf temporäre beschränkt, indem ausschließlich die schulisch-unterrichtlichen einbezogen werden.

5.4.3 Vergleich Bayern und Hamburg

Der Vergleich der Regelungen für Versetzungen und Übergänge in den Schulgesetzen sowie den sie ergänzenden Dokumenten aus Bayern und Hamburg zeigt unterschiedliche Leistungsverständnisse, die zugleich Homologien mit den bereits rekonstruierten aufweisen: Während Bayern Leistung v. a. und ausschließlich als von Schule und Unterricht unabhängiges individuelles Produkt der Begabungen der Schüler:innen konzipiert, das sich in Noten übersetzen lässt, die für die Legitimierung von Übergängen und Wechseln herangezogen werden und nur durch den erfolgreichen Nachweis von Leistungen innerhalb von Probeunterricht an Relevanz verlieren, dokumentieren sich in den Rekonstruktionen der

5.4 Wechsel und Übergänge

Hamburger Dokumente konfligierende und widersprüchliche Verständnisse. Neben dem Leistungsverständnis, das dem vergleichbar ist, das für die bayrischen Dokumente rekonstruiert wurde, dokumentiert sich in den hamburgischen ein Verständnis, das Leistung als Ergebnis der Auseinandersetzung der Schüler:innen mit den schulisch-unterrichtlichen Angeboten – die ihrerseits nicht als stabil, sondern als variabel konzipiert werden – betrachtet. Beide Verständnisse konfligieren miteinander und eröffnen den pädagogischen, professionellen Akteur:innen damit theoretisch Freiheitsgrade in der reflexiven wie handlungspraktischen Bearbeitung der Leistungsnormen und der mit ihnen verbundenen (Entscheidungs-)Erwartungen.

Mit diesen zwei Leistungsverständnissen gehen zwei unterschiedliche Formen der Bearbeitung der Diskrepanzen zwischen den schulischen Leistungserwartungen und deren Bearbeitung durch einzelne Schüler:innen einher: zum einen die begabungsbasierte *Zuordnung zu dem ›richtigen‹ Bildungsgang‹* und zum anderen die *Modifikation der individuellen pädagogischen Begleitung*. Während in den bayrischen Dokumenten – mit der Ausnahme des Probeunterrichts – v. a. die erste Variante angewandt wird, sehen die Ausführungen aus Hamburg beide Prinzipien vor. Das erstgenannte wird lediglich am Übergang von Klasse 6 nach 7 in das oder innerhalb des Gymnasiums sowie in die Oberstufe – also dem von der Sekundarstufe I in die Sekundarstufe II (Stadtteilschule und Gymnasium) – vorgesehen. Die anderen Übergänge werden in Hamburg entlang der zweiten Form geregelt. Die beiden Verständnisse, die unterschiedlichen Prinzipien folgen und andere Entscheidungen und Handlungsweisen der Lehrpersonen in der bearbeitenden Auseinandersetzung mit Diskrepanzen zwischen den schulisch-unterrichtlichen Erwartungen und der konkreten Bearbeitung durch die Schüler:innen vorsehen, stehen im Widerspruch zueinander. Während erstgenannte von den Lehrpersonen v. a. Kontrolle und Überprüfungen erwartet, sieht die letztgenannte deren unterrichtliche Bearbeitung erkannter Diskrepanzen auf der Grundlage pädagogischer Förderkonzepte vor.

5.5 Sonderpädagogischer Förderbedarf im Förderschwerpunkt Lernen

In diesem Abschnitt sollen die Verständnisse von Leistung und Leistungsdifferenz sowie die virtualen, sozialen Identitäten von Schüler:innen, die zum sonderpädagogischen Förderschwerpunkt Lernen in den zwei Bundesländern formuliert werden, empirisch analysiert werden. Sonderpädagogischer Förderbedarf stellt eine schuleigene Kategorie dar, mit der Schüler:innen – vergleichbar wie dies für die anderen Bildungsgänge erfolgt – und/oder Ausführungen zur schulischen bzw. pädagogischen resp. sonderpädagogischen Arbeit beschrieben werden.

Der sonderpädagogische Förderschwerpunkt Lernen wird im Vergleich der Bundesländer jeweils der größten Gruppe von Schüler:innen mit sonderpädagogischem Förderbedarf zugeschrieben. Sie umfasste im Jahr 2018 einen Anteil von knapp 40 % der Schüler:innen mit zugeschriebenem sonderpädagogischen Förderbedarf, was 3,08 % der gesamten Schüler:innenschaft entspricht (vgl. KMK 2022, S. XVIf.). Obwohl die Zahlen zwischen den Bundesländern variieren, zeichnen sich Bayern mit 3,25 % von Schüler:innen, die einen sonderpädagogischen Förderbedarf Lernen attestiert haben und Hamburg mit 3,33 % durch vergleichsweise nahe beieinander liegende Anteile aus. Die Schüler:innen verteilen sich allerdings sehr unterschiedlich auf sogenannte inklusive und exklusive Beschulungsformen: In Bayern besuchen etwa zwei Drittel eine exklusive Förderschule Lernen, in Hamburg werden drei Viertel dieser Gruppe inklusiv beschult (vgl. KMK 2022, S. 39 ff.).

5.5.1 Bayern

In Bayern gibt es für jeden der sieben sonderpädagogischen Förderbedarfe eigene Dokumente bzw. Empfehlungen. Die aktuell gültigen sind aus dem Jahr 2000 und beziehen sich dezidiert auf die KMK-Empfehlungen von 1994 und die Empfehlungen zum Förderschwerpunkt Lernen der KMK aus dem Jahr 1999; also nicht auf die neueren Empfehlungen der Kultusministerkonferenz aus den Jahren 2011 – Inklusive Bildung von Kindern

5.5 Sonderpädagogischer Förderbedarf im Förderschwerpunkt Lernen

und Jugendlichen mit Behinderungen in Schulen – und 2019 – Empfehlungen zur schulischen Bildung, Beratung und Unterstützung von Kindern und Jugendlichen im sonderpädagogischen Schwerpunkt LERNEN. Das bayrische Dokument zum sonderpädagogische Förderbedarf Lernen umfasst insgesamt 13 Seiten, die sich wie folgt gliedern: »Ziele und Aufgaben«, »Sonderpädagogischer Förderbedarf«, »Feststellung des Sonderpädagogischen Förderbedarfs«, »Erziehung und Unterricht«, »Formen und Orte sonderpädagogischer Förderung«, »Besondere Regelungen für den Schulbesuch«, »Zusammenarbeit«, »Einsatz und Qualifikation des Personals« und »Schlussbestimmungen«.

Unter der Überschrift »Ziele und Aufgaben« wird u. a. die »Pädagogische Ausgangslage« der Schüler:innen beschrieben:

»Die pädagogische Ausgangslage von Kindern und Jugendlichen mit Beeinträchtigungen des Lern- und Leistungsverhaltens, insbesondere des schulischen Lernens, stellt sich vielfach in Verbindung mit Beeinträchtigungen der motorischen, sensorischen, kognitiven, sprachlichen sowie sozialen und emotionalen Fähigkeiten dar. Diese können unmittelbare Auswirkungen auf alle grundlegenden Entwicklungsbereiche haben und zeigen sich vor allem

- in der Grob- und Feinmotorik,
- in Wahrnehmungs- und Differenzierungsleistungen,
- in der Aufmerksamkeit,
- in der Entwicklung von Lernstrategien,
- in der Aneignung von Bildungsinhalten,
- in Transferleistungen,
- im sprachlichen Handeln,
- in der Motivation,
- im sozialen Handeln,
- im Aufbau von Selbstwertgefühl und einer realistischen Selbsteinschätzung.

Beeinträchtigungen in den genannten Entwicklungsbereichen haben wiederum Auswirkungen auf Denken, Orientierungsfähigkeiten sowie Einstellungen und Haltungen. Hierbei werden Ausmaß und Folgen einer Lernbeeinträchtigung insbesondere vom soziokulturellen Umfeld, von der Einstellung und dem Verhalten von Bezugspersonen, vor allem von Familienmitgliedern, beeinflusst« (Bayerische Staatskanzlei 2000).

Dass »Beeinträchtigungen des Lern- und Leistungsverhaltens« – womit gegenüber den bisher verwendeten Begriffen Leistung, Leistungsfähigkeit und Leistungsbereitschaft eine weitere Facette des Leistungsverständnisses beschrieben wird – v. a. des schulischen, d. h. meist, aber nicht durchgängig im Zusammenspiel mit weiteren beeinträchtigten Fähigkeiten steht, wird einleitend und rahmend formuliert. Damit wird ein Verständnis von Lernbeeinträchtigungen aufgemacht, das diese nicht nur als Abweichung gegenüber einem implizit bleibenden ›normalen Lernen‹ und ›Leisten‹ konzipiert, sondern Ausdruck komplexerer bzw. weiterer Beeinträchtigungen ist. Diesem Verständnis nach betreffen die Beeinträchtigungen nicht nur das schulische Lernen und die schulische Leistung, sondern auch weitere Lebensbereiche der Schüler:innen. Es wird weiter differenziert, dass die individuellen Beeinträchtigungen sich auf alle, als grundlegend gerahmten, menschlichen Entwicklungsbereiche auswirken können. Die Abweichungen in diesen können ihrerseits »Auswirkungen auf Denken, Orientierungsfähigkeiten sowie Einstellungen und Haltungen« haben. Hier wird eine zirkuläre Definition erkennbar: Schulische Lernbeeinträchtigungen gehen mit weiteren Fähigkeitsbeeinträchtigungen einher, die ihrerseits u. a. die Aneignung von Bildungsinhalten, also schulisches Lernen, beeinträchtigen bzw. erschweren. Das »Ausmaß und die Folgen« oder die Schwere, so wird weiter ausgeführt, variieren von den »Einstellungen und dem Verhalten von Bezugspersonen«, v. a. der familiären. Dieser letzte Aspekt steht insofern im Widerspruch zu den bisherigen Ausführungen, als die soziale Bearbeitung mit der Beeinträchtigung als relevant für deren Schwere beschrieben wird. Dies steht einerseits im Kontrast zu den vorherigen essentialisierenden bzw. individualisierenden Erklärungen für die Beeinträchtigung und wird andererseits nicht konsequent, sondern nur auf den familiären Bereich angewandt, da die schulischen und/oder weitere Bezugspersonen, aber auch die Schule selbst als gesellschaftliche Institution und pädagogischer Raum nicht in diese Überlegungen einbezogen werden. Das heißt, die Beeinträchtigung wird – vergleichbar zu Begabungen – wesentlich als unabhängig von den schulisch-unterrichtlichen Bedingungen sowie den pädagogischen konzipiert. Dies ist insofern bemerkenswert, als der sonderpädagogische Förderschwerpunkt Lernen im Vergleich zu anderen erst und ausschließlich in der Schule beschreibbar wird.

Die Abweichungen von einer schulischen ›Lern- und Leistungsnorm‹ werden in den Ausführungen individualisiert und für die gesamte Person der Schüler:innen und ihr Lernen und ihre Entwicklung formuliert – eine gedankenexperimentelle, andere Variante wäre, dies für ausgewählte (schulische) Inhalte und Themenfelder auszuführen. Mit Herold Garfinkel (1967) kann dies als Zuschreibung einer »totalen Identität« gefasst werden, die insofern pathologisierend ist, als die Ursachen und Erklärungen ausschließlich in den Schüler:innen – sowie in dem erfahrenen familiär erlebten Umgang mit ihrer Beeinträchtigung – verortet werden. Diese körperlich-sozialen Erklärungen für Abweichungen des schulischen Lernens von einer implizit bleibenden Erwartungsnorm sind homolog zu denen, die für die anderen Bildungsgänge und Schulformen rekonstruiert wurden: Schulische Leistungen bzw. Leistungsfähigkeit werden als Ausdruck oder Produkt von Begabungen resp. Beeinträchtigungen gefasst, die v. a. körperlich, psychisch oder sozial begründet sind und weitestgehend unabhängig von pädagogischen resp. schulisch-unterrichtlichen Einflüssen. Diese einseitige Erklärung, schulische Leistungsunterschiede in den Anlagen der Schüler:innen zu verorten, steht im Kontrast zu den sozialwissenschaftlichen Erklärungen, die diese durch die Milieus, in denen sie aufwachsen, und deren Nicht-Passung zu den mittelschichtsorientierten Normen und Erwartungen der Schule hervorgebracht werden. Vor dem Hintergrund, dass die Gruppe von Schüler:innen, der sonderpädagogischer Förderbedarf Lernen attestiert wird, überproportional häufig in risikoreichen sozialen und ökonomischen Lebenslagen aufwächst, wirkt diese Erklärung besonders verkürzt (vgl. Schroeder 2015, S. 33 ff.).

5.5.2 Hamburg

Die aktuell, in Hamburg gültige »Verordnung über die Ausbildung von Schülerinnen und Schülern mit sonderpädagogischem Förderbedarf« ist aus dem Jahr 2012. Sie umfasst insgesamt 13 Seiten, die wie folgt gegliedert sind »Anwendungsbereich«, »Sonderpädagogischer Förderbedarf, Förderschwerpunkte«, »Überprüfungsverfahren, Feststellung des Förderbedarfs«, »Förderplanung, individueller sonderpädagogischer Förderplan, Nachteilsausgleich«, »Leistungsbewertung, Zeugnisse und Abschlüsse«.
Im zweiten Abschnitt werden die Förderschwerpunkte benannt. Dies sind die einzigen, förderschwerpunktspezifischen Ausführungen, alle anderen Teile sind förderschwerpunktübergreifend konzipiert. Für den son-

derpädagogischen Förderbedarf im Förderschwerpunkt Lernen heißt es dort, dass dieser besteht,

»wenn bei einer Schülerin oder einem Schüler erheblicher Unterstützungsbedarf beim Aufbau eines für das schulische Lernen angemessenen Lern- und Leistungsverhaltens sowie beim Erwerb grundlegender kognitiver Strukturen festgestellt wird. Die sprachliche Entwicklung, die Motorik und sensorische Integration und die Entwicklung des Arbeits- oder Sozialverhaltens sind bei der Überprüfung des Förderbedarfs sowie bei der Planung und Umsetzung der sonderpädagogischen Förderung angemessen zu berücksichtigen« (Hamburg 2012, § 3).

Der sonderpädagogische Förderbedarf im Förderschwerpunkt Lernen wird einleitend und rahmend als »erheblicher Unterstützungsbedarf« – der implizit von einem ›normalen‹ oder ›üblichen‹ Unterstützungsbedarf abgegrenzt wird – beschrieben. Damit wird der Bedarf zunächst indirekt bei den Schüler:innen verortet, da er als ein ›anderes‹, gegenüber dem ›regulären‹ pädagogischen Angebot abweichendes gerahmt wird. Dies ist an der Zielsetzung orientiert, die Schüler:innen in der Entwicklung eines schulisch-unterrichtlich »angemessene[n] Lern- und Leistungsverhalten[s]« und in dem »Erwerb grundlegender kognitiver Strukturen« zu unterstützen. Die pädagogischen Maßnahmen, die beschrieben werden, begründen sich über die Abweichungen bzw. die nicht-schulkonformen Schüler:innen. Als Ursachen werden ihre Entwicklungen in den Bereichen Sprache, Motorik, sensorische Integration und das Arbeits- und Sozialverhalten genannt, die als different gegenüber nicht expliziertem ›normalen Verhalten‹ beschrieben werden. Im Rahmen von Diagnostik und Förderung sollen diese aufgegriffen werden, was darauf verweist, dass sie als Erklärungen für die besondere bzw. abweichende und erhöhte pädagogische Förderung relevant angesehen werden. Obwohl die Abweichungen im Lernen in den Differenzierungen, die gegenüber der eingangs formulierten Proposition vorgenommen werden, bei den Schüler:innen verortet werden – während die sozialen und materialen und/oder schulischen unabhängig von diesen verstanden werden –, werden die individuellen Fähigkeiten in den unterschiedlichen Bereichen zugleich als entwickel- bzw. förderbar konzipiert. Letztgenanntes bedarf einer pädagogischen Begleitung, also der Bereitstellung einer anderen als der bisherigen schulisch-unterrichtlichen Angebote, die über eine als ›normal‹ markierte Norm‹ hinausweist; und so als Abweichung konzipiert wird.

5.5.3 Vergleich Bayern und Hamburg

Der Vergleich der ausgewählten Ausschnitte aus den schulischen Dokumenten zum sonderpädagogischen Förderschwerpunkt Lernen der beiden Bundesländer – die in beiden Fällen deutlich umfangreicher sind als die dargelegten Auszüge – zeigt sich ein Verständnis von schulischer Leistung, das auf einem individuellen Begabungsverständnis – vergleichbar dem Gegenteil einer individuellen Beeinträchtigung – gesehen wird. Diese Abweichung wird gegenüber einem nicht aufgeführten ›normalen‹ oder ›angemessenen‹ Lern- und Leistungsverhalten bzw. pädagogischer Begleitung bestimmt. Die Erklärungen für die Abweichung werden in beiden Dokumenten als multikomplex beschrieben und mit der abweichenden Entwicklung und Ausprägung unterschiedlicher menschlicher Fähigkeiten und deren Zusammenspiel erklärt. Soziale, kulturelle und materiale Bedingungen des Aufwachsens resp. der Sozialisation der Schüler:innen werden in dem bayrischen Dokument nicht genannt, während dies in Hamburg indirekt dadurch erfolgt, dass andere, erweiterte pädagogische Begleitung – womit die bisherige als nicht adäquate eingeschätzt und markiert wird – als zur (konformen) Entwicklung führend aufgerufen wird. Hier dokumentieren sich für Hamburg erneut konfligierende Leistungsverständnisse und ihre Bearbeitung im schulisch-unterrichtlichen Zusammenhang: Neben der einseitig individuellen Erklärung für die Abweichungen von Erwartungsnormen – die den bayrischen Dokumenten kohärent zugrunde liegt – besteht eine, die die schulisch-unterrichtlichen Angebote der Begleitung der Schüler:innen ebenfalls als Erklärung für (nicht-)erbrachte Leistungen versteht. Dass pädagogische Unterstützung den Aufbau der bisher ›nicht angemessenen Kompetenzen‹ der Schüler:innen ermöglichen kann, steht im Widerspruch zu der individuellen Attestierung von sonderpädagogischem Förderbedarf Lernen – der eine systemische, also schulische Zuschreibung gedankenexperimentell gegenübersteht.

5 Leistungsbezogene Differenzkonstruktionen in Dokumenten

Eine systemische Zuweisung sonderpädagogischer Ressourcen für die Förderschwerpunkte Lernen, Sprache und Emotional-soziale Entwicklung ist in der Grundschule Hamburgs vorgesehen, nicht aber in der Sekundarstufe I, während in Bayern ausschließlich eine individualisierte Zuweisung erfolgt (vgl. Autor:innengruppe Bildungsberichterstattung 2022, S. 130). Letztgenannte Form ist Ausdruck des »Etikettierungs-Ressourcen-Dilemmas« (Füssel, Kretschmann & Scholz 1993), d. h. die Bindung der sonderpädagogischen – gegenüber einer pädagogischen – Begleitung der Schüler:innen an die Etikettierung, im Sinne einer Abweichung. Die mit diesem Konzept einhergehenden Stigmatisierungsrisiken sind bei einer systemischen Ressourcenzuweisung, in der die Schule als förderbedürftig angesehen wird, indem sie zusätzliche Ressourcen in Form sonderpädagogischer Expertise erhält, um ihren Aufgaben nachzukommen, nicht vergleichbar. Letztgenannte setzen jedoch voraus, dass auch die Schule und der Unterricht und ihre bisherige Gestaltung – und nicht die Schüler:innen – als Erklärung für Diskrepanzen zwischen Erwartungsnormen und deren Bearbeitung durch die Kinder und Jugendlichen verstanden werden.

In den Ausführungen zum sonderpädagogischen Förderbedarf Lernen dokumentieren sich – homolog zu den bisher rekonstruierten – zwei unterschiedliche Leistungsverständnisse: eines, das Leistung bzw. Lern- und Leistungsverhalten als Ausdruck individueller Begabungs-/Beeinträchtigungsmerkmale konzipiert (Bayern), und ein zweites, das Leistung zwar vergleichbar als Abweichungen der Schüler:innen konzipiert, die Erklärungen hierfür jedoch auch in den bisherigen pädagogischen Angeboten verortet, die diese erfahren haben. Dies entspricht einerseits virtuellen, sozialen Identitäten von Schüler:innen, die von totalen leistungsbezogenen Konstruktionen ausgehen, und zum anderen (auch) interaktiv hervorgebrachten Formen der Schüler:innenleistungen.

5.6 Inklusion bzw. Integration

In diesem Abschnitt sollen Ausschnitte aus dem »Bayerischen Gesetz über das Erziehungs- und Unterrichtswesen« (Bayerische Staatskanzlei 2019a) und dem »Hamburgischen Schulgesetz« (Hamburg 2021c) näher betrachtet werden, in denen Inklusion bzw. Integration – so die verwendete Bezeichnung im letztgenannten Dokument – betrachtet werden. Dabei wird neben den aufgerufenen bzw. inhärenten Leistungsverständnissen der Frage nachgegangen, inwiefern die jeweiligen Inklusions- bzw. Integrationsvorstellungen (auch) einen Bruch gegenüber der bisher rekonstruierten Leistungslogik der Schulsysteme darstellen.

5.6.1 Bayern

Im »Bayerischen Gesetz über das Erziehungs- und Unterrichtswesen« (Bayerische Staatskanzlei 2019a) wird an relativ früher Stelle formuliert:

> »Inklusiver Unterricht ist Aufgabe aller Schulen.«

Diese Proposition und ihr rahmender Gehalt an vorderer Stelle des Gesetzes werden in den Dokumenten für die zwei Schulformen, die auch hier exemplarisch vergleichend betrachtet werden, die Mittelschule und das Gymnasium, auf unterschiedliche Art und Weise konkretisiert und differenziert. Während in den Ausführungen der Mittelschule ein eigener Absatz zu »Inklusion« im Abschnitt zum »Anspruch und Profil der Mittelschule« formuliert ist, wird der Begriff in dem Dokument zum Gymnasium selbst nicht verwendet.
Für die Mittelschule wird ausgeführt, dass sie

> »als gemeinsamer Lernort für Schülerinnen und Schüler mit und ohne sonderpädagogischen Förderbedarf […] Inklusion und gleichberechtigte Teilhabe [ermöglicht]. Ihren Auftrag, inklusiven Unterricht zu gestalten, nimmt sie wahr, indem sie die gegebene Vielfalt als Ressource nutzt. Dies geschieht durch eine integrative Unterrichtsarbeit ohne Defizitorientierung, die mit Unterstützung durch Fachdienste (z. B. Mobile Sonderpädagogische Dienste, Beratungs- und Förderlehrkräfte) gestaltet wird« (Staatsinstitut für Schulqualität und Bildungsforschung 2019b, Anm. TS).

Die Mittelschule wird als Ort bzw. als Schule beschrieben, in der »Inklusion und gleichberechtigte Teilhabe« Schüler:innen mit und ohne zugeschriebenen sonderpädagogischen Förderbedarf eröffnet werden soll. Vor dem Hintergrund der bisherigen Ausführungen und Rekonstruktionen sei hervorgehoben, dass sich dies ausschließlich auf die Schüler:innenschaft der Mittelschule – die im Vergleich zur gymnasialen als ›weniger leistungsstark‹ beschrieben wird – und der mit attestiertem sonderpädagogischen Förderbedarf bezieht. Die damit verbundene Vielfalt der Schüler:innen soll programmatisch als »Ressource« genutzt werden, »ohne Defizitorientierung« und die »individuellen Ausgangslagen für Entwicklung und Lernen von Schülerinnen und Schülern auch mit sonderpädagogischem Förderbedarf« werden als Primat für die schulisch-unterrichtliche Arbeit benannt (Staatsinstitut für Schulqualität und Bildungsforschung 2019b, S. 3f.). Hier dokumentiert sich ein Inklusionsverständnis, das wesentlich in der anerkennenden Wertschätzung der Schüler:innen und ihrer ›natürlichen Leistungsvielfalt‹ liegt. Dies erfolgt unter Abgrenzung dessen, was es nicht sein soll, das aber scheinbar im Denkbaren und Möglichen liegt, wie die »Defizitorientierung«. Die Unterscheidung der Schüler:innen entlang ihrer Leistung, die über ihre Zugehörigkeit zu den Bildungsgängen benannt wird, ist hier zentral und die gemeinsame Unterrichtung beschreibt Inklusion. Dies stellt insofern einen Bruch mit der bisher formulierten Logik dar, die im bayrischen Schulsystem aufgerufen wird, als die Schüler:innen entlang ihrer Leistung resp. Begabung/Beeinträchtigung nicht nur auf unterschiedliche Bildungsgänge, sondern auch auf unterschiedliche Schulformen verteilt werden. Vergleichbares deutet sich auch für das didaktische Prinzip an, das die Vielfalt der Schüler:innen als »Ressource« – statt als Legitimation für ihre Separation in unterschiedliche Bildungsgänge – versteht. Dies steht im Widerspruch zu den Ausführungen zum sonderpädagogischen Förderbedarf Lernen, der die Schüler:innen, die so markiert werden, als abweichend und defizitär gegenüber den anderen beschreibt.

In dem Lehrplan für das Gymnasium wird Inklusion – obwohl sie im Erziehungs- und Unterrichtsgesetz als Aufgabe aller Schulen benannt wird – nicht begrifflich aufgegriffen. Hingegen wird auf die Gruppe der Schüler:innen mit sonderpädagogischem Förderbedarf Bezug genommen:

5.6 Inklusion bzw. Integration

»Die Berücksichtigung spezieller Bedürfnisse gymnasial geeigneter Schülerinnen und Schülern mit individuellem sonderpädagogischem Förderbedarf ist selbstverständlich« (Staatsinstitut für Schulqualität und Bildungsforschung 2019a).

Die Teilhabe bzw. Partizipation von Schüler:innen mit zugeschriebenem sonderpädagogischen Förderbedarf am gymnasialen Bildungsgang wird als eine proponiert, die jenen vorbehalten ist, die »gymnasial geeignet« sind, auch wenn sie »spezieller Fördermaßnahmen« bedürfen (Staatsinstitut für Schulqualität und Bildungsforschung 2019a, S. 3). Die Schüler:innen mit zugeschriebenem sonderpädagogischen Förderbedarf werden hier einerseits als abweichend – die Abweichung liegt im Vergleich zu den anderen in ihrem Förderbedarf – und zugleich als das zentrale Kriterium der »gymnasialen Eignung« als gleich beschrieben. In den Ausführungen dokumentiert sich, dass der gymnasiale Exklusivitätsanspruch durch Inklusion nicht in Frage gestellt wird, sondern als primäres Zugangskriterium erhalten bleibt, und dass Inklusion als gemeinsamer Unterricht von »gymnasial geeigneten« Schüler:innen mit und ohne attestiertem sonderpädagogischen Förderbedarf verstanden wird. Dies schließt die Schüler:innen mit dem zugeschriebenen Förderschwerpunkten Lernen insofern aus, als dieser Gruppe laut formalen Dokumenten zwar die Möglichkeit eröffnet werden soll, den »Hauptschulabschluss«, also den Ersten Schulabschluss, zu erlangen, nicht aber das Abitur (vgl. Bayerisches Staatsministerium für Unterricht und Kultus 2000, Abs. 5.3). Die Gruppe der Schüler:innen mit zugeschriebenem sonderpädagogischen Förderbedarf Geistige Entwicklung wird in Bayern ebenfalls nach eigenen Lehrplänen unterrichtet, also nicht nach jenen, die zu einem der drei formalen Schulabschlüsse führen (vgl. Bayerische Staatskanzlei 2019d, § 18).

Es dokumentiert sich in den Lehrplänen der Mittelschule und des Gymnasiums ein Verständnis von Inklusion, das diese als gemeinsamen Unterricht von Schüler:innen mit und ohne attestiertem sonderpädagogischen Förderbedarf versteht. Dies geht mit dem Unterlaufen der schulischen Bearbeitung von Leistung und Leistungsdifferenzen einher, die die Legitimation der Zuordnung zu unterschiedlichen Bildungsgängen und Schulformen darstellen; allerdings nur für die Mittelschule, nicht für die Gymnasien.

5.6.2 Hamburg

Im Hamburgischen Schulgesetz taucht der Begriff Inklusion gar nicht auf, hingegen wird in § 12 die »Integration von Schülerinnen und Schülern mit sonderpädagogischem Förderbedarf und Betreuung kranker Schülerinnen und Schüler« geregelt.

> »Kinder und Jugendliche mit sonderpädagogischem Förderbedarf haben das Recht, allgemeine Schulen zu besuchen. Sie werden dort gemeinsam mit Schülerinnen und Schülern ohne sonderpädagogischem Förderbedarf unterrichtet und besonders gefördert. Die Förderung kann zeitweilig in gesonderten Lerngruppen erfolgen, wenn dieses im Einzelfall pädagogisch geboten ist« (Hamburg 2021c, § 12).

Mit der Überschrift sowie in dem einleitenden Satz wird zunächst eine implizite Unterscheidung von Schüler:innen mit und ohne sonderpädagogischem Förderbedarf vorgenommen, ohne dass letztgenannte Gruppe benannt wird. Die erstgenannte Gruppe gilt es, zu integrieren. Hier dokumentiert sich das Verständnis einer »Zwei-Gruppen-Theorie« (Hinz 2002, S. 356), also die Unterscheidung von einer Gruppe, die zu integrieren ist, von einer, in die integriert werden soll. Für die erstgenannte Gruppe, die Schüler:innen mit sonderpädagogischem Förderbedarf, wird formuliert, dass sie das Recht haben, »allgemeine Schulen« zu besuchen. Hier dokumentiert sich ein personen- oder gruppenbezogenes Verständnis von Inklusion bzw. Integration, dem sich gedankenexperimentell eines gegenüberstellen lässt, das nach Strukturen und Praxen der Hervorbringung von Ausschluss, Exklusion und/oder Marginalisierung fragt, die es abzubauen und zu überwinden gilt, um allen Partizipation zu eröffnen (vgl. z.B. Sturm 2016, S. 136f.).

In den weiteren Ausführungen dokumentiert sich – homolog zu den bereits rekonstruierten – ein Leistungsverständnis, das Leistung den Schüler:innen individuell zuschreibt und eine Grundlage für ihre Gruppierung darstellt. Den Gruppen werden unterschiedliche schulisch-unterrichtliche Bildungsangebote gemacht. Dies fußt auf einer implizit bleibenden Norm ›normaler pädagogischer Unterstützung‹, die für die hier beschriebene Gruppe als nicht ausreichend markiert wird. Eine »zeitweilige« Förderung in »gesonderten Lerngruppen« kann – verstanden als nicht-integrative Beschulungsvariante – erfolgen, wenn dies »im Einzelfall pädagogisch geboten ist«. Dies stellt eine Einschränkung des formulierten Anspruchs auf Integration dar. Diese Beschränkung ist vonseiten der Lehrpersonen zu begründen. Da das nicht weiter konkretisiert wird, eröffnen sich den Lehrpersonen hier Freiheitsgrade in der Entscheidung. Wenngleich die gemeinsame Unterrichtung von Schüler:innen mit und ohne sonderpädagogischen Förderbedarf als Aufgabe aller Schulformen der Sekundarstufe in Hamburg formuliert wird, zeigen statistische Untersuchungen, dass die meisten Schüler:innen mit zugeschriebenem sonderpädagogischen Förderbedarf in der Sekundarstufe I Stadtteilschulen besuchen: Im Schuljahr 2016/2017 waren 67,8 % der Fünft-Klässler:innen mit zugeschriebenem sonderpädagogischen Förderbedarf in Stadtteilschulen, während 4,1 % an Gymnasien und 27 % in Sonderschulen oder einer temporären Lerngruppe in einem Regionalen Bildungs- und Beratungszentrum unterrichtet wurden. Der Anteil von Schüler:innen mit zugeschriebenem sonderpädagogischen Förderbedarf lag in Gymnasien durchschnittlich bei 0,29 %, in Stadtteilschulen hingegen mit 2,16 % deutlich höher. Der Anteil variiert dabei allerdings stark zwischen den Schulen und den einzelnen Klassen (vgl. Schuck & Rauer 2018, S. 126 f.).

5.6.3 Vergleich Bayern und Hamburg

Die Ausführungen zu Inklusion bzw. Integration in den Gesetzestexten sowie den sie ergänzenden Lehrplänen aus Bayern und Hamburg greifen die bisher rekonstruierten Verständnisse individueller Begabung und Beeinträchtigung als Erklärung für Leistungsdifferenzen ebenso auf, wie deren Bearbeitung durch die unterschiedlichen Bildungsgänge. Schüler:innen mit zugeschriebenem sonderpädagogischen Förderbedarf haben jedoch die Möglichkeit, Schulformen zu besuchen, die zu Schulabschlüssen führen, von denen erwartet wird, dass sie diese nicht erreichen. Mithin stellen Inklusion und Integration einerseits einen Bruch gegenüber der Leistungslogik des Schulsystems dar, andererseits bleibt diese erhalten, da die Schüler:innen als eigenständige Gruppe markiert sind, die die Abschlüsse im Sinne der Leistungserwartungen nicht erreicht, und damit einen eigenen Bildungsgang innerhalb der ›inklusiven Schule‹ besucht. Inklusion und Integration werden in den Dokumenten zunächst als grundsätzliche Aufgabe aller Schulen beschrieben, aber in beiden Bundesländern wird dies differenzierend eingeschränkt: Während Bayern grundsätzliche Begrenzungen vorsieht, indem der exklusive Zugang im Gymnasium an die »gymnasiale Eignung« und in den Mittelschulen an deren Ausstattung sowie das Verhalten der Schüler:innen gebunden ist, wird der Besuch von Sonderschulen und ReBBZ in Hamburg als temporäre Möglichkeit gerahmt.

5.7 Lehr-, Bildungs- und Rahmenpläne für das Fach Deutsch des 8. Jahrgangs

Die Lehrpläne für die bayrischen Mittelschulen und für die Gymnasien sowie die Bildungs- und Rahmenpläne der Hamburger Stadtteilschulen und Gymnasien sollen in diesem Abschnitt ausschnitthaft und exemplarisch für das Unterrichtsfach Deutsch des 8. Jahrgangs betrachtet werden mit dem Ziel, die ihnen zugrunde liegenden Leistungsverständnisse zu rekonstruieren. Im Vergleich zu den anderen Dokumenten, die unabhängig von Inhalten und Themen formuliert sind, sind diese fachbezogen und damit inhaltlich ausgerichtet. Es wurde das Unterrichtsfach Deutsch für die Analyse gewählt, da es durchgängig unterrichtet wird und als sogenanntes Haupt- oder Kernfach – wie die Ausführungen in Kapitel 5.4 zeigen (▶ Kap. 5.4) – eine besondere Relevanz im Rahmen von Übergangsentscheidungen hat.

Die bayrischen Dokumente beziehen sich auf die Jahrgangsklasse, während die Hamburger stufenbezogen formuliert sind, d. h. in diesem Fall für Sekundarstufe I, also die Jahrgänge 5 bis 10 im Gymnasium und 5 bis 11 in der Stadtteilschule. Bayern und Hamburg repräsentieren damit die zwei in Deutschland typischen Formen, für die Ziele formuliert werden: den Jahrgang und die Schulstufe. Das Prinzip, das in Bayern Anwendung findet, zeichnet sich – in Verbindung mit den Regelungen für Wechsel und Übergänge – durch zahlreiche Zeitpunkte aus (nach jedem

5.7 Lehr-, Bildungs- und Rahmenpläne für das Fach Deutsch des 8. Jahrgangs

Schuljahr), zu denen die Schüler:innen belegen müssen, dass sie die Leistungserwartungen erfüllen, um versetzt zu werden. Falls das nicht der Fall ist, greifen die oben beschriebenen Maßnahmen (kein Vorrücken, Bildungsgangwechsel, Modifikation des pädagogischen Angebots).

Wie im vorherigen Abschnitt sollen auch hier ausgewählte Ausschnitte für die Rekonstruktion der zugrunde liegenden Verständnisse von Leistung und Leistungsdifferenzen betrachtet werden. Der Fokus liegt auf vergleichbaren Inhalten des Fachs, also das, was (als messbare) Erwartungen formuliert wird; und die ihrerseits die Grundlage für Entscheidungen über Bildungswege bzw. die Konkretisierung bzw. Modifizierung des pädagogischen Angebots im Rahmen der individuellen Förderung darstellen. Die Ausführungen der vier Dokumente greifen begrifflich nahezu wortgleiche Formulierungen für die inhaltlichen Kompetenzen auf, was sich durch ihren Bezug auf die abschlussbezogenen KMK-Bildungsstandards für das Fach Deutsch (KMK 2004, 2014) erklären lässt, ohne allerdings, dass sie identisch sind. Ausgewählt für die weiteren Ausführungen sind Ausschnitte aus dem Kompetenzbereich »Sprechen und Zuhören«, der neben »Schreiben«, »Lesen – mit Texten und anderen Medien umgehen« und »Sprache und Sprachgebrauch untersuchen« einen von vier Kompetenzbereichen des Fachs Deutsch darstellt. Aus diesem Kompetenzfeld wurden die Bereiche »verstehend zuhören« und »zu und vor anderen sprechen« (Bayern) sowie »verstehend zuhören«, »vor anderen sprechen« und »mit anderen sprechen« (Hamburg) ausgewählt. Da sich die vonseiten der KMK formulierten Bildungsstandards auf die Abschlüsse und damit das Ende der Klasse 9 (ESA) bzw. 10 (MSA) beziehen, weichen diese von dem Jahrgangsbezug, der in Bayern verwendet wird, stärker ab als von dem Stufenbezug Hamburgs.

5.7.1 Bayern

In Bayern werden die fachbezogenen Kompetenzen und Inhalte in sogenannten »Fachlehrplänen« schulformspezifisch ausgeführt. Dem bisherigen Vorgehen folgend, werden zunächst die Ausführungen zur Mittelschule und zum Gymnasium getrennt dargestellt und diese anschließend miteinander verglichen.

5.7.1.1 Mittelschule

Für die bayrischen Mittelschulen gibt es zwei Fachlehrpläne: einer für die sogenannten Mittlere-Reife-Klassen, die sich an jene Schüler:innen richten, von denen angenommen wird, dass sie einen Mittleren Schulabschluss (MSA) erreichen werden, und ein zweiter, der sich auf die als Regelklassen bezeichneten Lerngruppen bezieht. Letztgenannte sind an dem Ziel des Ersten Schulabschlusses ausgerichtet. Hier dokumentiert sich bereits eine Differenzierung der Leistungserwartungen innerhalb dieser Schulform, die sich auf die Schulabschlüsse bezieht und in unterschiedlichen Klassenverbänden, also separiert, realisiert wird. In den folgenden Analysen werden – aus Gründen der Komplexitätsreduktion – ausschließlich die zuletzt genannten Klassen betrachtet.

In den Ausführungen »Kompetenzerwartungen und Inhalte« werden für den Bereich »Verstehend zuhören« folgende Ziele formuliert. Die Schüler:innen

- »hören aufmerksam (z. B. längeren Hörspielen und Diskussionen) zu, machen sich Notizen und formulieren zum Gehörten Nachfragen.
- beantworten zu komplexeren gesprochenen Texten unter Anleitung Verständnisfragen und fragen gezielt vertiefend nach.
- untersuchen die Funktionen verschiedener Hörmedien, indem sie Informationen darüber (z. B. die Sende- und Darstellungsformen) miteinander vergleichen« (Bayerische Staatskanzlei 2019c, S. 1).

Einleitend in den Kompetenzbereich »verstehend zuhören« werden drei Thematiken und Erwartungen unterschieden, die insofern miteinander verbunden sind, als dass aufmerksames Zuhören die Voraussetzung bzw. das Ziel darstellt, während die anderen die Auseinandersetzung mit dem Gehörten sowie (auch) Möglichkeiten der Überprüfung des Hörprozesses mit anderen darstellen, konkret, sich Notizen zu machen und Fragen zu stellen. Im zweiten Spiegelstrich wird differenzierend ausgeführt, dass »unter Anleitung«, also vermutlich durch die Lehrperson unterstützt, Verständnisfragen beantwortet und Nachfragen zu »komplexeren gesprochenen Texten« bearbeitet werden sollen. Hier dokumentiert sich nicht nur die Unterscheidung einfacher und komplexer Texte, sondern auch die Erwartung, dass die Bearbeitung letztgenannter nicht ohne pädagogische Unterstützung, also selbstständig von den Schüler:innen ausgeführt wer-

5.7 Lehr-, Bildungs- und Rahmenpläne für das Fach Deutsch des 8. Jahrgangs

den kann. Diese Hervorhebung irritiert insofern, als Schule und Unterricht grundsätzlich von Lehrpersonen gestaltete Arrangements darstellen und pädagogische Unterstützung resp. Vermittlung mithin eine Konstituente dieser darstellt. Durch die Herausstellung werden die Schüler:innen an dieser Stelle implizit als abweichend von einer ebenso implizit bleibenden Norm als nicht (vergleichsweise) selbstständig in der Auseinandersetzung mit Unterrichtsgegenständen gerahmt und konzipiert. Die dritte inhaltliche Erwartung sieht vor, dass die Schüler:innen »die Funktion verschiedener Hörmedien« untersuchen und vergleichen. Vor dem Hintergrund der zuvor vorgenommenen Differenzierung, die Erwartung, die Kompetenz mit oder ohne pädagogische Unterstützung zu erreichen, liegt es nah, dass erwartet wird, dass die Schüler:innen dieser zu letztgenannten Erwartung selbstständig begegnen.

Die fachlichen Erwartungen, die von den Schüler:innen zu leisten bzw. nachzuweisen sind, beziehen sich dabei wesentlich auf Interaktionssituationen mit anwesenden Personen und mit ›konservierten‹ Formen, die medial zur Verfügung gestellt werden. Die Ausführungen sind zugleich vage formuliert bzw. lassen pädagogische Entscheidungen der Bewertung zu, wie z. B. »aufmerksam«, »gezielt vertiefend nach[fragen]«. Im Vergleich zu den Noten sind diese weniger eindeutig bzw. objektiv, sondern lassen Spielraum. Insbesondere in der Kompetenz »aufmerksam zuhören« dokumentiert sich die Erwartung der Bereitschaft, sich auf die unterrichtlich dargebotenen Inhalte einzulassen und sich mit ihnen auseinanderzusetzen – ohne dass diese inhaltlich konkretisiert sind. Dies eröffnet den Lehrpersonen die Möglichkeit, Inhalte auszuwählen, für die sich die Schüler:innen interessieren. Die Leistungserwartungen, die an die Schüler:innen gestellt werden, lassen sich insgesamt v. a. als reproduktive beschreiben, da das Gehörte wiedergegeben und Fragen beantwortet werden sollen; auch wenn diese um vertiefende Nachfragen ergänzt werden, da diese letztlich beim Text selbst verbleiben. Mit anderen Worten: Das, was als Leistung bzw. Bildung verstanden wird, fokussiert Reproduktion – aber keinen Transfer bzw. keine Anwendung.

Aus einer ableismuskritischen Perspektive fällt zudem auf, dass Zuhören hier mit Kommunikation gleichgesetzt wird, die lautsprachlich konzipiert ist, während beispielsweise gebärdensprachliche Verständigung ebenso wie Medien, die eine solche Kommunikation eröffnen können, hier nicht explizit genannt werden. Thomas Hehir (2002) folgend, kann dies als Normalitätskonstruktion lautsprachlicher Kommunikation verstanden werden, die gebärdensprachliche ebenso wie weitere nicht rein verbal ausgerichtete Kommunikationsformen, wie z. B. Unterstützte Kommunikation, ausblendet und damit als Abweichung markiert, die zugleich eine hierarchische Bewertung impliziert. Vergleichbar lässt sich dies auch für unterschiedliche familiäre Kommunikationspraxen annehmen, die die Schüler:innen kennen, erfahren und habitualisiert haben: Schüler:innen, die familiäre Erfahrungen mit der Auseinandersetzung mit vorgelesenen und/oder anderen Hörmedien haben, wird es vermutlich leichter fallen, den hier formulierten Erwartungen zu begegnen bzw. ihnen zu entsprechen, als solchen, die vornehmlich in der Schule mit diesen konfrontiert sind.

Für den Bereich »Zu und vor anderen sprechen« werden folgende »Kompetenzerwartungen und Inhalte« im Lehrplan der bayrischen Mittelschule formuliert: Die Schüler:innen:

- »erzählen und berichten in entsprechenden Sprechsituationen folgerichtig mit den jeweils passenden sprachlichen Mitteln und argumentieren logisch, um Zusammenhänge mit Blick auf Adressaten deutlich zu machen (z. B. Bewerbungsgespräch).
- bei der Planung von Vorträgen und Präsentationen zu selbst gewählten Themen (z. B. Betriebspraktikum, Übungsprojekte) berücksichtigen sie auch Körpersprache, Zuwendung zu den Adressaten und differenziertes Sprechverhalten sowie geeignete Medien zur Illustration und Information.
- reflektieren eigenes und fremdes Vortragsverhalten nach vorgegebenen Kriterien, um im Anschluss fundiert Feedback (z. B. zu einer Präsentation) zu geben« (Bayerische Staatskanzlei 2019c, S. 1f.).

Die für diesen Kompetenzbereich formulierten fachlichen Leistungserwartungen beziehen sich auf unterschiedliche sprachliche Situationen mit verschiedenen Interaktionspartner:innen, die adäquat bzw. erwartungskonform zu gestalten sind. Exemplarisch wird mit dem Bewerbungsgespräch ein außerschulischer Interaktionszusammenhang benannt, also Situationen, mit denen die Schüler:innen nicht unbedingt vertraut sind. In diesen Situationen sollen die Schüler:innen erzählen, berichten und logisch argumentieren, um ihrem Gegenüber ihre Erfahrungen und Positionen zu verdeutlichen. Das zweite genannte Ziel bezieht sich auf die

5.7 Lehr-, Bildungs- und Rahmenpläne für das Fach Deutsch des 8. Jahrgangs

Vorbereitung und Durchführung von Vorträgen und Präsentationen, die im schulisch-unterrichtlichen Kontext durchgeführt werden und neben verbalen auch nonverbale Anteile umfassen. Weiter wird die Erwartung formuliert, dass die Schüler:innen das Gesagte durch Visualisierungen unterstützen. Mit den beispielhaft genannten Inhalten, wie dem Betriebspraktikum, wird auf einen außerschulischen, den Mitschüler:innen potenziell nicht bekannten Zusammenhang verwiesen, während mit Übungsprojekten ein Inhalt aus dem schulischen Kontext selbst aufgerufen wird. Durch die Rahmung als Übung wird der jeweilige Inhalt dem Ziel, einen Vortrag zu halten, nachgeordnet. Das dritte Ziel bzw. die dritte Erwartung bezieht sich auf die kriteriengeleitete Bewertung von Vorträgen, die selbst oder von anderen gehalten wurden. Während die Bewertungskriterien vorgegeben sind, wird von den Schüler:innen deren Anwendung erwartet. Auch hier dokumentieren sich Elemente eines an der Reproduktion und Anwendung von Vorgaben ausgerichteten Verständnisses von Leistung, jedoch wird auch eine aktive Seite der Schüler:innen als Interaktionspartner:innen beschrieben, die Transfer bzw. eigene Perspektiven umfasst. Allerdings werden diese insofern relativiert, als sie für – tendenziell asymmetrisch gestaltete – Gespräche vorgesehen sind sowie als Vortragende in schulisch-unterrichtlichen Übungskonzepten.

5.7.1.2 Gymnasium

Im Bildungsplan Deutsch für die 8. Jahrgangsstufe des Gymnasiums wird in Bayern für den Kompetenzbereich »Verstehend zuhören« folgendes formuliert: Die Schüler:innen

- »hören in Gesprächen aufmerksam zu, um Aussage, Intention und ggf. Argumentation zu erfassen und Wertschätzung auszudrücken. Sie geben eine Rückmeldung zu längeren Gesprächsbeiträgen bzw. Referaten und bewerten eigenes Gesprächsverhalten unter Berücksichtigung der Anforderungen eines demokratischen Diskurses.
- erfassen Informationen und Aussageabsicht gesprochener literarischer oder pragmatischer Texte, indem sie das Thema benennen, Zusammenhänge erkennen, Fragen beantworten bzw. zu Strittigem Stellung nehmen« (Bayerische Staatskanzlei 2019b, S. 1).

Einleitend wird zunächst aufmerksames Zuhören benannt, das mit der Erfassung von Aussagen, Zielen und Argumentationen der Interaktionspartner:innen sowie einer Wertschätzung begründet wird. Das Zuhören wird hier mit der Perspektive, das Gehörte inhaltlich weiterzubearbeiten eingeführt; v. a. das Bewerten und das Rückmelden stehen für die Einnahme eigener Perspektiven und Positionierungen gegenüber dem Gehörten. Die Rückmeldungen zu und Bewertungen der Gesprächsbeiträge anderer, wie z. B. Referaten, sollen entlang der »Anforderungen eines demokratischen Diskurses« erfolgen. Weiter sollen Informationen (Thema, Zusammenfassungen) und Aussagen (Fragen beantworten und Stellung beziehen) gesprochener, literarischer und pragmatischer Texte erfasst und sich ihnen gegenüber positioniert werden. Hier dokumentiert sich ein Verständnis von Leistung bzw. Bildung, das die Schüler:innen nicht nur als aktive, gestaltende Teilnehmende von Gesprächen versteht, sondern auch als sich zu den inhaltlichen Themen mit eigenen Perspektiven positionierende. Die Hervorhebung, dass zu »Strittigem« Position bezogen werden soll, verweist darauf, dass Perspektiven unterschiedlich sind und inhaltliche nicht immer eindeutig zu klären. Die exemplarisch angeführten Kontexte sind schulisch-unterrichtlicher Art, d. h. den Schüler:innen vertraut.

Die ableistische Figur, dass der Fokus dezidiert auf Hören – und nicht z. B. auch auf Sehen – gelegt wird, findet sich hier gleichermaßen wie in den Ausführungen zur Mittelschule. Aufgrund der Vergleichbarkeit wird hier auf weitere Ausführungen verzichtet.

Für den zweiten, hier betrachteten Kompetenzbereich, »Zu und vor anderen sprechen«, heißt es im gymnasialen Deutschlehrplan des 8. Jahrgangs: Die Schüler:innen

- »lesen literarische und pragmatische Texte flüssig und interpretierend vor, auch nonverbal unterstützt. Sie tragen Gedichte frei und interpretierend vor.
- sprechen frei, strukturiert und adressatenorientiert über Themen und Texte des weiteren Erfahrungsbereichs und verwenden gezielt die Grundformen Informieren, Erzählen und Argumentieren.
- informieren die Mitschülerinnen und Mitschüler auch in Referaten über Arbeitsergebnisse, über anspruchsvollere Sachthemen sowie über Texte und setzen dabei Anschauungsmaterial und Medien gezielt ein.

5.7 Lehr-, Bildungs- und Rahmenpläne für das Fach Deutsch des 8. Jahrgangs

- setzen einfache rhetorische Mittel ein und unterstützen ihre Beiträge bewusst durch stimmliche und nonverbale Mittel« (Bayerische Staatskanzlei 2019b, S. 1 f.).

In diesem Ausschnitt dokumentiert sich homolog zu den vorher formulierten inhaltlichen Leistungserwartungen, dass Leistung neben reproduktiven Aufgaben (flüssig vorlesen, frei vortragen) wesentlich Transfer und Anwendung von Inhalten durch eigene, aktiv zu gestaltende Beiträge (interpretieren, andere informieren) umfasst. Die Erwartungen werden an Inhalten und Kontexten konkretisiert, die einer fachsprachlichen Klassifikation von Texten folgen (literarisch, pragmatisch) und die als Adressat:innen von Vorträgen und Präsentation v. a. die Mitschüler:innen vorsehen. Letztgenannte Gruppe ist den Schüler:innen also nicht nur bekannt, sondern ihr auch gleichgestellt, was symmetrische Formen der Kommunikationsgestaltung nahelegt. Die Erwartungen, »rhetorische Mittel« einzusetzen und Beiträge gezielt mit nonverbalen und verbalen Mitteln zu gestalten, werden für Inhalte und/oder Themen formuliert, in dem z. B. in Referaten Arbeitsergebnisse präsentiert werden. Darin dokumentiert sich ein Unterrichtsverständnis, in dem nicht allein die Lehrpersonen (Sach-)Wissen vermitteln, sondern die Schüler:innen den Unterricht durch ihre Beiträge auch inhaltlich aktiv mitgestalten. Leistung wird dabei als von den Schüler:innen hervorgebracht verstanden und umfasst neben reproduktiven Elementen, v. a. die Auseinandersetzung und Anwendung des Gelernten, also Transferaufgaben; wobei die eigene Perspektive letztgenannte prägen soll.

5.7.1.3 Vergleich Mittelschule und Gymnasium

Eine vergleichende Betrachtung der Kompetenzfelder und Inhalte »Verstehend zuhören« und »Von und zu anderen Sprechen« der Mittelschule und des Gymnasiums in Bayern zeigt Homologien und Differenzen der zugrunde liegenden inhaltlichen Leistungs- und Bildungskonzepte. Die Inhalte selbst unterscheiden sich dabei wenig, allerdings die Bearbeitung bzw. die Erwartung, wie sie bearbeitet werden: Während von den Mittelschüler:innen v. a. eine reproduktive Auseinandersetzung mit diesen erwartet wird, sollen – bzw. dürfen – die Gymnasiast:innen sich gegenüber diesen selbst positionieren, sie bewerten und einschätzen. Diese eigenen Positionierungen unterscheiden sich von der Erwartung der ›korrekten‹ oder erwartungskonformen Wiedergabe dargebotener Inhalte und Themen. Die Ausführungen zum Kompetenzbereich »Gespräche mit und zu anderen« sehen zwar für beide Schüler:innengruppen einen aktiveren Part bzw. Gestaltungsmöglichkeiten vor, allerdings wird von den Mittelschüler:innen im Vergleich zu den Gymnasiast:innen keine für den Unterricht und seine Gestaltung relevante Darlegung von Wissen erwartet, da die Vorträge explizit als Übung des Kommunikationsformats selbst gerahmt werden. Einen weiteren Unterschied zeigt der Vergleich der genannten inhaltlichen Gesprächssituationen: Während für die Mittelschule vorgesehen ist, Gespräche und Situationen adäquat, also erwartungskonform, zu gestalten, die in außerschulischen Kontexten – genannt werden u. a. Bewerbungsgespräche – angesiedelt sind, werden im Gymnasium für den schulisch-unterrichtlichen Kontext selbst Interaktionskulturen erprobt bzw. zum Gegenstand gemacht.

Insgesamt dokumentieren sich hier divergierende Bildungs- und Leistungsverständnisse: ein stärker reproduzierendes gegenüber einem gestaltenden und transformierenden. Es liegt nah, dass die Bildungs- resp. Lehr-Lernangebote, die den Schüler:innen unterrichtlich gemacht werden, sich zwischen den Schulformen ebenfalls unterscheiden. Vor dem Hintergrund des bisher rekonstruierten Verständnisses, dass Leistung Ausdruck von unterschiedlichen Begabungen ist und dass die virtualen, sozialen Identitäten der Schüler:innen des Gymnasiums als begabter resp. als leistungsfähiger konzipiert werden als die der Mittelschüler:innen, höhere Leistungen konkretisieren sich hier in Abgrenzung von reproduktiven. Die Differenz dokumentiert sich auch auf der formalen Ebene der Dokumente: Während die Kompetenzziele für das Gymnasium vielfach entlang von Fachbegriffen formuliert sind und auf entsprechende Differenzierungen verweisen, finden sich solche nicht vergleichbar in denen der Mittelschule.

5.7.2 Hamburg

Die fachlichen Kompetenz- bzw. Leistungserwartungen werden in den Hamburger Bildungsplänen, die schulform- und stufenbezogen formuliert sind, beschrieben. Die Hamburger Dokumente sind für die Jahrgänge 5 bis 11 (Stadtteilschule) bzw. 5 bis 10 (Gymnasium) verfasst.

5.7.2.1 Stadtteilschule

Für die Beobachtungsstufe, die die Jahrgänge 5 und 6 umfasst, werden im Dokument für die Stadtteilschule zwei Anforderungsniveaus unterschieden: »Mindestanforderungen« und »erhöhte Anforderungen«. Für die Jahrgänge 8 bis 10 werden drei Formen von Mindestanforderungen unterschieden: »am Ende der Jahrgangsstufe 8 mit Blick auf den mittleren Schulabschluss«, »für den ersten allgemeinbildenden Schulabschluss« und »für den mittleren Schulabschluss«. Um die Ausführungen zum 8. Jahrgang nachvollziehen zu können, sind die Ausführungen, die für die Beobachtungsstufe, die die Jahrgänge 5 und 6 umfasst, einzubeziehen, da sie Erweiterungen gegenüber diesen darstellen (vgl. Hamburg 2011b).

In den tabellarisch dargelegten Dokumenten zu den Kompetenzbereichen werden in der linken Spalte die Mindestanforderungen, die die Schüler:innen am Ende der Klasse 8 nachweisen müssen, dargelegt (▶ Tab. 2). Sie stellen die Grundlage für die Prognose dar, ob vonseiten der Schule erwartet wird, dass die Schüler:innen den Mittleren Schulabschluss erreichen. Diese Spalte ist für die Betrachtungen von Interesse, da sie sich auf den 8. Jahrgang bezieht. Zur Illustration des Aufbaus sind in Tabelle 2 (▶ Tab. 2) alle Spalten dargelegt, in denen die Anforderungen für den ESA, also für das Ende von Klasse 9, und für den MSA, der i.d.R. nach dem 10. Schuljahr absolviert wird, formuliert werden. Im Vergleich zu Bayern sind diese Ziele in Hamburg nicht für einzelne Schuljahre, sondern für die Stufe insgesamt formuliert. Für die Klasse 8, nach der eine Prognose über den weiteren Bildungsweg vonseiten der Schule formuliert wird, heißt dies, dass, wenn die in der ersten Spalte formulierten Ziele nicht erreicht sind, empfohlen wird, einen ESA anzustreben. Zugleich ist es aber möglich, dass die Schüler:innen die Kompetenzen in Klasse 9 noch erwerben und dann prognostiziert wird, dass sie auch den MSA erreichen können. Neben den Ausführungen zur 8. Schulstufe werden die der 6. dargelegt, da die fachlichen Kompetenzen in diesen differenzierter beschrieben sind. Für »Verstehend zuhören« werden für die Klasse 8, mit der Perspektive auf den MSA, in der linken Spalte, wie folgt formuliert:

Tab. 2: Kompetenzbereich »Verstehend zuhören«, Stadtteilschule Hamburg (aus: Hamburg (2011b). Bildungsplan Stadtteilschule Jahrgangsstufen 5–11. Deutsch, hrsg. v. Freie und Hansestadt Hamburg, Behörde für Schule und Berufsbildung, S. 31)

Mindestanforderungen am Ende der Jahrgangsstufe 8 mit Blick auf den mittleren Schulabschluss	Mindestanforderungen für den ersten allgemeinbildenden Schulabschluss	Mindestanforderungen für den mittleren Schulabschluss
Verstehend zuhören – Die Schülerinnen und Schüler		
• erfassen zweckgebunden relevante Informationen, • geben Informationen wieder und hinterfragen sie.	• verstehen wesentliche Aussagen aus gesprochenen Texten und Redebeiträgen, • erfassen auch nonverbale Äußerungen.	• sichern Informationen aus Texten und Redebeiträgen und geben sie wieder.

Die inhaltlichen Ausführungen sind im Zusammenhang mit den Erwartungen, die am Ende der Klasse 6 nachzuweisen sind, zu betrachten, in denen es heißt:

»Die Schülerinnen und Schüler

- hören aufmerksam zu und produzieren angemessene Hörersignale,
- verfolgen an einfachen Kriterien orientiert Redebeiträge und Kurzvorträge und geben Rückmeldungen,
- erkennen in Hörtexten prominente Einzelinformationen,
- verknüpfen in Hörtexten verstreute Informationen miteinander,
- fassen zentrale Aussagen einfacher Hörtexte zusammen,
- geben das Hauptthema auch komplexerer Hörtexte an,

5.7 Lehr-, Bildungs- und Rahmenpläne für das Fach Deutsch des 8. Jahrgangs

- erkennen in Hörtexten Gestaltungsmerkmale, wie z. b. Stimmführung, Sprechpausen, Sprechtempo, musikalische Untermalung, Anzahl der Sprecher,
- erkennen die Sorte eines gehörten Textes, z. B. Märchen, Gedicht, Sachdarstellungen.«

Erhöhte Anforderungen:

- »folgen Gesprächsbeiträgen anderer und verknüpfen sie mit ihrem Vorwissen,
- beobachten kriterienorientiert Redebeiträge und Kurzvorträge und geben Rückmeldungen,
- verstehen in Hörtexten wesentliche Einzelinformationen und verknüpfen verstreute Informationen miteinander,
- erfassen das Hauptthema von Hörtexten,
- erkennen in Hörtexten Gestaltungsmerkmale, wie z. b. Stimmführung, Sprechpausen, Sprechtempo, musikalische Untermalung, Anzahl der Sprecher,
- unterscheiden die Sorte eines gehörten Textes, z. B. Märchen, Gedicht, Sachdarstellung, sofern es sich nicht um Mischformen handelt« (Hamburg 2011b, S. 20).

Die stichwortartig formulierten Leistungserwartungen, die im Kompetenzfeld »Verstehend zuhören« an die Schüler:innen des 8. Jahrgangs – mit Perspektive auf den MSA – formuliert werden, umfassen die Informationsentnahme, die Wiedergabe von Informationen und das Hinterfragen dieser. Diese ergänzen und vertiefen die Erwartungen, die für die 6. Klasse als Mindest- sowie als erweiterte Anforderungen formuliert sind. Sowohl in den Ausführungen zur 6. Klasse als auch in denen zur 8. Klasse mit der Perspektive auf den MSA werden die Schüler:innen als aktiv in der Auseinandersetzung mit den Inhalten und ihr Vorwissen aufgreifende Akteur:innen konzipiert. Gegenüber der 6. Klasse unterscheiden sich die Anforderungen der 8. Klasse mit Perspektive auf den MSA insofern, als das Hinterfragen der dargelegten Informationen, das für eigene Positionierungen und kritisches Mitdenken steht, erwartet wird. Während die Erwartungen in der 6. Klasse reproduktiv ausgerichtet sind, ebenso wie die für den ESA am Ende von Klasse 9, werden eigene Positionierungen und das Hinterfragen als Erwartung für den MSA formuliert. Hier dokumentiert sich – im direkten Vergleich und mit Perspektive auf die hierarchische Relation der Schulabschlüsse – ein Leistungs- und Bildungsverständnis, in dem eigene Positionierungen und Perspektivierungen auf Themen und Inhalte gegenüber reproduktiven Auseinandersetzungen als höherwertige Leistung konzipiert werden.

Für den Kompetenzbereich »Zu anderen sprechen« werden nachfolgend die Erwartungen am Ende der Klasse 8 genannt, die für eine Empfehlung, einen MSA zu erreichen, an die Mindestanforderungen des 6. Jahrgangs anknüpfen (▶ Tab. 3).

Tab. 3: Kompetenzbereich »Zu anderen sprechen«, Stadtteilschule Hamburg, Klasse 6 und 8 (aus: Hamburg (2011b). Bildungsplan Stadtteilschule Jahrgangsstufen 5–11. Deutsch, hrsg. v. Freie und Hansestadt Hamburg, Behörde für Schule und Berufsbildung, S. 20, 31)

Mindestanforderungen am Ende der Jahrgangsstufe 8 mit Blick auf den mittleren Schulabschluss	Mindestanforderungen am Ende der Jahrgangsstufe 6
<div align="center">Zu anderen sprechen Die Schülerinnen und Schüler</div>	
• äußern sich sachgerecht in der Standardsprache, • wenden verschiedene Formen mündlicher Darstellung an.	• verhalten sich in unterschiedlichen alltagsbezogenen Sprechsituationen weitgehend intentions-, sach- und situationsgerecht, • sprechen deutlich artikuliert, überwiegend gemäß den Normen der Standardsprache, • kennen und nutzen verschiedene Formen mündlicher Darstellung auf verständliche Weise, z. B. Erzählen, Beschreiben, Informieren, Erklären, Argumentieren, Instruieren. D. h., sie – erzählen weitgehend kohärent über eigene Erlebnisse und Erfahrungen, – stellen einfache Sachverhalte verständlich dar und geben Erklärungen, – formulieren eigene Meinungen und Wünsche und vertreten sie in

5.7 Lehr-, Bildungs- und Rahmenpläne für das Fach Deutsch des 8. Jahrgangs

Tab. 3: Kompetenzbereich »Zu anderen sprechen«, Stadtteilschule Hamburg, Klasse 6 und 8 (aus: Hamburg (2011b). Bildungsplan Stadtteilschule Jahrgangsstufen 5–11. Deutsch, hrsg. v. Freie und Hansestadt Hamburg, Behörde für Schule und Berufsbildung, S. 20, 31) – Fortsetzung

Mindestanforderungen am Ende der Jahrgangsstufe 8 mit Blick auf den mittleren Schulabschluss	Mindestanforderungen am Ende der Jahrgangsstufe 6
	Ansätzen strukturiert und mit Begründungen, • verwenden gelernte Fachbegriffe.

Für das Kompetenzfeld »Zu anderen sprechen« werden für das 8. Schuljahr mit Perspektive auf den MSA die Erwartungen formuliert, die – wie die der 6. Klassen ebenfalls – die Seite der Sprechenden fokussieren und ihre Gestaltungsleistungen in Gesprächen. Inhaltlich umfassen diese neben Alltagssituationen auch Vortragsformate, in denen andere Schüler:innen im Unterricht informiert werden, ihnen etwas erzählt oder beschrieben wird. Weiter wird als Leistung bzw. Bildung konzipiert, dass die Schüler:innen eigene Meinungen vertreten und diese (strukturieren und) begründen sowie im Unterricht erlernte Fachbegriffe anwenden. Die Schüler:innen sollen zudem nachweisen, dass sie in unterschiedlichen Gesprächssituationen und mit verschiedenen Interaktionspartner:innen adäquat kommunizieren können. Die Schüler:innen werden hier zwar wesentlich als aktiv gestaltende Akteur:innen in Gesprächen verstanden, diese aktive Gestaltung zeichnet sich jedoch v. a. durch eine adäquate und erwartungskonforme Gestaltung aus. Der mehrfache Verweis auf die Verwendung der Standardsprache wirft dabei die Frage auf, von welchen dialektalen Abweichungen in dem norddeutschen Kontext ausgegangen wird. Im Vergleich zu den Erwartungen der 6. Klasse finden sich für den ESA Mindestanforderungen, die reproduktiv ausgerichtet sind.

Für das Kompetenzfeld »Vor anderen sprechen« werden für die 6. Klassenstufe folgende Mindestanforderungen formuliert:

»Die Schülerinnen und Schüler

- bereiten mit Hilfe Kurzvorträge/Präsentationen mit Notizen und ggf. Vorformulierungen vor,
- halten zu einem strukturell einfachen Thema stichwort- und ggf. mediengestützt einen kurzen, weitgehend kohärenten Vortrag,
- sprechen vor anderen weitgehend standardsprachlich« (Hamburg 2011b, S. 20).

Für die 8. Klasse lauten die Mindestanforderungen, um eine MSA-Empfehlung zu erhalten, wie folgt:

»Die Schülerinnen und Schüler

- tragen literarische Texte sinngestaltend vor (frei und nach Vorlage),
- leisten freie Redebeiträge, z. B. Darstellung von Gruppenarbeitsergebnissen,
- halten Kurzvorträge/Referate mithilfe eines Stichwortzettels/einer Gliederung« (Hamburg 2011b, S. 31).

Die Leistungserwartungen, die an die Schüler:innen der Stadtteilschule in der Sekundarstufe I resp. dem 8. Schuljahr mit Perspektive auf den MSA gestellt werden, greifen inhaltlich wesentlich schulisch-unterrichtliche Situationen auf, in denen Präsentationen und Vorträge mithilfe von »Stichwortzetteln und ggf. Vorformulierungen« auszuarbeiten und zu gestalten sind. Neben selbst gewählten Themen sollen vorgegebene bearbeitet und Ergebnisse aus Gruppenarbeiten präsentiert werden. Dabei sollen Fachbegriffe verwendet und frei gestaltete Redebeiträge geleistet werden. Den Erwartungen liegt ein Lern- und Leistungsverständnis zugrunde, das die Schüler:innen als aktiv gestaltende der Präsentationen und auch des Unterrichts versteht.

Die ableistische Figur, dass es sich um lautsprachlich verstandene Kommunikation handelt, die hier beschrieben wird, zeigt sich hier vergleichbar zu den Ausführungen Bayerns.

5.7.2.2 Gymnasium

Der gymnasiale Bildungsplan für das Fach Deutsch folgt einem vergleichbaren Aufbau wie der der Stadtteilschule, allerdings werden in der Tabelle (▶ Tab. 4) die Mindestanforderungen für das Ende der Klassen 6

5.7 Lehr-, Bildungs- und Rahmenpläne für das Fach Deutsch des 8. Jahrgangs

und 8 sowie für den Übergang in die Studienstufe dargestellt. In der ersten Spalte sind die Anforderungen formuliert, die zum Ende der 6. Klasse zu erfüllen sind, um perspektivisch in die (gymnasiale) Studienstufe wechseln bzw. den schulischen Bildungsweg am Gymnasium in der Sekundarstufe I fortsetzen zu können. In der Zweiten werden die Erwartungen genannt, die am Ende der 8. Klasse nachzuweisen sind, um den schulischen Bildungsweg in der gymnasialen Oberstufe, also nach Klasse 10, fortsetzen zu können, und in der dritten sind die Leistungserwartungen formuliert, die zum Ende der 10. Klasse, ebenfalls mit dem Ziel des Übergangs in die gymnasiale Oberstufe, nachzuweisen sind.

Für den Bereich »Verstehend zuhören« wird formuliert:

Tab. 4: Kompetenzbereich »Zuhörend verstehen«, Gymnasium Hamburg (aus: Hamburg (2011a). Bildungsplan Gymnasium Sekundarstufe I. Deutsch, hrsg. v. Freie und Hansestadt Hamburg, Behörde für Schule und Berufsbildung, S. 18)

Mindestanforderungen mit Blick auf den Übergang in die Studienstufe am Ende der Jahrgangsstufe 6	Mindestanforderungen mit Blick auf den Übergang in die Studienstufe am Ende der Jahrgangsstufe 8	Mindestanforderungen für den Übergang in die Studienstufe
Verstehend zuhören Die Schülerinnen und Schüler		
• folgen Gesprächsbeiträgen anderer und verknüpfen sie mit ihrem Vorwissen, • beobachten kriterienorientiert Redebeiträge und Kurzvorträge und geben Rückmeldungen, • verstehen in Hörtexten wesentliche Einzelinformationen und verknüpfen verstreute Informationen miteinander,	• berücksichtigen die Redebeiträge anderer für ihre eigene Argumentation, • erfassen Inhalte, Strukturen und Gestaltungsmittel eines Hörtextes.	• fassen Gesprächsbeiträge anderer in sachlich angemessener Form zusammen, • folgen einem längeren Vortrag und machen sich Notizen, • erfassen Inhalte, Strukturen und Gestaltungsmittel eines komplexeren Hörtextes.

Tab. 4: Kompetenzbereich »Zuhörend verstehen«, Gymnasium Hamburg (aus: Hamburg (2011a). Bildungsplan Gymnasium Sekundarstufe I. Deutsch, hrsg. v. Freie und Hansestadt Hamburg, Behörde für Schule und Berufsbildung, S. 18) – Fortsetzung

Mindestanforderungen mit Blick auf den Übergang in die Studienstufe am Ende der Jahrgangsstufe 6	Mindestanforderungen mit Blick auf den Übergang in die Studienstufe am Ende der Jahrgangsstufe 8	Mindestanforderungen für den Übergang in die Studienstufe
• erfassen das Hauptthema von Hörtexten, • erkennen in Hörtexten Gestaltungsmerkmale, wie z. B. Stimmführung, Sprechpausen, Sprechtempo, musikalische Untermalung, Anzahl der Sprecher, • unterscheiden die Sorte eines gehörten Textes, z. B. Märchen, Gedicht, Sachdarstellung, sofern es sich nicht um Mischformen handelt.		

Die Anforderungen, die am Ende der Beobachtungsstufe erreicht sein müssen, werden für das 8. Schuljahr um das interaktive Element, die Äußerungen von Gesprächspartner:innen in den eigenen Beiträgen zu berücksichtigen, das inhaltliche Verständnis sowie die »Gestaltungsmittel« von Hörtexten – also statt von realen Personen gesprochene oder gelesene Texte, digitalisiert und medial aufbereitet –, zu erfassen, erweitert. Die Erwartungen zum Ende der 6. Klasse greifen neben interaktivem Zuhören auch aktive Formen der Auseinandersetzung mit dem Gehörten auf. Weiter wird erwartet, dass die Schüler:innen Textsorten erkennen und unterscheiden können, ebenso wie Gestaltungsmerkmale. Die Leistungserwartungen, die an die Schüler:innen gestellt werden, konzipieren diese als aktiv zuhörende, die Gesagtes mit eigenem Vorwissen verknüpfen.

5.7 Lehr-, Bildungs- und Rahmenpläne für das Fach Deutsch des 8. Jahrgangs

Weiter sollen sie – dies ist wortidentisch mit den Ausführungen zur Stadtteilschule – Gestaltungsmerkmale von Hörtexten erkennen und Textsorten unterscheiden. Es dokumentiert sich ein Verständnis von Leistung, das neben reproduktiven Elementen v.a. eigene Positionierungen und Auseinandersetzungen mit den Inhalten umfasst.

Für die Kompetenzfelder »Vor« und »Zu anderen sprechen«, die hier zusammen betrachtet und analysiert werden, sind für den gymnasialen Bildungsgang folgende Ziele vorgesehen (▶ Tab. 5):

Tab. 5: Kompetenzbereiche »Zu« und »Vor anderen Sprechen«, Gymnasium Hamburg (aus: Hamburg (2011a). Bildungsplan Gymnasium Sekundarstufe I. Deutsch, hrsg. v. Freie und Hansestadt Hamburg, Behörde für Schule und Berufsbildung, S. 17f.)

Mindestanforderungen mit Blick auf den Übergang in die Studienstufe am Ende der Jahrgangsstufe 6	Mindestanforderungen mit Blick auf den Übergang in die Studienstufe am Ende der Jahrgangsstufe 8
Zu anderen sprechen Die Schülerinnen und Schüler	
• verhalten sich in unterschiedlichen alltagsbezogenen Sprechsituationen überwiegend intentions-, sach- und situationsgerecht, • sprechen deutlich artikuliert gemäß den Normen der Standardsprache, • erzählen, beschreiben, informieren, erklären, argumentieren, instruieren weitgehend kohärent, • verwenden gelernte Fachbegriffe weitgehend angemessen.	• berichten in strukturierter Form und in sachgerechter Sprache über komplexere Vorgänge, • formulieren eigene Stellungnahmen zu strittigen Fragen, • begründen ihre Behauptungen und erläutern sie durch Beispiele, • informieren über Sachverhalte (auch aus anderen Fachgebieten) zuhörergerecht und unter Verwendung der erforderlichen Fachtermini, • formulieren Anliegen, Beschwerden, Entschuldigungen situationsangemessen.
Vor anderen sprechen Die Schülerinnen und Schüler	
• bereiten mit Unterstützung Kurzvorträge/Präsentationen mithilfe eines Stichwortzettels vor,	• halten zu klar umgrenzten Problemstellungen kürzere Vorträge, in

Tab. 5: Kompetenzbereiche »Zu« und »Vor anderen Sprechen«, Gymnasium Hamburg (aus: Hamburg (2011a). Bildungsplan Gymnasium Sekundarstufe I. Deutsch, hrsg. v. Freie und Hansestadt Hamburg, Behörde für Schule und Berufsbildung, S. 17 f.) – Fortsetzung

Mindestanforderungen mit Blick auf den Übergang in die Studienstufe am Ende der Jahrgangsstufe 6	Mindestanforderungen mit Blick auf den Übergang in die Studienstufe am Ende der Jahrgangsstufe 8
• stellen Gruppenarbeitsergebnisse vor, • nutzen auf einfache Weise Präsentationstechniken (Tafel, Folien, Plakate), • verwenden gelernte Fachbegriffe in der Regel richtig.	elementarer Weise unterstützt von Medien, • lesen einen unbekannten Text sinngestaltend vor.

Im Vergleich zu den vorherigen Kompetenzbereichen zeigen sich für diese neben den wortidentischen Formulierungen, auch unterschiedliche gegenüber den Dokumenten der Stadtteilschule. So wird von den Gymnasiast:innen erwartet, dass sie Vorträge und Präsentationen frei und/oder mit einem »Stichwortzettel« gestalten. Die Formate der Vorträge und Präsentationen sind auf schulisch-unterrichtliche Gesprächssituationen gerichtet, in denen die Schüler:innen Arbeitsergebnisse aus Gruppenarbeiten, unterstützt mit Medien und unter Verwendung von Fachbegriffen, konzipieren und durchführen. Zudem wird von dieser Schüler:innengruppe erwartet, dass sie unbekannte Texte sinngestaltend vorlesen können. Es dokumentieren sich Verständnisse von Leistung und Lernen, die die Schüler:innen als aktiv gestaltende des Unterrichts und neben der Reproduktion von Inhalten sich kritisch mit den dargebotenen Inhalten auseinandersetzende und Stellung beziehende Akteur:innen konzipiert. Sie sollen (lernen), eigene Positionen ein(zu)nehmen und diese gegenüber anderen (zu) vertreten ebenso wie Sachverhalte dar(zu)legen. Weiter wird von ihnen erwartet, dass sie in unterschiedlichen Gesprächskontexten adäquat handeln und gelernte Fachbegriffe sowie die »Standardsprache« verwenden.

5.7 Lehr-, Bildungs- und Rahmenpläne für das Fach Deutsch des 8. Jahrgangs

Die ableistische Figur der Fokussierung auf Hören und verbales Sprechen dokumentiert sich hier auch, da andere Kommunikationssysteme keine Berücksichtigung bzw. Nennung finden.

5.7.2.3 Vergleich Stadtteilschule und Gymnasium

Der Vergleich der Bildungspläne für die Sekundarstufe I für das Fach Deutsch der Stadtteilschule und des Gymnasiums zeigt, dass diesen ein Leistungs- und Bildungsverständnis zugrunde liegt, die reproduktive und Transferelemente sowie eigene Positionierungen umfassen. Schüler:innen, die den MSA und/oder das Abitur anstreben – bzw. von denen schulischerseits erwartet wird, dass sie diese Abschlüsse erreichen können –, sind gefordert, alle drei Aspekte zu bedienen. Für den ESA hingegen, den hierarchisch niedrigsten Schulabschluss, werden v. a. reproduktive Elemente erwartet. Über diese Gemeinsamkeit, die sich auf den MSA bezieht, zeigt der Vergleich zu den Leistungserwartungen des Gymnasiums, dass auch zusätzliche Inhalte erwartet werden, wie das Vorlesen unbekannter Texte und frei gesprochene Referate – gegenüber der Möglichkeit in der Stadtteilschule, dies mit vorformulierten Ausführungen zu tun – zu gestalten. Zusammenfassend dokumentieren sich Leistungs- und Bildungsverständnisse, die eigene Positionierungen und Selbstständigkeit höher bewerten als reproduktive sowie virtuale, soziale Identitäten von Schüler:innen, die entlang schulform- bzw. bildungsgangspezifischer unterschieden werden.

5.7.3 Vergleich Bayern und Hamburg

Der Vergleich der Ausführungen Bayerns und Hamburgs zeigt, dass die Leistungserwartungen sowie die Bildungsprogramme, mit denen die Schüler:innen schulisch-unterrichtlich angesprochen werden, sich nicht nur inhaltlich gleichen, was unter Bezugnahme auf die KMK-Dokumente naheliegend ist, sondern auch vergleichbar hierarchisierte Unterscheidungen von Leistungen und Bildung aufgerufen werden. Leistung bzw. Bildung wird als höher bewertet, wenn sie neben reproduktiven Elementen durch Anwendung und Transfer auch eigene Positionierungen umfasst. Diese werden v. a. von den Schüler:innen des gymnasialen Bildungsgangs erwartet. Von Schüler:innen der anderen Bildungsgänge, v. a. mit der Perspektive, den ESA zu erreichen, wird nicht vergleichbar erwartet, dass sie sich auch kritisch und hinterfragend mit Inhalten auseinandersetzen. Vielmehr wird von ihnen erwartet, dass sie Gehörtes korrekt wiedergeben und Inhalte und Themen verstehen, während die Weiterbearbeitung und Positionierung zu diesen Inhalten nur marginal vorgesehen ist bzw. erwartet wird. Dies markiert eine deutliche Diskrepanz gegenüber den gymnasial formulierten Erwartungen, die über dieses reproduzierende Verständnis deutlich hinausweisen. Es ist anzunehmen, dass sich auch die unterrichtlich gestalteten Angebote, die eine entsprechende lernende Auseinandersetzung ermöglichen, in den Schulen resp. Bildungsgängen unterscheiden.

Vor dem Hintergrund des letztgenannten Aspekts unterscheiden sich, trotz der Gemeinsamkeiten, die Situation der Schüler:innen an Hamburgs Stadtteilschulen von der an bayrischen Mittelschulen insofern, als erstgenannte gemeinsam mit Schüler:innen einen Bildungsgang besuchen, der Positionierungen und eigene Meinungen von ihnen erwartet. Mithin kann davon ausgegangen werden, dass sie in ihrem Unterrichtsalltag Möglichkeiten haben, diese Kompetenzen zu erwerben und zu erlernen – oder zu beobachten. Die Stadtteilschule als Schulform, die von Schüler:innen mit sehr unterschiedlichen Begabungen resp. Leistungsfähigkeiten – so die Terminologie der schulischen Dokumente – besucht wird, unterscheidet sich in dieser Hinsicht von den anderen hier betrachteten.

In allen Dokumenten wird von Schüler:innen ausgegangen, die hören und verbalsprachlich kommunizieren können. Gleiches gilt für ihre imaginären oder realen Gesprächspartner:innen. Obwohl alle vier Dokumente nach der Ratifizierung der *UN-Konvention über die Rechte von Menschen mit Behinderungen* (United Nations 2006, 2008) entstanden sind, mit der sich Bund und Länder u. a. dazu verpflichtet haben, Sprache nicht allein als Lautsprache zu verstehen, sondern gebärdensprachliche und weitere Kommunikationsformen als gleichwertig anzuerkennen und nicht zu diskriminieren. Hier dokumentiert sich, wie eine Metapher, dass den Dokumenten das Konstrukt eines:r ›Normalschülers:in‹ zugrunde liegt, der:die verbalsprachlich mit einer verbalsprachlichen Umwelt interagiert. Dass Interaktions- und Kommunikationssituationen deutlich komplexer sind, wenn z. B. Vorstellungssprüche gebärdensprachlicher Schüler:innen mit verbalsprachlich kommunizierenden Betriebsangehörigen gestaltet werden oder andersherum, findet hier keine Berücksichtigung und wird damit implizit zum Problem der Schüler:innen. Weitere Normalitätsannahmen lassen sich in der Idee, Körpersprache einzusetzen, erkennen. Vergleichbar zu anderen Sprachen sind körpersprachliche Elemente nicht nur kulturell und sozial vielfältig, sondern die Annahme einer diesbezüglichen Norm stellt eine Barriere für jene Schüler:innen dar, die nicht sehen und/oder nicht die körperlich-motorischen Möglichkeiten haben, den erwarteten Konventionen zu folgen. Diese Aspekte werden hier nicht thematisiert und/oder reflektiert und werden so zum Problem der davon scheinbar ausschließlich Betroffenen.

5.8 Leistungsbezogene Differenzkonstruktionen in formalen gesellschaftlich-institutionellen, schulischen Dokumenten – eine Zusammenfassung

In diesem, das fünfte Kapitel abschließenden Abschnitt sollen die unterschiedlichen Perspektiven und Facetten der rekonstruierten Leistungsverständnisse und der virtualen, sozialen Identitäten von Schüler:innen, die in den gesellschaftlich-institutionellen resp. bildungspolitischen Dokumenten aufgerufen und in den vorangegangenen sechs Abschnitten dargelegt wurden, zusammenführend und vergleichend betrachtet werden. Dies erfolgt, indem Homologien, also Gemeinsamkeiten, und Differenzen beschrieben werden, mit dem Ziel, die Verständnisse generalisieren und abstrahieren zu können. Als Konstruktion von Leistung werden dabei zusammenfassend die Hervorbringung und auch die gesellschaftlich-institutionell vorgesehenen Bearbeitungsformen verstanden. Letztgenannte werden nicht als deterministisch, sondern als die Praxen und Entscheidungen der schulisch-unterrichtlichen Akteur:innen fremdrahmend verstanden. Die Akteur:innen, v. a. die professionellen, sind in ihren Praxen also gefordert, diese Normen und (Entscheidungs-)Erwartungen der Institution – sowie der Organisation – zu bearbeiten. An diese Ausführungen anschließend, sollen die rekonstruierten Ergebnisse entlang der im zweiten und dritten Kapitel beschriebenen Behinderungs-, der Leistungs-, Inklusions- und Exklusionsverständnisse reflektiert und in ihrer Bedeutung für die schulisch-unterrichtlichen Praxen eingeordnet und diskutiert werden.

Leistung – sowie die mit ihr unmittelbar verbundenen Begriffe Leistungsfähigkeit, Leistungsbereitschaft und Leistungsverhalten – stellt in den betrachteten Ausschnitten aus gesellschaftlich-institutionellen Dokumenten bzw. öffentlichen Diskursen zu Schule und Unterricht *die zentrale* und *primäre Kategorie* dar, entlang derer Schüler:innen beschrieben und voneinander unterschieden werden. Im Unterschied zu weiteren Differenzen, entlang derer die Schüler:innen als verschieden charakterisiert werden, wie z. B. Sprache und Kultur, markiert Leistung den Ausgangs- und Bezugspunkt für unterschiedliche schulisch-unterrichtliche (Entscheidungs-)Erwartungen – neben der besuchten Schulform bzw. des Bildungsgangs und der Modifikation des unterrichtlichen Angebotes sind dies v. a. der zu erreichende Schulabschluss und der damit verbundene schulische Bildungsweg. Es konnten in den Dokumenten mehrere Facetten sowie unterschiedliche Verständnisse von Leistung und Leistungsdifferenzen entlang der nicht-unterrichtsfachlichen sowie für die unterrichtsfachlichen – für das Fach Deutsch – rekonstruiert werden.

Ein Verständnis, das im Sinne einer gesellschaftlichen Denkweise, die den Dokumenten zugrunde liegt, rekonstruiert wurde, von Leistung und Leistungsdifferenzen versteht diese als Ausdruck unterschiedlicher *Begabungen* und *Neigungen* bzw. *Beeinträchtigungen* der Schüler:innen. Unterschiedliche gegebene – angeborene oder natürliche Formen von – Begabungen, Neigungen und Beeinträchtigungen werden als zentrale Erklärungen für die (differenten) schulischen (Nicht-)Leistungen der Schüler:innen konzipiert. Leistung und Leistungsdifferenzen werden also *individuell* verstanden und den Schüler:innen askriptiv zugeschrieben. Dabei werden Leistung, schulisches Lernen und die Leistungsmöglichkeiten der Schüler:innen als abhängig von ihren Begabungen, Neigungen und Beeinträchtigungen und zugleich als wesentlich unabhängig von

5.8 Leistungsbezogene Differenzkonstruktionen – Zusammenfassung

ihren bisherigen Lebenserfahrungen innerhalb und außerhalb von Bildungs- und Erziehungseinrichtungen konzipiert. Die Beschreibung erfolgt im Sinne von Zweit-Codierungen, d. h. im Sinne der Konstruktion »totaler Identitäten« (Goffman 2012, S. 9 ff.), die in den rechtlich fixierten Erst-Codierungen bereits angelegt sind. Dies geht mit dem Verständnis einher, dass die Schüler:innen über von den Einflüssen der Institution unabhängige individuelle Fähigkeiten im Sinne von Begabungen/Beeinträchtigungen verfügen.

Die sozio-ökonomischen, kulturellen, materiellen und sozialen Rahmungen, in denen die Kinder und Jugendlichen leben, aufwachsen und sozialisiert werden, werden ebenso wie die schulisch-unterrichtlichen und pädagogischen Angebote der von ihnen besuchten vor- und (grund-)schulischen Einrichtungen, als Unterschiede erklärend nicht herangezogen. Dieses Leistungs- und Bildungsverständnis liegt den bayrischen Dokumenten resp. den Ausschnitten, die aus diesen analysiert wurden, im Sinne einer Denkweise zugrunde. Sie rahmt die unterschiedlichen Facetten sowie die (Entscheidungs-)Erwartungen, die bezogen auf schulische Bildungswege innerhalb der einzelnen Schulen zu bearbeiten sind (z. B. Wechsel und Übergänge). Dieses Leistungsverständnis, das als ableistisch bezeichnet werden kann, findet sich auch in den Dokumenten aus Hamburg, allerdings stellt es dort nur eines dar, das in Verbindung mit einem weiteren aufgerufen wird.

Dieses zweite rekonstruierte Leistungsverständnis versteht die Leistung von Schüler:innen zwar ebenfalls individuell, aber (auch) als Ergebnis der schulisch-unterrichtlichen und pädagogischen Angebote. Letztgenannte werden dabei als von den Lehrpersonen modifizierbar und auf die individuellen Bedürfnisse der Schüler:innen abstimmbar verstanden. Das heißt, die Leistung wird *interaktiv* als Zusammenspiel von pädagogischem Lehrangebot und dem Lernen der Schüler:innen verstanden. Die Individualität der Schüler:innen, die die Lehrpersonen in ihrer Unterrichtsgestaltung berücksichtigen sollen, fokussieren v. a. schulische Leistung(sdifferenzen) und das Erreichen schulischer Leistungserwartungen. Beide Verständnisse, das soziale oder kulturelle Leistungsverständnis und das individualisierte – die im Widerspruch zueinanderstehen stehen –, werden in den Hamburger Dokumenten angeführt bzw. liegen diesen als Denkweise zugrunde. Die Verbindung der beiden Verständnisse erfolgt v. a.

dadurch, dass die Begabungen/Beeinträchtigungen der Schüler:innen als Voraussetzung für deren Entfaltung in interaktiven Zusammenhängen konzipiert werden, die ihrerseits Grenzen der schulisch-unterrichtlichen bzw. pädagogischen (Modifikations-)Möglichkeiten der Angebote darstellen. Dieses rahmt die pädagogischen Modifikationsmöglichkeiten der individuell ausgerichteten Förderung zur Überwindung individueller Beeinträchtigungen als begrenzt bzw. limitiert. Entsprechend stellt das individuelle Verständnis den primären Rahmen der Orientierung dar, dem die sozialen und kulturellen nachgeordnet sind. In der Gleichzeitigkeit der unterschiedlichen Verständnisse deutet sich gegenüber einem ausschließlich individualisierten Verständnis auch ein Handlungsspielraum für die Lehrpersonen an. Wie groß dieser ist und von den Lehrpersonen als ein solcher verstanden und erfahren wird, können nur empirische Vergleiche zeigen.

Zusammenfassend kann festgehalten werden, dass die rekonstruierten Leistungsverständnisse und die damit verbundenen virtualen, sozialen Identitäten der Schüler:innen diese wesentlich als Ergebnis individueller Begabungen und Beeinträchtigen verstehen. Dabei zeigen diese Parallelen zu dem individuellen Modell von Behinderung (▶ Kap. 2.1): Begabung und Beeinträchtigung, die differente Leistung erklären, werden v. a. als individuelle Merkmale verstanden, die – einem naturwissenschaftlichen Verständnis folgend – in den Personen, also den Schüler:innen verortet sind und ihnen mehr oder weniger schulische Leistungsmöglichkeiten eröffnen. Begabung stellt dabei einem alltagssprachlichen Verständnis folgend, eine positive Eigenschaft dar, während Beeinträchtigung konträr dazu negativ belegt ist – und einander auszuschließen scheinen.

Dass sowohl Begabung als auch Beeinträchtigung Ergebnisse kultureller Konstruktionen sind bzw. Ausdruck fähigkeitsbezogener Normalitäts- und Abweichungsannahmen, wie dies im sozialen, v. a. aber im kulturellen Modell von Anne Waldschmidt (2005) formuliert wird, findet sich weder in den untersuchten Ausschnitten der schulisch-institutionellen Dokumente aus Bayern noch in denen aus Hamburg. Die rekonstruierten Perspektiven, die individuelle Begabungen und Beeinträchtigungen als wesentliche Erklärung für Leistungsdifferenzen sehen, stehen im Widerspruch zu den erziehungs- und sozialwissenschaftlichen Theorien und empirisch generierten internationalen wie nationalen Studien, die

5.8 Leistungsbezogene Differenzkonstruktionen – Zusammenfassung

einen Zusammenhang zwischen den sozialen, materialen und kulturellen Bedingungen des Aufwachsens und dem schulischen Leistungsverständnis und auch dem, was gemeinhin als schulischer Erfolg verstanden wird, aufzeigen (vgl. z. B. Lange-Vester & Redlich 2010; Schroeder 2015; Wellgraf 2011) und zur UN-BRK, die Barrieren der Partizipation ebenfalls in gesellschaftlichen und sozialen Zusammenhängen verortet (vgl. Bielefeldt 2009). Wenngleich der Zusammenhang zwischen der sozial-materialen Situation und der schulischen Leistung einzelner Schüler:innen nicht kausal ist, so fällt doch – insbesondere im internationalen Vergleich – auf, dass die Passungsmöglichkeiten von Schüler:innen unterschiedlicher sozio-ökonomischer Milieus gegenüber den schulisch-unterrichtlichen Erwartungen in Deutschland unterschiedlich stark ausgeprägt ist (vgl. OECD 2018a).

Neben der Individualisierung – und ihrer eingeschränkten Relationierung – konnte in den Dokumentausschnitten aus Bayern und Hamburg ein hierarchisches Verständnis von Leistung rekonstruiert werden. Dieses entfaltet sich an der Gruppe von Schüler:innen, die den gymnasialen Bildungsgang besucht, resp. den virtualen, sozialen Identitäten. Sie stellt dabei eine Art Schüler:innen-Ideal, eine schulkonforme Schüler:inneidentität oder auch eine ›Leistungsnorm‹ dar, von der die anderen Gruppen graduell in ihrer Begabung oder grundsätzlich durch ihre Beeinträchtigung – und in der Folge Leistung – als negativ abweichend konzipiert werden. Die Gymnasiast:innen werden entlang ihres kontinuierlichen und ausgeprägten Leistungs- und Lerninteresses, ihrer Begabung und ihrer durchgängig hohen Leistungsbereitschaft beschrieben. Dies sind zugleich jene Charakteristika, die sie zu sogenannten gymnasial geeigneten Schüler:innen machen. Diese Ideal- und Normbilder von Schüler:innen lassen sich mit Dieter Katzenbach (2004, S. 86) als »durchgängig mittelschichts-orientiert« beschreiben. Als solche bestätigen und differenzieren sie die Ergebnisse von Pierre Bourdieu und Jean-Claude Passeron (1971) sowie von Hans-Günther Rolff (1997), die aufzeigen, dass v. a. die Angepasstheit an das System, also das Erfüllen der Leistungs- und Verhaltenserwartungen, vorteilhaft für den schulischen (Leistungs-)Erfolg sind. Die Orientierung an Leistung und Leistungsbereitschaft verweist dabei auch auf ein meritokratisches Verständnis, das jedoch eingeschränkt bzw. limitiert wird, durch die Annahme der ›natürlichen Begabungen‹ der Schüler:innen.

Die Idealnorm, die in den Dokumenten von den Gymnasiast:innen repräsentiert wird, verweist dabei auch auf das Selbstverständnis der gesellschaftlichen Institution Schule insgesamt: Dieses zeichnet sich dadurch aus, dass schulische Bildung v. a. in der Auseinandersetzung mit fachlichen Inhalten liegt, verbunden mit dem Ziel, diese möglichst abstrakt zu verstehen und eigene Positionierungen zu Themen zu formulieren und gegenüber anderen zu vertreten. Dieser primären Aufgabe von Schule kommt v. a. das Gymnasium nach, während die anderen Schulformen bzw. Bildungsgänge diesem Ideal gemäß der zugrunde liegenden Denkweise nicht vergleichbar entsprechen (können), da sie gefordert sind, die nicht vergleichbar vorhandene Leistungsfähigkeit ihrer Schüler:innen mithilfe kompensatorischer Programmatiken erst herzustellen. Als pädagogisch gerahmte Ziele werden u. a. Anerkennung und Stärkung der Persönlichkeit genannt, die den fachlichen dabei implizit gegenübergestellt und in den nicht-gymnasialen Bildungsgängen vorgeordnet werden. Die Ausführungen zu den Schüler:innen des Gymnasiums decken sich dabei mit den Beschreibungen, die Kerstin Rabenstein und Sabine Reh (2009) für die »selbstständige Schülerin« in erziehungswissenschaftlichen Texten rekonstruiert haben und die als normative Vergleichsfolie für die Betrachtung aller Schüler:innen dient. Die nicht-gymnasialen Schüler:innen entsprechen diesem Ideal nicht vergleichbar umfänglich wie die Gymnasiast:innen und werden ihrerseits graduell und damit hierarchisch von ihnen unterschieden.

Die Gruppen von Schüler:innen, die zwar auch als leistungsfähig angesehen werden, allerdings nicht in vergleichbarer Ausprägung wie die Gymnasiast:innen, sind die Mittelschüler:innen in Bayern sowie die Stadtteilschüler:innen in Hamburg, die den ESA und/oder den MSA anstreben. Die Schüler:innen dieser Gruppen benötigen – im Vergleich zu den Gymnasiast:innen – mehr Zeit, größere bzw. andere pädagogische Unterstützung und/oder anders gestalteten Unterricht (Anschauung). Als weitere Gruppe nicht-gymnasialer Schüler:innen, die sich von den genannten unterscheidet, ist eine, deren schulisches Lern- und Leistungsverhalten als problematisch eingeschätzt wird und das mit dem Etikett des sonderpädagogischen Förderbedarfs im Förderschwerpunkt Lernen um-

5.8 Leistungsbezogene Differenzkonstruktionen – Zusammenfassung

rissen wird. Die Zuschreibung des sonderpädagogischen Förderbedarfs im Förderschwerpunkt Lernen wird dabei als Folge individueller Beeinträchtigungen konzipiert. Für die nicht-gymnasialen Gruppen werden schulisch-unterrichtliche Programmatiken formuliert, die wesentlich daran ausgerichtet sind, ihre Lern- und Leistungsbereitschaft im schulischen Sinne weiter oder überhaupt zu entwickeln. Dieser kompensatorische Gedanke findet sich in den Dokumenten zur bayrischen Mittelschule sowie dem der Stadtteilschule Hamburgs.

Die hierarchische Unterscheidung der Schüler:innen in unterschiedliche Leistungsgruppen steht im Widerspruch zu den gesellschaftlich formulierten Ansprüchen auf Gleichheit und Gerechtigkeit und erfolgt institutionell mit dem Verweis auf natürliche Begabungs- bzw. Leistungsdifferenzen und ist zugleich Ausdruck einer ableistischen Figur. Die formale Gleichheit aller Gesellschaftsmitglieder – hier der Schüler:innen – wird dabei mit dem Argument »naturgegebene[r] Ungleichheit[en]« (Ongaro Basaglia 1985, S. 84, Anm. TS) unterlaufen. Diese stellt somit die Legitimationsfigur für hierarchisch unterschiedene Bildungsangebote dar, die den Schüler:innen in den unterschiedlichen Schulformen der Sekundarstufe I unterbreitet werden. Diese stellen zugleich De/Gradierungen der Schüler:innen der unterschiedlichen Schulformen dar: Da Schüler:innen mit sogenannten höheren Begabungen vertiefende Bildungsangebote offeriert werden, die über die Reproduktion von Inhalten hinausweisen, werden den anders eingeschätzten Schüler:innen v. a. kompensatorische Angebote gemacht, in denen Transformationen sowie eigene Positionierungen keine vergleichbaren Ziele darstellen. Die Schüler:innen – dies gilt für alle gleichermaßen – werden diesen Denkweisen folgend in der Schule in ein Verständnis »leistungshierarchisch legitimierte[r] Entwertung so genannter ›schlechter‹ Schüler« (Prengel 2013, S. 13, Anm. TS) einsozialisiert. Die rekonstruierten essentialisierenden, leistungsbezogenen Differenzkonstruktionen, die auch als Ausdruck der »Naturalisierung sozialer Tatsachen« (Hünig 2021, S. 41) verstanden werden können, finden in der Gliederung des Schulwesens und den unterschiedlichen Abschlüssen ihre institutionelle Entsprechung. Die Rekonstruktionen zeigen, dass den Schulgesetzen sowie den sie ergänzenden Dokumenten Verständnisse von Leistung zugrunde liegen, die als *ableist divide*, also eine Unterscheidung von Schüler:innen entlang von als ›normal erwarteter Leistung und/oder Leistungsfähigkeit‹ bezeichnet werden können. Die damit verbundenen (Entscheidungs-)Erwartungen an die Praxen der schulischen Akteur:innen sind Ausdruck »klientelbezogener Entscheidungen«, die mit »Biografie- und Identitätskonstruktionen« (vgl. Bohnsack 2017, S. 136f.) der Schüler:innen einhergehen, die von den Lehrpersonen zu begründen und zu legitimieren sind.

Für die gesellschaftlich-institutionelle resp. schulische Bearbeitung der Leistungsdifferenzen sind in den Dokumenten der zwei betrachteten Bundesländer unterschiedliche Vorgehensweisen vorgesehen: Während in der Sekundarstufe I in Bayern die Gruppierung der Schüler:innen entlang ihrer Begabungen/Beeinträchtigungen resp. Leistungsfähigkeit wesentlich durch Schulformen bzw. Bildungsgänge erfolgt, finden sich in Hamburg – kohärent zu den konfligierenden Leistungsverständnissen – mit den Gymnasien und den Sonderschulen sowie ReBBZ Schulformen, zu denen der Zugang ebenfalls exklusiv und auf der Grundlage entsprechender Leistungsnachweise erfolgt, einerseits und mit der Stadtteilschule, die sich an alle Schüler:innen – unabhängig von ihrer Leistungsfähigkeit – richtet, andererseits unterschiedliche und widersprüchliche Bearbeitungsformen. Dabei wird sowohl für das Gymnasium als auch für die Stadtteilschule das Primat formuliert, dass das Nicht-Erreichen schulischer Leistungserwartungen durch individuelle Förderung in der Schule und im Unterricht zu bearbeiten ist – Ausnahmen stellen der Wechsel in die 7. Klasse des Gymnasiums sowie die Sekundarstufe II dar. Diese Widersprüche oder konfligierenden Normen eröffnen, folgt man Ralf Bohnsack, Andreas Bonnet und Uwe Hericks (2022), Freiheitsgrade in der handlungspraktischen Bearbeitung, da die Handlungen der sozialen Akteur:innen nicht vergleichbar einseitig normativ so gerahmt sind, wie dies für das Verständnis in Bayern der Fall rekonstruiert werden konnte. Die konfligierenden Leistungsverständnisse, die sich in Hamburg auch in der Schulstruktur materialisieren, unterstützen – gleiches gilt für Bayern – eine sozio-ökonomische Segregation der Schüler:innenschaft, da diejenigen des ›oberen Leistungsrands‹ überproportional häufig aus sozio-ökonomisch privilegierten Milieus kommen, während die des ›unteren Leistungsrands‹ aus benachteiligten Milieus stammen. Inwiefern eine Überwindung dieser Segregation durch Stadtteilschulen – die neben Gymnasien und Sonderschulen stehen – möglich ist, wäre empirisch zu überprüfen.

5.8 Leistungsbezogene Differenzkonstruktionen – Zusammenfassung

Die den bayrischen Dokumenten zugrunde liegenden Konstrukte von Begabung/Beeinträchtigung und Leistung sind nicht vergleichbar ›gebrochen‹ wie die in Hamburg. Vielmehr sind sie kohärent, da Leistungsdifferenzen als Ergebnis von unterschiedlich ausgeprägten Begabungen und Beeinträchtigungen verstanden werden, die in Schulnoten übersetzt und als solche die Grundlage für das Einschlagen unterschiedlicher Bildungswege, die in Schulformen verortet sind, darstellen. Die zentrale Bedeutung von Noten als Entscheidungsgrundlage im Bildungsverlauf, die nur durch den sogenannten Probeunterricht relativiert werden kann, macht die Schule zu einem »pausenlos funktionierenden Prüfungsapparat« (Foucault 1976, S. 240), durch den seinerseits »*die Individualität dokumentierbar*« (ebd., S. 243, Herv. im Orig.) wird. Wer in den Prüfungen scheitert, wechselt in Bayern »an den nächst niedrigeren Bildungsgang« (Katzenbach 2004, S. 86), der in einer anderen Schulform angesiedelt ist, d. h., die Verantwortung für die Beschulung wird an diese Einrichtungen bzw. Schulen delegiert. Vor diesem Hintergrund wird nachvollziehbar, wenn (schulisches) Lernen von den Schüler:innen als Abwehr potenzieller Bedrohungen in Form von ›schlechten Noten‹ und/oder der Platzierung in einem weniger prestigeträchtigen Bildungsgang erlebt und erfahren wird. Dass dieser Bedrohungsabwehr das Interesse an der fachlichen und gegenständlichen Auseinandersetzung nachgeordnet wird, erscheint naheliegend (vgl. Holzkamp 1995, S. 190 ff.). Die vermeintliche Objektivität der Noten, die ihrerseits in Relation zu den Noten innerhalb einer Schulklasse oder Lerngruppe steht, verbunden mit einer begabungs- und beeinträchtigungsspezifischen Förderung resp. Bildung, versteht auch pädagogische Handlungsmöglichkeiten als begrenzt.

An Karl Mannheim (1995) und Thomas Kuhn (2020) anknüpfend, können die rekonstruierten Ausführungen zu den gesellschaftlich-institutionellen Leistungsverständnissen, die sich trotz ihrer Unterschiedlichkeit durch die Gemeinsamkeit auszeichnen, dass individuelle Begabungen und Beeinträchtigungen Leistungen erklären, als eine epochale gesellschaftliche Denkweise, die gesellschaftlich in weiten Teilen geteilt wird, betrachtet werden. Dass diese Perspektive ebenso wie eine meritokratische in Bezug auf Gleichheit und Gleichberechtigung brüchig ist – wie in den Sozialwissenschaften breit diskutiert –, deutet sich in dem konfligierenden Verständnis an, das in den Hamburger Dokumenten formuliert wird. Allerdings, so die Annahme, würde der gesellschaftliche Widerstand größer sein, wenn die Vorstellung nicht breiter geteilt und/oder Personengruppen Privilegien eröffnen würden, die ein Festhalten an diesem Verständnis gleichermaßen erklären können. Dabei ist davon auszugehen, dass auch Lehrkräfte und Schulleitungen die leistungsbezogenen gesellschaftlichen Vorstellungen resp. Alltagsverständnisse nicht (alle) teilen und, dass sie sich im Rahmen ihres Studiums mit Leistungsverständnissen, die Leistung in Relation zu sozialen, kulturellen und materiellen Bedingungen ihrer Genese einerseits und im Vergleich zu den gesellschaftlich-institutionell formulierten Erwartungen, entlang derer Leistung nachzuweisen ist, andererseits auseinandergesetzt haben. Gleichwohl sind auch die Lehrpersonen in das die Schule rahmende begabungs- und beeinträchtigungsfundierte Verständnis der Erklärung von Leistung in vielerlei Hinsicht einsozialisiert und zählen zu der Gruppe ehemaliger Schüler:innen, die die Schule erfolgreich durchlaufen hat. Weiter haben sie sich mit ihrer Wahl für ein Lehramtsstudium auch für einen Lehramtstyp entschieden – der auf die schulische Struktur bzw. ihre Stratifizierung sowie der damit verbundenen Adressierung einer ausgewählten Schüler:innenschaft aufbaut –, der seinerseits universitär und hochschulisch die Schulstrukturen reproduziert. Denn auch die Unterscheidung der Lehramtsstudiengänge impliziert, dass Schüler:innen sich in ihrem Lern- und Leistungsverhalten so gravierend unterscheiden, dass die Studiengänge spezifisch aufzubauen sind. Bezogen auf schulisch-unterrichtliche Inklusion, verstanden als Reflexion und Abbau bestehender Barrieren und Behinderungen der sozialen und akademischen Partizipation, kann festgehalten werden, dass das Leistungsbzw. das individualisierte Begabungs-/Beeinträchtigungsverständnis des gesellschaftlich-institutionellen Rahmens der Schule diese im Sinne eines ableistischen Konzepts durchzieht.

Dieses Konzept stellt eine zentrale Grundlage für zahlreiche (Entscheidungs-)Erwartungen innerhalb des Schulsystems dar und begründet und legitimiert dabei wesentlich die Exklusion und Segregation von Schüler:innen bzw. deren Zugang zu den hierarchisch unterschiedenen Bildungsgängen und -angeboten. Damit stellt es eine Legitimationsfigur für Separation und Exklusion bereit, die konträr zur Idee der Inklusion steht; und die es, wenn Inklusion das Ziel ist, perspektivisch zu überwinden und abzubauen gilt. Dieser Figur lässt sich – gedankenexperimentell – eine

5.8 Leistungsbezogene Differenzkonstruktionen – Zusammenfassung

gegenüberstellen, die Leistung als Ausdruck und Ergebnis sozialer, kultureller, materialer sowie institutionell-organisatorischer Bedingungen des Aufwachsens und der lernenden Auseinandersetzung versteht. Diesem Verständnis folgend, hat die Institution resp. haben ihre Akteur:innen (pädagogische) Möglichkeiten, die (individuellen) Lernergebnisse der Schüler:innen gestaltend zu beeinflussen.

Dabei sind die Möglichkeiten, wie die Ausführungen zeigen, wesentlich Ergebnisse gesellschaftlicher Prozesse und Rahmungen der schulisch-unterrichtlichen Praxen, die wenngleich von Lehrpersonen vollzogen zu einem nicht unerheblichen Teil gesellschaftlich und v. a. bildungspolitisch gestaltet sind. Als solche sind sie grundsätzlich auch veränderbar. In Deutschland sind in Bezug auf Bildung v. a. die Länder hierfür in der Verantwortung.

An diese Überlegungen anschließend lässt sich fragen, welche Möglichkeiten die schulischen Akteur:innen, v. a. Lehrpersonen und Schulleitungen, haben innerhalb des derzeit gegebenen schulischen Rahmens, einen Unterricht zu gestalten, der allen Schüler:innen soziale und akademische Partizipation eröffnet. Diese Frage steht im Zentrum der Ausführungen des 7. Kapitels (▶ Kap. 7). Zuvor sollen die Leistungsverständnisse, die dem gesellschaftlich-institutionellen Steuerungs- und Entwicklungskonzept der Schule, das in dem Paradigma einer evidenzbasierten Bildungsforschung, -politik und -praxis verankert ist, analysiert und rekonstruiert werden. Sie stellen jenen programmatischen Rahmen dar, in dem eine Vielzahl von Entwicklungen er- und bearbeitet werden sollen.

6 Differenzkonstruktionen im Paradigma und in Programmen evidenzbasierter Bildungsforschung, -politik und -praxis

Der institutionell-gesellschaftliche Rahmen von Schule, Unterricht und professionalisierten Praxen umfasst neben den Schulgesetzen sowie den Lehr-, Bildungs- und Rahmenplänen bildungspolitische Konzepte zu deren Steuerung und Entwicklung. Das aktuell in Deutschland leitende Konzept wird in der »Gesamtstrategie der Kultusministerkonferenz zum Bildungsmonitoring« (KMK 2016) dargelegt. Die evidenzbasierte institutionell-gesellschaftliche Steuerungsstrategie, die in dem Dokument mit dem Begriff des Bildungsmonitorings zusammengefasst wird, wurde erstmals 1997 in den sogenannten Konstanzer Beschlüssen als Idee der KMK formuliert, die neun Jahre später in einer »Gesamtstrategie der Kultusministerkonferenz zum Bildungsmonitoring« systematisiert wurde. Sie wird vielfach als eine Antwort auf die Ergebnisse der deutschen Schulsysteme in den internationalen Vergleichsstudien PISA, TIMSS und IGLU gerahmt (vgl. KMK 2006). Die Etablierung einer evidenzbasierten Bildungssteuerung, die in der Wissenschaft auch als *Neue Steuerung* (vgl. z. B. Altrichter & Maag Merki 2016; Bellmann 2006; Fuchs 2009) bezeichnet wird, stellt den Kern des Dokuments dar. Die 2006 amtierende Präsidentin der KMK sieht einen

> »Paradigmenwechsel in der Bildungspolitik in Deutschland im Sinne von Ergebnisorientierung, Rechenschaftslegung und Systemmonitoring eingeleitet« (KMK 2006, S. 5),

der im Jahr 2016, in dem ein überarbeitetes Dokument erstellt wurde, wie folgt differenziert wird:

> »Als Ausdruck einer neuen Steuerungsphilosophie, die sich an den Ergebnissen von Bildungsprozessen ausrichtet, bildet die Gesamtstrategie seitdem die ge-

meinsame Grundlage für eine evidenzbasierte Bildungspolitik in allen Ländern« (KMK 2016, S. 3).

In diesen zwei kurzen Zitaten aus den je knapp 20-seitigen Dokumenten sind die zentralen Begriffe, die mit der Neuen Steuerung, die auch international in Bildungspolitik, -administration und -forschung an Bedeutung gewonnen hat (vgl. z. B. Döbert 2003; Eisenhart & Towne 2003; Popkewitz 2004), genannt: evidenzbasierte Bildungspolitik, Ergebnis- bzw. Outputorientierung, Rechenschaftslegung und Systemmonitoring. Die mit diesen Begriffen verbundene Steuerungsstrategie findet ihren organisatorischen Ausdruck in Deutschland u. a. in der Teilnahme an international vergleichenden Schulleistungsstudien, der Einführung und Umsetzung von Bildungsstandards, dem Einsatz von Qualitätssicherungsverfahren auf Schulebene und der regelmäßigen und gemeinsamen Bildungsberichterstattung von Bund und Ländern (vgl. KMK 2016); und erfolgt entlang der Ziele, »die Bildungsqualität insgesamt zu erhöhen und gleichzeitig die Bildungschancen für alle Schülerinnen und Schüler zu verbessern« (ebd., S. 5). Dies soll wesentlich durch die »systematische Beobachtung des Bildungssystems« erfolgen, um zu prüfen, »inwieweit Ziele, die in den Rahmenkonzepten bzw. Kompetenzmodellen der internationalen Schulleistungsvergleichsstudien und der Bildungsstandards [...] tatsächlich erreicht werden« (ebd., S. 5). Eine regelmäßige »wissenschaftlich unabhängige Berichterstattung« soll dies, mit dem Ziel, »Stärken und Schwächen bisheriger Entwicklungen« zu analysieren, Handlungsbedarfe zu erkennen sowie »Ansatzpunkte für geeignete Reformmaßnahmen zu erhalten« (ebd., S. 5), eröffnen.

Das der Steuerungsphilosophie zugrunde liegende Paradigma – das sich auf Bildungsforschung, -politik und -praxis gleichermaßen bezieht – sowie die (pädagogischen) Programme, die in ihm verankert sind, umfassen – wie andere wissenschaftliche Zugänge ebenfalls – explizite und implizite Vorstellungen von Leistung, Differenz und Behinderung sowie damit verbundener virtualer, sozialer Identitäten von Schüler:innen und Implikationen für soziale und akademische Partizipation von Schüler:innen(-gruppen) an schulisch-unterrichtlichen Interaktionen. Dem leitenden Verständnis der Praxeologischen Wissenssoziologie folgend, stellt das Steuerungskonzept der KMK ebenso wie die schulischen Dokumente, die in Kapitel 5 (▶ Kap. 5) betrachtet wurden, einen Teil der Normen und (Entscheidungs-)Erwartungen dar, die von den schulischen Akteur:innen im Medium ihres Habitus, ihrer Erfahrungen, wahrgenommen und in ihrer Handlungspraxis bearbeitet werden.

Vor dem Hintergrund der zentralen Bedeutung, die einer evidenzbasierten Bildungspolitik, -praxis und -forschung in den Konzepten und Programmen schulischer, unterrichtlicher und professioneller Steuerung und Entwicklung zukommt, sollen deren Kernannahmen sowie die damit einhergehenden Normen und (Entscheidungs-)Erwartungen, die mit dem Ansatz verbunden sind, vorgestellt und diskutiert werden (▶ Kap. 6.1). Auf diese Einführungen aufbauend, wird im Abschnitt 6.2 (▶ Kap. 6.2) exemplarisch das Programm *Response-to-Intervention* – kurz RTI –, das in dem evidenzbasierten Paradigma begründet ist und u. a. das Ziel der Inklusion von Schüler:innen, denen sonderpädagogischer Förderbedarf attestiert wird, verfolgt (vgl. Fuchs & Fuchs 2006; Huber & Grosche 2012; Vossen & Krizan 2021), betrachtet und das ihm zugrunde liegende Differenzverständnis rekonstruiert werden. Letztgenanntes sowie die mit ihm verbundenen Behinderungen und Benachteiligungen akademischer und sozialer Partizipation stellen gemeinsam mit weiteren »Nebenfolgen« (vgl. u. a. Bellmann, Duževič, Schweizer & Thiel 2016) des Paradigmas einen zentralen Gegenstand der erziehungswissenschaftlichen Auseinandersetzung mit der evidenzbasierten Bildungsforschung und -politik dar.

6.1 Evidenzbasierte Steuerung und Entwicklung von Schule und Unterricht

Evidenzbasierte Bildungsforschung – und die mit ihr konzeptuell direkt verbundene Bildungspolitik ebenso wie die Bildungspraxis – stellt in theoretischer und methodologisch-methodischer Hinsicht eine Diskurslinie der *empirischen Bildungsforschung* dar. Dieser Zweig unterscheidet sich von anderen Strängen dieses erziehungs- oder bildungswissenschaftlichen

6.1 Evidenzbasierte Steuerung und Entwicklung von Schule und Unterricht

Zugangs – der teilweise als »Disziplin« (Gräsel 2011, S. 23/25), als »Fachrichtung« oder als »Methodologie« (Lenzen 2019, S. 13) bezeichnet wird – durch das Verständnis unmittelbarer Verwertungsmöglichkeit der Forschungsergebnisse für bildungspolitische und -praktische Entscheidungen bzw. Handlungen. Um diese, im Vergleich zu anderen weniger relativierenden Positionen der empirischen Bildungsforschung (vgl. Hartmann, Decristan & Klieme 2016), einordnen und nachvollziehen zu können, sollen zunächst kurz die Eckpunkte der empirischen Bildungsforschung dargelegt werden. Anschließend werden die Spezifika der evidenzbasierten Variante dieses Ansatzes ausgeführt. Anders als formale schulische Dokumente, die demokratisch verabschiedet und gültig sind, bis sie durch neue ersetzt werden, sind wissenschaftliche Diskurse bzw. Felder in kontinuierlicher Bewegung und zeichnen sich durch vielfältige unterschiedliche Positionen und Perspektiven aus, die miteinander konkurrieren und sich sowie das jeweilige wissenschaftliche Feld mit ihren Begriffen, Theorien und Methoden weiterentwickeln (vgl. Bourdieu 1992, S. 132 ff.). Für die Darstellung der Ausführungen der »Fachrichtung« (Lenzen 2019, S. 13) der empirischen Bildungsforschung sowie ihrer evidenzbasierten Variante heißt dies, dass unterschiedliche Positionen aufgegriffen werden resp. der Diskurs zusammengefasst dargelegt wird. Dieses Vorgehen unterscheidet sich entsprechend von dem in Kapitel 5 (▶ Kap. 5).

Die Anfänge der heutigen empirischen Bildungsforschung gehen theoretisch und methodologisch-methodisch auf den Beginn des 20. Jahrhunderts zurück und liegen in der experimentellen Pädagogik, die in Abgrenzung zur geisteswissenschaftlichen Tradition der Erziehungswissenschaft u. a. die Ziele verfolgte, Lernprozesse zu verstehen und daraus Regeln für didaktisches Vorgehen abzuleiten (vgl. Thiel 2018). Knapp 100 Jahre später, Ende des 20. Jahrhunderts, hat sich eine empirische Bildungsforschung als teildisziplinärer Zugang innerhalb der Erziehungswissenschaft etabliert (vgl. Maag Merki 2021; Tillmann & Baumert 2016). Strukturell-organisatorisch dokumentiert sich dies in Deutschland u. a. durch die Einrichtung entsprechend denominierter Professuren und/oder Institute an Universitäten und Hochschulen sowie der Gründung einer eigenen Fachgesellschaft. Die Bedeutungssteigerung der empirischen Bildungsforschung stellt dabei v. a. eine bildungs- und wissenschaftspolitische Antwort auf die Kritik dar, die im Anschluss an die Ergebnisse der deutschen Schulsysteme in internationalen Schulleistungsvergleichsstudien, u.a. TIMSS, PISA und IGLU, an denen Deutschland seit Ende der 1990er Jahre teilgenommen hat, formuliert wurde. Zentrale Kritikpunkte waren, dass die Erziehungswissenschaft keine »generalisierbaren und reliablen Ergebnisse« (Müller & Pfrang 2021, S. 410) bereitstelle, die in die Praxis transferiert werden können und der Bildungspolitik als datengestützte Entscheidungsgrundlage dienen. Dies führte zu der Forderung nach »experimentell gestützten kausalen Erklärungen der Effektivität pädagogischer Programme« (Müller & Pfrang 2021, S. 410). Die bildungspolitischen Erwartungen umfassen also nicht nur die Aufforderung an die Erziehungswissenschaft *was* von dieser untersucht werden soll, sondern auch *wie* dies methodologisch-methodisch erfolgen soll. Wenngleich Vertreter:innen der empirischen Bildungsforschung betonen, dass diese sich weder durch ausgewählte Theorien noch Methodologien und Methoden definiere, führen sie auch aus, dass standardisierte, quantitative Zugänge das Forschungsfeld derzeit dominieren (vgl. z.B. Baumert 2016; Maag Merki 2021). Das methodologisch-methodische Verständnis standardisierter Forschung in den Sozialwissenschaften greift auch der evidenzbasierte Zugang auf bzw. er definiert sich maßgeblich hierüber.

Die empirische Bildungswissenschaft versteht sich als ein »Interdisziplinäres Forschungsfeld« (Gräsel 2011, S. 25), an dem v.a. die Psychologie, die Soziologie, die Ökonomie, die Erziehungswissenschaft und die Fachdidaktiken beteiligt sind. Zu den zentralen Gegenständen zählen Vertreter:innen des Ansatzes »Fragen zu individuellen Bildungsprozessen, die als Ergebnis des Zusammenspiels individueller Faktoren, sozialer Konstellationen sowie institutioneller Kontexte verstanden werden« (Maag Merki 2021, S. 42). Diese umfassen neben Kognitionen, motivationalen, emotionalen und volitionalen Dimensionen des Lernens deren Zusammenspiel mit »individuelle[n] Merkmale[n] [...], so beispielsweise de[m] sozioökonomische[n] Status, de[m] Migrationshintergrund oder d[em] Geschlecht der Schüler*innen« (ebd., S. 42, Anm. TS). Jürgen Baumert (2016, S. 217) formuliert die zentrale Fragestellung der empirischen Bildungsforschung ähnlich: »Wie ist Bildung in ihrer historischen Ausprägung rekonstruierbar und möglich?«. Diese ist in einem individuellen Bildungsverständnis verankert, das Bildung als Prozess versteht, der sozial gerahmt und im Austausch mit anderen vollzogen und auf »gesellschaftliche Teilhabe, [...], Kultivierung von Lernfähigkeit und der Selbstkonstruktion der Identität im Lebenslauf verstanden« wird. Dies ist anschlussfähig an psychologische Entwicklungskonzepte, wie z. B. das der Ko-Konstruktion von Entwicklung. In diesen Beschreibungen dokumentiert sich nicht nur ein individuelles Bildungsverständnis, das entlang von Lehr-Lerngelegenheiten, die Schulen und Lehrpersonen bereitstellen, von den Schüler:innen vollzogen wird (vgl. Grünkorn, Klieme & Stanat 2019, S. 266), sondern auch ein individuelles Differenzverständnis sowie eine inhaltliche Fokussierung schulischer Bildungs- bzw. Lehr-Lernprozesse; wenngleich die Themen Schule und Unterricht nicht die einzigen Gegenstände der empirischen Bildungsforschung (vgl. Baumert 2016; Reinders, Ditton, Gräsel & Gniewosz 2015) – wie auch für die evidenzbasierte Variante – darstellen, markieren sie diejenigen, die neben der Lehrer:innenbildung bis dato am intensivsten beforscht sind – dies gilt auch für die evidenzbasierte Variante (vgl. Maag Merki 2021).

Der für den Teildiskurs namensgebende Begriff der Evidenz steht für zweierlei: zum einen für den zentralen erkenntnistheoretischen Zugang, der sich durch ein spezifisches methodologisch-methodisches Verständnis auszeichnet, und zum anderen für das Anliegen einer evidenzbasierten Bildungspraxis- und -politikgestaltung, die sich neben »Überzeugungen, Gewissheiten und Rationalitätslogiken« (Forster 2014, S. 891) für Arbeits- und Organisationsformen durch ein technologisches Verständnis von Wissenschaft, Politik und Praxis auszeichnet (vgl. ebd., S. 892). Der zentrale methodologisch-methodische Zugang des Ansatzes wurde einem, in den 1960er Jahren für die Medizin und Pharmazie entwickelten entlehnt, der die Effektivität der Wirksamkeit von Medikamenten wesentlich durch Kontrollgruppenvergleiche gemessen hat. Dieses Verständnis wurde adaptiert, indem die Wirksamkeit einer (pädagogischen) Maßnahme als evident oder erfolgreich gilt, wenn sie aufseiten der Schüler:innen mehrheitlich das gewünschte Ziel hervorbringt, z. B. ein spezifisches Verhalten oder eine Kompetenz. Vor allem mithilfe »von large-scale Untersuchungen [wird] statistisch fest[gestellt], dass [eine Maßnahme] wirkt« (Tröhler 2019, S. 14, Anm. TS), nicht aber *warum* sie (nicht) wirkt. Dabei werden methodologische Standards und Vorgehensweisen, v. a. entlang des sogenannten Goldstandards, der randomisierte Kontrollgruppenstudien als höchste Erkenntnisstufe ansieht, verwendet. Das Primat oder das Selbstverständnis liegt auf dem skizzierten methodologisch-methodischen Vorgehen, während die theoretischen Bezüge – die v. a. positivistisch und rational-technologisch sind (vgl. Bellmann & Müller 2011; Herzog 2012) – meist unbenannt bleiben. Die theoretischen Zugänge reproduzieren sich dabei auch aus den gewonnenen Verständnissen heraus (vgl. Helsper 2016; Willmann 2020). Im Vergleich zur Praxeologischen Wissenssoziologie (▶ Kap. 4) geht das Verständnis des evidenzbasierten Ansatzes ausschließlich von kommunikativem Wissen aus, das einer rationalen Logik folgt, das reflexiv zugänglich und auch als veränderbar verstanden wird. Das Wissens- und ebenso das Evidenzverständnis folgen mithin einer naturwissenschaftlich-empirischen Logik. Evidenz steht dabei für den Beleg oder Beweis für »Vermutungen oder Theorien« (Bromme, Prenzel & Jäger 2016, S. 131) und gleichzeitig als Ausdruck von Qualität. Es gibt Evidenz mithin nicht per se, sondern nur in Bezug auf Aussagen oder Vermutungen, die für eine »unbezweifelbare Gewissheit« (Herzog 2016, S. 203) stehen. Entsprechend umfassen die Ziele, der zu erreichende Output, einerseits, deren (Nicht-)Erreichung zu überprüfen, und andererseits die Hypothesen, in denen Ursache-Wirkungszusammenhänge konzeptualisiert sind, also inhaltliche Perspektiven und Erwartungen. Diese Perspektivierungen stehen im Widerspruch zu den vielfach kommunizierten Common-Sense-Annahmen, dass es sich um objektives, also weder um situatives Wissen (vgl. Bellmann 2015; Herrmann 2003; Schmidt 2020) noch um kontextualisiertes, das von einer Position – unter mehreren – formuliert wird oder gesellschaftliche und politische Mehrheiten findet. Vielmehr wird in der evidenzbasierten Bildungsforschung davon ausgegangen, dass die ermittelte Evidenz ›neutral‹ oder ›objektiv‹ sei, also jenseits bzw. unabhängig von gesellschaftlichen Interessen und Positionen besteht – und auch die Wissenschaft entsprechend losgelöst von Positionen erfolgt, also standortungebunden agiert. Dies korrespondiert mit einem Verständnis von Pädagogik bzw. pädagogischen Praxen und Prozessen, die »technologiefähig« (Jornitz 2009a, S. 72) oder ›technologisierbar‹ sind. In der Folge bedürfen Entscheidungen keiner Diskurse und/oder demokratischer Legitimationen, da sie »scheinbaren Sachzwängen« folgen (vgl. Forster 2014, S. 900). Dass pädagogische Praxen Handlungszusammenhänge darstellen, die immer wieder neu – und anders – hervorgebracht werden, steht hierzu im Widerspruch.

6.1 Evidenzbasierte Steuerung und Entwicklung von Schule und Unterricht

Exemplarisch lässt sich dies an den Bildungsstandards illustrieren: Sie sind als zu erreichende Lernziele bzw. Output Ausdruck der aktuellen gesellschaftlich-institutionalisierten Vorstellungen, was die heutige junge Generation lernen soll. Dass auch andere Inhalte denkbare Ziele wären, zeigen nicht nur historische, sondern auch internationale Vergleiche von Policies (vgl. z. B. Powell 2011) sowie politischer Programme (vgl. Nikolai & Rothe 2013). Die Ausführungen in Kapitel 5.7 (▶ Kap. 5.7) zeigen u. a., dass die von der KMK formulierten Bildungsstandards in den Bundesländern Bayern und Hamburg auch unterschiedlich in ihren Lehr- bzw. Bildungsplänen aufgegriffen bzw. transferiert wurden. Beide Beispiele machen erkennbar, dass Evidenzaussagen, die auf der Grundlage »experimenteller Forschung«, die mit »randomisierten Kontrollgruppenversuchen« generiert werden, immer Theorien oder theoretische Annahmen – explizit oder implizit – zugrunde liegen, wenn sie »Kausalrelationen« zwischen einem »Treatment und einem Effekt« (Herzog 2016, S. 205) beschreiben. Gemäß wissenschaftlicher Standards sind diese theoretischen Annahmen in Forschungsprozessen – gegenüber anderen Positionen – nicht nur zu explizieren, sondern auch zu relationieren (Bromme et al. 2016).

Der zweite Aspekt, die Evidenzbasierung als Leitkategorie des wissenschaftlichen Zugangs, steht für das enge Zusammenspiel von Bildungspolitik, -forschung und -praxis (vgl. Thompson 2014, S. 98; Tröhler 2019). Dabei ist es Aufgabe der Bildungsforschung, der -politik und der -praxis, Ergebnisse, in Form von Daten und Interpretationen, bereitzustellen, die als Entscheidungsgrundlage für Maßnahmen, Entwicklungen und Perspektiven genutzt werden (vgl. Bromme et al. 2016). Die Verbindung der drei Bereiche steckt dabei in dem Begriff der Evidenz selbst, der mit Qualität gleichgesetzt wird, die in experimentellen Designs nachgewiesen bzw. ermittelt wird. Dies basiert auf dem Verständnis, dass politische ebenso wie pädagogische Entscheidungen ausschließlich einer Rationalitätslogik folgen und stellt zugleich eine »Transformation der gesellschaftlichen Wissensproduktion« (Forster 2014, S. 905) dar. Mit der Neuen Steuerung sind von der Bildungsforschung für die Bildungspolitik und -praxis – die diesen Prinzipien folgen (sollen) – diverse Beobachtungs- und Messinstrumente geschaffen und in Schulen und den Unterricht eingeführt worden, zu denen zentral die Bildungsstandards, die Vergleichsarbeiten und Schulinspektionen zählen. Die mit diesen Überprüfungen einhergehende »Datafizierung« (Förschler & Hartong 2020, S. 42) des Schulischen, die seit der Jahrtausendwende an deutschen Schulen erfolgt, soll der Bildungspolitik sowie den Einzelschulen und den Lehrpersonen methodisch kontrolliert Daten über ihre Organisationseinheit resp. ihren Fall zur Verfügung stellen. Diese Daten sind dann, so die Idee, der Ausgangspunkt für Schul-, Unterrichts- und Professionsentwicklungen. Norbert Maritzen (2014) resümiert knapp 10 Jahre nach der Veröffentlichung der ersten KMK-Strategie zum Bildungsmonitoring, dass es mit dessen Hilfe zwar gelungen ist, die schulischen Problemlagen evidenzbasiert und datengestützt transparent zu machen, deren politische Bearbeitung jedoch daran scheitert, dass – wesentlich auf der Ebene der KMK – die »finanziellen, rechtlichen, ideologischen und standespolitischen« (ebd., S. 406) Interessen der Vertreter:innen der unterschiedlichen Parteien, einer Bearbeitung entgegenstehen.

In dieser doppelten Bedeutung von Methodologie und Steuerungskonzept durch Evidenz kommt das Ziel des Zugangs – der maßgeblich durch die OECD (vgl. Forster 2014) und das deutsche Bundesministerium für Bildung und Forschung, kurz BMBF (2008, 2018), protegiert wird und in den vergangenen 20 Jahren Projekte, die in ihm verankert sind, umfangreicher finanziell gefördert hat, als die anderer theoretischer Zugänge (vgl. BMBF 2018) – zum Ausdruck, das »Technologiedefizit« der Erziehungswissenschaft (Luhmann & Schorr 1982) bzw. das Aushalten von Ungewissheit und Kontingenz pädagogischer Interaktionen (vgl. ebd., 1988, S. 94 ff.) zu überwinden. Dies ist einer jener Kritikpunkte, die von der empirischen Bildungsforschung an die geisteswissenschaftliche Pädagogik, aber auch an die »rekonstruktive oder reflexive Erziehungswissenschaft« (Thiel 2018, S. 37) formuliert wird.

Der enge und linear konzipierte Zusammenhang von Bildungspolitik und -forschung dokumentiert sich nicht nur in den neu geschaffenen Einrichtungen, die als Unterabteilungen oder Dienststellen der Ministerien bzw. Behörden auf Landesebene fungieren, sondern auch in der Idee, dass in diesen Einrichtungen Bildungsforschung im Sinne einer Dienstleistung erbracht wird (vgl. Fickermann 2014). Dieses Wissen soll als Grundlage für politische Entscheidungen herangezogen werden und führt neben bildungspolitischen Veränderungen auch zu solchen im Wissenschaftsverständnis. Das inhärente sowie das explizierte zugrunde liegende Verständnis von Wissenschaft geht davon aus, dass dieses ›objektives‹ und ›neutrales Wissen‹ bereitstellt – das nicht kontextualisiert und/oder situiert ist. Neben den direkten und unmittelbaren Gestaltungsmöglichkeiten der Bildungspolitik bestehen mittelbare durch die Bereitstellung von Finanzmitteln sowie durch das Verfassen von Gutachten und Stellungnahmen (vgl. Füssel 2019).

Die evidenzbasierte Steuerung von Schule und Unterricht zeichnet sich durch die folgenden drei, miteinander verbundenen Elemente aus: die Standards, dezentrale Strukturen und Schulautonomie. Neben Bildungsstandards liegen auch Standards für das Qualitätsmanagement vor, die von bildungspolitischer Seite formuliert werden. Bildungsstandards werden wesentlich als fachliche und überfachliche Kompetenzen (▶ Kap. 5.7) verstanden, die entweder für die Gesamtheit der Schüler:innen oder für Gruppen von Schüler:innen, z. b. Schüler:innen des gymnasialen Bildungsgangs, formuliert werden und deren Erreichen regelmäßig überprüft wird. Die Ergebnisse der standardisierten Testungen zur Überprüfung der erreichten Standards werden dann auf Ebene einer Schule, einer Schulklasse und/oder einer Gruppe von Schüler:innen, z. B. nach Geschlecht oder Migrationshintergrund[8] ausgewertet. Das zweite Element, die dezentrale Struktur, steht dafür, dass die Verantwortung für das Erreichen der Ziele maßgeblich bei den Einzelschulen und ihren pädagogischen Akteur:innen gesehen wird. In dem Begriff der Schulautonomie (vgl. z. B. Daschner, Rolff & Stryck 1995) kommt die Dezentralisierung zum Ausdruck. Schulautonomie sieht u. a. vor, dass Schulen eigene Schwerpunkte oder Profile entwickeln, die in Schulprogrammen festgehalten sind, und in denen ausgeführt wird, wie sie die gesetzten Ziele erreichen wollen. Die Profilbildungen der Schulen, die die einzelnen Schulen auch in Wettbewerb und Konkurrenz, um Schüler:innen, Lehrpersonen und/oder außerschulischen Partner:innen, wie z. B. Ausbildungsbetriebe, miteinander bringen (können), stellen zugleich einen Bezugspunkt für Vergleiche dar; Vergleiche im besseren/schlechteren Erreichen der von außen gesetzten

---

8 Zur kritischen Auseinandersetzung mit dem Begriff empfiehlt sich das Buch von: Stošić, Patricia (2017). *Kinder mit Migrationshintergrund. Zur Medialisierung eines Bildungsproblems*. Wiesbaden: Springer VS.

Ziele. Deren regelmäßige Überprüfung stellt das dritte Element dar. Sie erfolgt durch Leistungsvergleichstests auf Ebene des Bundeslandes, des Bundes oder auch international sowie durch Schulinspektionen. Die Schulinspektion umfasst i. d. R. neben entsprechenden indikatorenbasierten Formen der Datenerhebung auch deren Auswertung sowie Rückmeldungen und Vorschläge für Veränderungen – im Sinne von Verbesserungen im Erreichen der gesetzten Ziele. Letztgenannte sind dem Konzept der Neuen Steuerung zufolge wesentlich durch die professionellen schulischen Akteur:innen der Schule, gegebenenfalls gemeinsam mit der zuständigen Schulaufsicht, zu vollziehen. Die datengestützte Analyse der schulisch-unterrichtlichen Situation soll Entwicklungen initiieren. Dies basiert bis dato wesentlich auf der Annahme, dass die Beteiligten nicht nur die Interpretationen der Daten teilen, sondern auch die Ziele für ihre Schulen und ihren Unterricht, die im Rahmen der Schulinspektion überprüft werden und sich für die Entwicklung als verantwortlich sehen und erleben. Der Ansatz basiert entsprechend auf dem Verständnis der geteilten »Einsicht« (Schmidt 2020, S. 81) bzw., dass die Perspektiven geteilt werden und nicht (auch) unterschiedlich verstanden und interpretiert werden. Damit werden, anschließend an Melanie Schmidt (2020, S. 84, Herv. im Orig.), »›alte‹, szientifisch-technische und pädagogische Konzeptionen indirekter, autonomiebasierter Steuerung« aufgerufen und tradiert. Dies findet sich auch in der Zuschreibung der Verantwortung der schulischen Akteur:innen nicht nur für ihr Handeln, sondern auch für deren Bedingungen (vgl. ebd.). Dabei wird das effektive und effiziente Erreichen von Zielen und Standards gemäß ökonomischer Effizienz- und Effektivitätskonzepte – die sich von pädagogischen unterscheiden – herangezogen, mit denen sich schulische Akteur:innen i. d. R. nicht identifizieren (vgl. Heinrich 2018). Vergleichbar mit den individualisierten Zuschreibungen von Leistung und Leistungsfähigkeit und die damit verbundene Delegation der Verantwortung für (erfolgreiche) Lernprozesse an die Schüler:innen, die im Kapitel 5 (▶ Kap. 5) rekonstruiert wurden, wird in dem Verständnis der evidenzbasierten Steuerung eine Individualisierung der Verantwortung für das Erreichen von Zielen und Standards auch bei den Lehrpersonen und den Schulleitungen verortet, die (mit-)verantwortlich für die von ihren Schüler:innen erreichten Leistungen sind.

6.1 Evidenzbasierte Steuerung und Entwicklung von Schule und Unterricht

Das gemeinsam mit den Bildungsstandards eingeführte Qualitätsmanagement, das der Qualitätssicherung und -entwicklung dienen soll, wird vonseiten der neu eingerichteten Schulinspektionen verantwortet. Diese tragen auch die konzeptionelle und organisatorische Verantwortung für die Durchführung von Vergleichsarbeiten, also der Überprüfung und Kontrolle des Erreichens der Bildungsstandards (vgl. z. B. Maritzen 2014). Auf dieser Datengrundlage werden Stärken-Schwächenanalysen vorgenommen, die den Schulleitungen und Lehrpersonen zur Verfügung gestellt werden. Sie sollen ihrerseits zum Ausgangspunkt der datengestützten Entwicklung von Schulen, Unterricht und Professionalisierung, die Ziele effizienter und effektiver zu erreichen, genutzt werden. Diese Praxis der systematischen und kontinuierlichen Datenerhebung wird auch als Bildungs- oder Systemmonitoring bezeichnet.

Die aufgerufene lineare Relation von Bildungsforschung, -politik und -praxis, die nicht nur von der Bildungspolitik, sondern auch von Teilen der Erziehungswissenschaft und der Bildungsforschung mit einem objektiven Wissensverständnis verbunden wird, das eindeutige Handlungsanweisungen zur Bearbeitung gesellschaftlicher, schulischer und pädagogischer Probleme bereitstellt, steht konträr zu der Perspektive, Evidenz als Ausdruck von Ergebnissen zu verstehen, die aus einer spezifischen Perspektive, von einem bestimmten wissenschaftlichen Standpunkt aus, generiert wurden, der als solcher nicht absolut, sondern seinerseits relativ ist (vgl. Bellmann & Müller 2011; Jornitz 2009b). Johannes Bellmann und Thomas Müller (2011) zeigen auf, dass dies mit zwei Formen von *Wissen, was wirkt* einhergeht: zum einen solches, *über* das, was wirkt, das theoretisch-explizierbar ist und beschreibt, welche Methoden und Interventionen wirken. Zum anderen liegt ein Verständnis von *Wissen, was wirkt*, vor, das durch das Versprechen der Wirksamkeit selbst wirkt. Letztgenanntes wirkt durch die Annahme, dass es wissenschaftlich objektives Wissen gibt, das steuerungswirksame Maßnahmen und Interventionen benennen kann.

Die Steuerungsreformen, die in allen Bundesländern initiiert und etabliert wurden, sind sowohl an der Programmatik des *New Public Managements* (vgl. Grünkorn et al. 2019, S. 266) ausgerichtet als auch an Prinzipien des Marktes, also des Wettbewerbs und der Effizienz, die einer ökonomischen Logik folgen, in der u. a. die Wirksamkeit, Kontrolle und die Rechenschaftslegung zentral sind (vgl. Herzog 2012); wobei Schulen Quasi-

Märkte darstellen, da die Nachfrage der Bildungsangebote die relevante Bezugsgröße für Entwicklungen darstellt (vgl. Bellmann 2015). Die Konkurrenz stellt sich nicht auf vergleichbare Art und Weise dar wie in ökonomischen Zusammenhängen; wenngleich sich einerseits Konkurrenzinteressen um besonders ›leistungsstarke‹ Schüler:innen, die die Erwartungen der Schule ohne als besonders oder zusätzlich gerahmte Unterstützung erreichen, sowie um solche mit zugeschriebenem sonderpädagogischen Förderbedarf andererseits, die mehr Ressourcen in ein Schulsystem einspeisen als ihre Peers ohne diese Zuschreibung. Erstgenanntes soll u. a. durch Schulprofile, die entlang inhaltlicher Schwerpunkte, z. B. Musik oder Sport, Wahlmöglichkeiten eröffnen, ermöglicht werden (vgl. Gomolla 2018). Dass diese Wahlmöglichkeit nur von einem Teil der Eltern- und Schüler:innenschaft genutzt werden (können), während andere diese Möglichkeit nicht nutzen (können), hat Folgen für die Schüler:innen als auch für die Schulen und die Zusammensetzung ihrer Schüler:innenschaft. So zeigt eine in Österreich durchgeführte Untersuchung, dass schulische Profilbildungen, neue Selektionsformen herbringen, indem Schulen Schüler:innen auswählen und ablehnen können (vgl. Heinrich, Altrichter & Soukup-Altrichter 2011).

Die Veröffentlichung von Rankings, wie sie in England bereits erfolgt (vgl. Allan & Sturm 2018), steht ihrerseits in Verbindung mit dem Verständnis von Schule als Quasi-Markt, da sie als Grundlage von Schulwahlentscheidungen für entsprechend informierte Eltern dienen können und sollen. Eine weitere Nebenfolge, die mit einer evidenzbasierten Steuerung des Schulsystems einhergeht, liegt darin, dass der Output in Form von Lernergebnissen aufseiten der Schüler:innen nicht vonseiten der Lehrpersonen definiert und dann geprüft wird, ob und wie diese Ziele erreicht wurden, sondern, dass lediglich die Verantwortung für das Erreichen von außen formulierten Zielen an die Einzelschule resp. die Lehrpersonen delegiert wird. Dies geht mit der Folge einer, die Johannes Bellmann und Kolleg:innen (2016) aufzeigen, dass die Ergebnisse der Vergleichsstudien genutzt werden, um im Rahmen von Konkurrenz und Wettbewerb um sogenannte leistungsstarke Schüler:innen, ›leistungsschwächere‹ abzuschulen, statt sie in ihren Lern- und Bildungsprozessen zu unterstützen. Dies wirft die Frage auf, wie die Normen und die damit verbundenen (Entscheidungs-)Erwartungen – die neben den Standards auch individuelle Förderung umfassen – der gesellschaftlich-institutionellen Ebene der Schule von den professionellen, pädagogischen Akteur:innen in ihrer Unterrichtspraxis bearbeitet werden.

6.2 Evidenzbasiertes Programm Response-to-Intervention

Die evidenzbasierte Bildungsforschung stellt nicht nur Methoden und Verfahren bereit, mit denen kontinuierlich die Leistungen von Schüler:innen sowie des pädagogischen Personals der Einzelschule beobachtet werden, sondern auch die individuelle Lernentwicklung von Schüler:innen gemonitort wird. Neben Tests und Überprüfungsverfahren werden Programme für die unterrichtliche Praxis entwickelt, die gemäß den theoretischen Annahmen sowie den methodologisch-methodischen Standards der Evidenzbasierung generiert sind. Vergleichbar den Konzepten und Instrumenten für die Entwicklung von Einzelschulen formulieren die Programme Handlungsvorschläge bzw. konkreter -anweisungen für den Unterricht sowie die Arbeit mit den Schüler:innen. Pädagogisches Handeln wird dabei wesentlich in einem technokratischen Sinn verstanden, in dem Interventionen von Lehrpersonen auf der Grundlage der entwickelten Programme vollzogen werden (vgl. Fletcher & Vaughn 2009).

»Response-to-Intervention«, kurz RTI, übersetzt ins Deutsche etwa ›Antwort auf die Intervention‹ – oder behavioristisch Reaktion auf einen Reiz und informationstheoretisch als Output, der einem Input folgt (vgl. Herzog 2012) –, stellt ein solches Programm dar, das speziell für sonder- und inklusionspädagogische Settings entwickelt wurde (vgl. Fletcher & Vaughn 2009; Huber & Grosche 2012). Das Programm zielt darauf,»Lern- und Verhaltensprobleme« frühzeitig zu erkennen und gezielt zu intervenieren, um »die Entstehung von Lern- und Verhaltensstörungen signifikant [zu] reduzieren« (Huber & Grosche 2012, S. 313, Anm. TS) sowie die Attestierung von sonderpädagogischem Förderbedarf zu verhindern.

Das Programm erhebt den Anspruch, akademische oder Lernschwierigkeiten im Sinne der Attestierung von sonderpädagogischem Förderbedarf durch frühzeitige und kontinuierliche Diagnostik und eine abgestimmte Förderung zu überwinden, und sieht darin ein Alleinstellungsmerkmal (vgl. Fletcher & Vaughn 2009; Huber & Grosche 2012). Dem gleichen Anspruch folgt seit den 1980er Jahren die sogenannte Förderdiagnostik, die im Vergleich zu RTI allerdings evaluativ statt prospektiv und personell statt institutionell konzipiert ist (vgl. Schuck 2000). Das Neue des evidenzbasierten Ansatzes liegt hingegen in der Evidenzbasierung, die Förderinhalte und -methoden vorgibt bzw. wissenschaftlich entwickelt (vgl. Rödler 2016). Das in den USA entwickelte Programm fokussiert die sonderpädagogischen Förderschwerpunkte Lernen und emotional-soziale Entwicklung bzw. »the academic« und »the behavioral system« (Fletcher & Vaughn 2009, S. 31). Die Prinzipien der Evidenzbasierung beziehen sich nicht nur auf spezifische Diagnostik- und Förder- bzw. Interventionsmaßnahmen, die mit den nicht erwartungskonform antwortenden Schüler:innen – die als »inadaquate responder« (Fletcher & Vaughn 2009, S. 33) bezeichnet werden – durchzuführen sind, sondern auf den Unterricht insgesamt, wenngleich, so merken die Autor:innen an, noch nicht alle Lehrpersonen so ausgebildet sind, dass sie diese in dem gedachten Sinne anwenden (vgl. Fletcher & Vaughn 2009; Fuchs & Fuchs 2006; Voß et al. 2014). Das Programm kann hier entsprechend exemplarisch als eines einer evidenzbasierten Unterrichtsgestaltung herangezogen und betrachtet werden. Dies erfolgt mit dem Ziel, die expliziten und impliziten Differenzkonstruktionen und damit einhergehende Behinderungen/Ermöglichungen sozialer und akademischer Partizipation sowie Normen und (Entscheidungs-)Erwartungen, die an Lehrpersonen gerichtet sind, zu rekonstruieren.

Christian Huber und Michael Grosche (2012) haben das aus den USA stammende Programm (vgl. Fletcher & Vaughn 2009; Voß et al. 2016) – das Lehr-Lernprozesse von Schüler:innen, die die sonderpädagogischen Förderschwerpunkte Lernen und emotional-soziale Entwicklung attestiert haben, bzw. solche, die gefährdet sind, als solche kategorisiert zu werden – in den deutschsprachigen Kontext eingeführt. Sie unterscheiden drei aufeinander aufbauende Stufen[9] von Diagnostik und Förderung resp. Intervention, die in ihrer Intensität, den Kosten und der Organisation differieren. Die erste Stufe beschreibt den »regulären Unterricht«, der evidenzbasiert, also mittels didaktischer Vorgehensweisen, die auf dem im vorherigen Abschnitt (▶ Kap. 6.1) dargestellten Paradigma aufbauen, generiert sind, indem sie wesentlich die Frage, was wirkt, bearbeiten. Das heißt, die unterrichtlichen Interventionen werden nicht von Lehrpersonen entwickelt, sondern von Wissenschaftler:innen, die diese gestützt auf die methodologisch-methodischen Standards einer evidenzbasierten Bildungsforschung (vgl. Wittich & Kuhl 2021) generieren. Die inhaltlichen Schulleistungen sowie das Verhalten der Schüler:innen werden neben einer Eingangsüberprüfung zu Beginn des Schuljahres zu zwei weiteren Zeitpunkten mit standardisierten Instrumenten gemessen. Dies erfolgt mithilfe normorientierter und kriteriumsbasierter Verfahren, die den Gütekriterien Objektivität, Validität und Reliabilität verpflichtet sind (vgl. Hartke & Diehl 2013; Huber & Grosche 2012). Etwa 80 % der Schüler:innen erzielen »ausreichende Lernfortschritte« auf der Grundlage des unterrichtlichen Angebots der Stufe 1. Schüler:innen, die die Leistungserwartungen ihrer Schulklasse, ihrer Schule und/oder der Bildungsstandards – in einem jeweils zu bestimmenden Ausmaß (vgl. Fletcher & Vaughn 2009) der Abweichung von statistischen Normen – nicht erfüllen, werden als »Risikokinder« bzw. »Risikoschüler« und »Risikoschülerinnen« (Voß et al. 2016, S. 22 f.) bezeichnet. Sie werden der Stufe 2 zugeordnet, die sich durch intensivierte Diagnostik und Förderung auszeichnet: Testverfahren standardisierter Diagnostik erfolgen wöchentlich und die so ermittelten Ergebnisse werden in Form von Grafiken dargestellt. Die grafische Darstellung stellt gemäß der Autor:innen des Ansatzes ein zentrales Element des formativ angelegten Vorgehens dar, mit dem Lehrpersonen, Schüler:innen und deren Eltern kurzfristig Rückmeldungen über die Lern-, Verhaltens- und Leistungsverläufe gegeben werden soll. Sonder- und Regelschulpädagog:innen sind gemeinsam für die Gestaltung der zweiten Stufe zuständig, in der die Schüler:innen räumlich-organisatorisch sowie inhaltlich (temporär) getrennt in homogenen Gruppen unterrichtet werden.

---

9 Andere Autor:innen bzw. Programme unterscheiden andere Anzahlen von Stufen, z. B. Fuchs und Fuchs (2006).

Die Zuordnung der Schüler:innen zur zweiten Stufe ist beendet, wenn sie entweder die allgemeinen Erwartungen durch die intensiveren Interventionen und gezielteren Maßnahmen erfüllen, dann gehen sie zur Stufe 1 zurück, oder wenn sie diese Ziele trotz intensivierter Förderung nicht erfüllen und der dritten Stufe zugeordnet werden. Die Verantwortung für die dritte Stufe liegt bei spezialisierten Fachkräften, die in der Regel Sonderpädagog:innen sind. Die Stufe sieht eine intensivierte und differenzierte Diagnostik vor, auf der die Lern- und Verhaltensvoraussetzungen der Schüler:innen – losgelöst von Fächern und Inhalten – überprüft werden. Im Vergleich zu den anderen Stufen werden die Erklärungen für das Nicht-Lernen entlang der Angebote auf Stufe 1 und 2 weniger kausal, sondern v. a. individuell, aber in den Schüler:innen verortet. Es wird davon ausgegangen, dass etwa 5 % der Schüler:innen in Stufe 3 unterrichtet werden (vgl. Huber & Grosche 2012). Vergleicht man die Erwartung, dass etwa 5 % der Schüler:innen der dritten Stufe zugeordnet werden, mit dem Anteil von 7,4 % der Schüler:innen (vgl. Bildungsbericht 2020, S. 117), die im Schuljahr 2018/19 in der Bundesrepublik Deutschland sonderpädagogischen Förderbedarf attestiert hatten und damit als abweichend in ihrem Lernen beschrieben werden, so fällt auf, dass dieser nicht unerheblich höher liegt. Wenn man die Schüler:innen, die mit der 3. Stufe des RTI-Ansatzes fokussiert werden – in den Bereichen Lernen (3,08 %) und emotional-soziale Entwicklung (1,4 %) – und zusammen einen Anteil von 4,48 % der gesamten Schüler:innenschaft ausmachen (vgl. KMK 2022, S. XVII), mit dem Ansatz erreichen würde, läge der Anteil von Schüler:innen mit attestiertem Förderbedarf bei unter 3 %. Unabhängig von der Frage – die nur empirisch zu beantworten ist –, ob dies gelingen kann, ist festzuhalten, dass die Autor:innen des Programms davon ausgehen, dass dies möglich sei, wenn den Schüler:innen ein entsprechendes Unterrichts- und Interventionsangebot unterbreitet würde. Darin dokumentiert sich ein Verständnis von Lehr-Lernprozessen, das diese nicht durchgängig – eine Ausnahme stellen die Schüler:innen der Stufe 2 dar – als Folge individueller, stabiler Merkmale, sondern grundsätzlich als (unbegrenzt) möglich ansieht. Empirische Ergebnisse des Rügener Inklusionsmodells – kurz RIM –, das u. a. die Reduzierung des Anteils von Schüler:innen mit zugeschriebenem sonderpädagogischen Förderbedarf untersucht hat, zeigen, dass dies bisher nicht in dem erwarteten Umfang gelungen ist. Die er-

6.2 Evidenzbasiertes Programm Response-to-Intervention

kannten Diskrepanzen zwischen »theoretischer Vorgabe und praktischer Umsetzung« (Voß et al. 2014, S. 128, Anm. TS) erklären die Autor:innen u. a. damit, dass es den »Lehrkräften noch nicht [gelingt], die Potenziale der angewendeten Konzepte, Materialien und Messverfahren voll zu nutzen«. Die im Vergleich größere Diskrepanz zwischen den statistisch generierten Normen und der Praxis, die sich in der Rügener Studie gegenüber vergleichbaren Untersuchungen in den USA zeigen, führen sie u. a. darauf zurück, dass mit dem RTI-Modell weitere Veränderungen einhergingen, die sie in den USA bereits etabliert sehen, wie u. a. die Arbeit mit Curriculum Based Measurements sowie Rahmenbedingungen, die »räumliche, sächliche und personelle Fragen betreffen« (ebd., S. 128). Diese letztgenannten, zum Teil als »systemische ›Beharrungstendenzen‹« (Thiel, Cortina & Pant 2014, S. 134, Herv. im Orig.) der schulischen Akteur:innen erklärte Differenz wäre zu beforschen, so die Vertreter:innen dieses Ansatzes. Hier dokumentiert sich ebenfalls das Verständnis der Möglichkeit, dass die Ziele grundsätzlich erreicht werden können; gelingt dies nicht, liegt dies – dem Ansatz folgend – an dem inkorrekt bereitgestellten Angebot, das die Schüler:innen von den Lehrpersonen erhalten. Die Ursachen für den ausbleibenden Lernprozess werden mithin nicht allein in einem stabilen Verständnis des Nicht-Lernens aufseiten der Schüler:innen verortet, sondern auch in dem didaktischen Arrangement, das perspektivisch ›korrekt‹ umzusetzen wäre.

Für die diagnostischen Screenings wird auch im deutschsprachigen Kontext auf die Konzepte des Curriculumbasierten Messens und der Direktiven Verhaltensbeurteilung zurückgegriffen, die die Bereiche resp. sonderpädagogischen Förderschwerpunkte Lernen und emotional-soziale Entwicklung fokussieren. Erstgenanntes sieht auf diagnostischer Seite vor, dass Schüler:innen u. a. eine bis drei Minuten etwas Vorlesen und die Lehrperson auf der Grundlage der Anzahl der erlesenen Wörter die Interventionen anpasst (vgl. Fletcher & Vaughn 2009). Die jeweiligen Interventionen operieren mit standardisierten »Fördermaßnahmen, die zugleich eine Normierung der Lern- und Verhaltensprobleme beding[en]« (Willmann 2018, S. 107f., Anm. TS). Dabei werden die Lernprozesse von Schüler:innen in der Folge als nicht-/erfolgreich bzw. die Schüler:innen als »adequate/inadequate responder« (Fletcher & Vaughn 2009, S. 33) unterschieden. Hier dokumentiert sich eine individuelle Zuschreibung der

Unterscheidung der Schüler:innen, die aufgaben- bzw. testbezogen erfolgt. Erich Hartmann und Christoph Michael Müller (2009, S. 26) sehen darin keine »Defizitorientierung«, da die »Lernprozesse« und nicht die Schüler:innen als solche als defizitär bewertet werden. Walter Herzog (2012), der die theoretischen Grundannahmen einer evidenzbasierten Bildungsforschung analysiert und rekonstruiert hat, teilt diese Perspektive nicht – ebenso wenig wie Marc Willmann (2018, S. 109) – da er das evidenzbasierte Paradigma wesentlich in der kognitionspsychologisch bzw. »technologisch orientierten Psychologie« (Herzog 2012, S. 184) fundiert sieht (vgl. auch Tröhler 2019; Willmann 2020), die schulischen Erfolg mittels »Bedingungsvariablen« (ebd., S. 186) kausal konzipieren und Lernen als »technischen Vorgang [verstehen], der durch Lehren zielsicher gesteuert werden kann« (Herzog, 2012, S. 188, Anm. TS). Lernprozesse werden als direkte und unmittelbare Folge von Lehrprozessen sowie der individuellen – gelingenden oder misslingenden – Verarbeitung der unterrichtlichen Lehrangebote verstanden. In Analogie zu technischen Prozessen wird Lernen als korrekte Verarbeitung angebotener Informationen verstanden und entsprechend losgelöst von sozialen, materialen und kulturellen Erfahrungen sowie Perspektiven der Akteur:innen. Die Qualität von Lehrprozessen wird ebenfalls unabhängig von den pädagogischen Zielsetzungen sowie Identitätsvorstellungen der Lehrer:innen von einer ›guten Lehrperson‹ verstanden (vgl. Herzog 2012). Potenzielle ›Defizite‹, wie sie in dem Ansatz verstanden werden, sind entsprechend unmittelbar den sozialen Akteur:innen – den Schüler:innen, die die dargebotenen Informationen nicht ›korrekt‹ bzw. erwartungskonform verarbeiten, und/oder den Lehrer:innen, die die Lehr-Programme nicht wie zuvor ermittelt umsetzen – zuzuschreiben. Die darin implizierte Kausalität schreibt Defizite nicht nur individualisiert zu, sondern unterstützt auch Prozesse der Etikettierung sowohl von Schüler:innen als auch von Lehrpersonen. Wenngleich gegenüber den Ausführungen in Kapitel 5 (▶ Kap. 5) die Erklärungs- und Begründungsmöglichkeiten für nicht erwartungskonformes Lernen erweitert sind, werden auch in dem hier aufgerufenen Verständnis die sozialen, materialen und kulturellen Bedingungen und/oder die Komplexität unterrichtlicher Interaktionssituationen als nicht oder kaum relevant für Lehr-Lernprozesse ausgeblendet bzw. nachgeordnet. Das Programm läuft damit auch Gefahr, soziale Ungerechtigkeit zu konsolidieren, da »keine alternative methodologische Herangehensweise sie mehr aufdecken kann« (Koch 2016, S. 28; vgl. auch Ferri, Gallagher & Connor 2011). Damit lässt sich die Programmatik des RTI-Ansatzes einem individualisierten Verständnis von Behinderung zuordnen, da gesellschaftliche Problemlagen resp. Normen und (Entscheidungs-)Erwartungen als individuelle konzipiert werden (vgl. Hinz 2016).

Das dem RTI-Programm zugrunde liegende Verständnis individueller Differenz, das unterrichtlich durch die (temporäre) Konstitution leistungshomogener Schüler:innengruppen bearbeitet wird, erfolgt mit dem Ziel, dass möglichst viele Schüler:innen die normierten Erwartungen erfüllen, also das Erreichen der Bildungsstandards nachweisen können. In der vorgesehenen Gruppierung dokumentiert sich neben den Individualisierungen auch Hierarchisierungen, die ihren Ausgangspunkt in dem Grad der Abweichung von der statistischen Norm – die etwa 80 % der Schüler:innen ausmacht – hat. Dafür werden wesentlich essentialisierende Erklärungen herangezogen, die aufseiten der Schüler:innen resp. in deren psychischer Konstellation und/oder ihren sozio-ökonomischen Erfahrungen gesehen werden. Letztgenannte werden dabei insofern pathologisiert, als Armut als Erklärung für »inadequate responders« (Fletcher & Vaughn 2009, S. 31) formuliert wird. Die Schule und der Unterricht resp. die schulischen Akteur:innen werden als Erklärungen v. a. herangezogen, wenn diese die programmatischen Vorgaben nicht umsetzen bzw. nicht ausgebildet sind, dies wie vorgesehen zu tun (vgl. Fletcher & Vaughn 2009). Die aufgezeigten – z. T. impliziten – Normalitätskonzepte und die damit verbundenen Verständnisse von Behinderung basieren auf den statistischen Bezugspunkten, die weitestgehend durch die evidenzbasierten Untersuchungen selbst hervorgebracht werden.

Wenn die sozialen, kulturellen und materiellen Bedingungen resp. die in diesen Kontexten gemachten Erfahrungen von Kindern und Jugendlichen einerseits sowie die der professionellen pädagogischen Akteur:innen andererseits ausgeklammert werden und Nicht-/Lernen kausal vor dem Hintergrund des Inputs bzw. des unterrichtlichen Angebots konzipiert wird, dokumentiert sich darin eine Unterscheidung von Normalität und Abweichung. Die Tests ebenso wie die Aufgaben, die im Rahmen des Programms kontinuierlich mit den Schüler:innen durchgeführt bzw. von ihnen bearbeitet werden, sind für alle identisch, d. h., soziale und kulturelle

Erfahrungen werden ebenso wenig wie individuelle Perspektiven in den Lehr-Lernprozessen nicht berücksichtigt und letztgenannte als losgelöst von Inhalten, Interessen und Erfahrungen konzipiert. In Bezug auf schulische Benachteiligungen und Behinderungen der akademischen und sozialen Partizipation sind statistische Normen kritisch zu hinterfragen, da sie – vergleichbar mit den ebenfalls statisch begründeten Intelligenztests (vgl. Schuck 2007) sowie den politisch formulierten Lehr-, Bildungs- und Rahmenplänen (vgl. Nohl 2014, S. 183 ff.) – mittelschichtsorientiert sind. Die Programmatik von RTI folgt dabei insofern einer Top-Down-Logik, als die (Bildungs-)Wissenschaft jener Ort bzw. sozialer Zusammenhang ist, der ›wirksames Wissen‹ generiert und dieses für die professionellen Akteur:innen der Praxis bereitstellt; während den sozialen Akteur:innen nicht zugestanden wird, ihre eigenen Erfahrungen einzubringen. Dies gilt gleichermaßen für Entwicklungen, die aus der Praxis auf expliziter Ebene formuliert und eingebracht werden (vgl. Sturm 2022c).

Zusammenfassend lässt sich festhalten, dass das evidenzbasierte Paradigma sowie die Programme, die in ihm verankert sind, Differenzen zwischen den Schüler:innen bzw. ihren Lernprozessen – und der Art und Weise, wie Lehrpersonen die Programme umsetzen – diesen individuell zuschreiben. Dies geht einher mit virtuellen, sozialen Identitäten von Schüler:innen, die sich durch einen Normbereich, der statistisch ermittelt ist (Erfolg des Vorgehens), auszeichnen, der zugleich mit einem Verständnis von Abweichung einhergeht. Schüler:innen, die von der Norm abweichen, können durch die Ansätze nicht erreicht werden. Die korrekte Umsetzung der Programme durch die Lehrpersonen wird dabei als Voraussetzung für die Möglichkeit zum Lernen der Schüler:innen angesehen. Erfolgen erstgenannte nicht in dem avisierten Sinn, reduzieren sich diesem Verständnis nach die Lerngelegenheiten der Schüler:innen. Anders als in den Schulgesetzen sowie den weiteren formalen Dokumenten, in denen Differenz explizit und implizit als stabile Merkmale den Schüler:innen (▶ Kap. 5) rekonstruiert und dargelegt wurden, wird Leistung im RTI-Programm sowie einer evidenzbasierten Praxis als erfolgreiche Verarbeitung von Lehrprozessen verstanden. Die Erwartungsnormen stellen statistisch legitimierte dar, die von der Wissenschaft mit entsprechender Kenntnis berechnet werden; im Fall des dargelegten RTI-Konzepts liegt diese vor, wenn 95 % der Schüler:innen den Inhalt wie erwartet lernen. Das je spezifische kontextuelle und Erfahrungswissen von Lehrkräften wird diesem nachgeordnet bzw. als nicht vergleichbar legitim verstanden (vgl. Wittich & Kuhl 2021). In der evidenzbasierten Bildungsforschung wird Inklusion – bzw. Facetten von dieser (vgl. Grosche 2015) – in Schule und Unterricht wesentlich vor dem Hintergrund einer kognitionspsychologisch verankerten empirischen Bildungswissenschaft verstanden, in der die Wirksamkeit von Programmen statistisch ermittelt wird. Erklärungen für Diskrepanzen zwischen theoretisch und empirisch ermittelten Normen und Praxen werden dabei ursächlich bei den pädagogischen Akteur:innen verortet, die die Normen (eingeschränkt bzw. ungenügend) in der Praxis umsetzen. Mögliche Begründungen und/oder Erklärungen der Akteur:innen selbst für die Diskrepanzen werden den wissenschaftlichen Perspektiven nachgeordnet (vgl. Vossen & Krizan 2021). Darin dokumentiert sich ein hierarchisches Verständnis von Wissenschaft gegenüber der Praxis sowie der Politik, in dem erstgenannte nicht nur die Konzepte für die beiden letztgenannten bereitstellt, sondern diese auch entlang der statistischen Maßstäbe bewertet. Die Perspektiven und die Erfahrungen der Praktiker:innen werden dabei allenfalls als Erklärungen für nicht gelingende Praxen herangezogen. Dabei erwartet die Bildungspolitik von den schulischen Akteur:innen, so ist es in der KMK-Strategie (2016) formuliert, dass diese entlang der Programme arbeiten.

7 Perspektiven für eine inklusionsorientierte Schulentwicklung und eine professionalisierte, pädagogische Bearbeitung differenzbezogener Normen und (Entscheidungs-)Erwartungen in der Unterrichtspraxis

Die rekonstruierten Verständnisse von Leistung, Differenzen und Behinderungen sowie virtualen, sozialen Identitäten von Schüler:innen, die den gesellschaftlich-institutionellen Dokumenten und wissenschaftlichen (Teil-)Diskursen zugrunde liegen, sollen in diesem abschließenden Kapitel in einem ersten Schritt zusammengefasst und abstrahierend betrachtet werden. Auf dieser Grundlage werden dann Perspektiven für eine inklusionsorientierte Schulentwicklung sowie Möglichkeiten für die professionalisierte, pädagogische Bearbeitung der aktuellen leistungsbezogenen Normen und (Entscheidungs-)Erwartungen in Unterrichtspraxen formuliert. Die zu diskutierenden Perspektiven der Entwicklung der die aktuellen unterrichtlichen Praxen rahmenden Leistungs-, Differenz-, Behinderungs- und Begabungsverständnisse – den *ableist divide* –, die im Widerspruch zu einer inklusionsorientierten Schul-, Unterrichts- und Professionsentwicklung stehen, werden dabei v. a. in diesen Denkweisen selbst gesehen und nicht allein in einer Veränderung der Lehrer:innenbildung. An diese Überlegungen anschließend sollen Forschungsperspektiven formuliert werden, welche Desiderata einer inklusionsorientierten Schul-, Unterrichts- und Professionsforschung sich vor dem Hintergrund der Ausführungen zeigen und wie diese perspektivisch aufgegriffen und bearbeitet werden können. Dabei wird die Differenzierung der Erkenntnisse zur Genese (differenter) unterrichtlicher Praxen in ihrer Relation zu den gesellschaftlich-institutionellen Normen und (Entscheidungs-)Erwartungen bezüglich Leistung, Differenzen und Behinderungen fokussiert sowie die Diskussion und Konzeption des Zusammenhangs von Bildungsverständnissen.

7 Perspektiven für eine inklusionsorientierte Schulentwicklung

Das eingangs beschriebene Desiderat des deutschsprachigen erziehungswissenschaftlichen Inklusions- und Exklusionsdiskurses, der die gesellschaftlich-institutionellen Fremdrahmungen jenseits der Programmatik der (Einzel-)Schule bisher kaum betrachtet, konnte entlang der Analyse ausgewählter Ausschnitte aus zwei Schulgesetzen und diese ergänzenden Dokumenten einerseits sowie der aktuell bildungspolitisch proklamierten evidenzbasierten Steuerungs- und Entwicklungsstrategie andererseits bearbeitet und differenziert werden. Die Rekonstruktionen zeigen, dass diesen Dokumenten sowie den erziehungs- und bildungswissenschaftlichen Teildiskursen Verständnisse von Leistung und schulrelevanten Differenzen – im Sinne von Denkstilen – zugrunde liegen, die diese entweder wesentlich als Folge der jeweiligen Begabung/Beeinträchtigung einzelner Schüler:innen resp. als Ergebnis der Verarbeitung der schulisch-unterrichtlichen Lehr-Lernangebote durch die Schüler:innen konzipieren. Die Verarbeitung der Lehr-Lernangebote durch die Schüler:innen wird dabei so verstanden, dass deren Gestaltung zwar eine notwendige Voraussetzung für das Erbringen schulischer Leistung bzw. Bildungsprozesse darstellt, deren Bearbeitung aber durch die individuellen Begabungen/Beeinträchtigungen bzw. Verarbeitungsformen durch die Lernenden jedoch z.T. begrenzt ist. Anders als die formalen schulischen Dokumente, für die rekonstruiert werden konnte, dass die Gestaltung der Lehr-Lernangebote, mit denen v.a. die ›nicht-gymnasial geeignete Schüler:innenschaft‹ mit dem Ziel einer kompensatorischen Bearbeitung von Lehr-Lerndiskrepanzen adressiert wird, neben den Verarbeitungsmöglichkeiten der Schüler:innen auch bei den Lehrpersonen liegt, werden die unterrichtlichen Programme des evidenzbasierten Ansatzes nicht pädagogisch, sondern v.a. statistisch legitimiert. Die Lehrpersonen sollen diese in außerschulischen Zusammenhängen entwickelten und statistisch legitimierten Konzepte lediglich anwenden. Abstrahierend und generalisierend lassen sich diese Verständnisse als zwei Formen gesellschaftlich-institutioneller Leistungsverständnisse zusammenfassen: eine erste, die Leistung allein mit individuellen Begabungen/Beeinträchtigungen erklärt, und eine zweite, die sie als begabungs-/beeinträchtigungsabhängige Form der Verarbeitung der (statistisch legitimierten) schulisch-unterrichtlichen Lehr-Lern- bzw. pädagogischen Förderangebote durch die Schüler:innen versteht. Während in den formalen schulischen Dokumenten die Begriffe Begabung und Beeinträchtigung aufgerufen werden, verwendet das evidenzbasierte Paradigma v. a. kognitionspsychologische Termini, die einem technologischen Verständnis menschlicher Informationsverarbeitung folgen (vgl. Herzog 2012). Der erste rekonstruierte Typ hat inhaltlich große Überschneidungen zu dem von Anne Waldschmidt (2005) beschriebenen individuellen Modell von Behinderung und einem entsprechend Äquivalent der Begabung (vgl. Holzkamp 1997). Der Zweite lässt sich hingegen dem sozialen Behinderungsverständnis nach Anne Waldschmidt (2005) zuordnen. Er umfasst Erklärungen, die eine natürliche – die wesentlich als begrenzend konzipiert wird – und eine kulturelle Seite, die als adaptive (sonder-)pädagogische Förderung verstanden wird. Letztgenannte liegt v. a. in der Gestaltung des unterrichtlichen Lehr-Lernangebots durch Lehrpersonen und/ oder Programmatiken. Dass Leistung und Leistungserwartungen selbst gesellschaftliche Konstrukte sind, entlang derer Schüler:innen unterschieden werden, wird ebenso wenig aufgerufen wie weitere gesellschaftliche, soziale und materiale Sozialisationsbedingungen resp. Habitus der Schüler:innen. Die (Nicht-)Passung schulisch-unterrichtlicher Erwartungen und Schüler:innen werden nicht als kulturelle Barrieren der akademischen Partizipation der Schüler:innen erklärend einbezogen, sondern individualisiert. Wenngleich der Unterricht jenen interaktiven Ort darstellt, in dem Änderungen vorgenommen werden können, erscheint dies in den Ausführungen insofern einseitig bzw. scheinbar kontextlos verkürzt, da weder die sozial-räumlichen noch die kulturellen Rahmungen des Unterrichts und/oder dieser selbst als Erklärungen für (Nicht-)Passung bzw. Diskrepanzen explizit thematisiert werden. Ein Verständnis, das die Rahmenbedingungen von Unterricht nicht aufgreift, weist insofern Parallelen zu den Ausführungen zum individuellen Modell von Behinderungen und Begabungen auf, als auch diese weitgehend unabhängig von den gesellschaftlichen, sozialen und kulturellen Fremdrahmungen verstanden werden.

Neben diesen Verständnissen von Leistungsunterschieden dokumentiert sich auch in den für die Schule vorgesehenen Bearbeitungsformen mehrheitlich ein Verständnis, das einem individualisierten Modell, also von Schule und Unterricht weitgehend unabhängigem Verständnis, von Leistung(sdifferenz) entspricht. Es zeigt sich u. a. darin, dass die Expertise der Bearbeitung von Lehr-Lerndiskrepanzen – innerhalb des gedachten

Möglichkeitsrahmens – bei der Schule und den Lehrpersonen bzw. den Programmatiken liegt, während die Perspektiven der Schüler:innen selbst nicht erwähnt werden bzw. diesen nachgeordnet sind. Eine Ausnahme bilden nur die Bildungs- und Leistungserwartungen, die für den gymnasialen Bildungsgang sowie den MSA in Hamburg für das Fach Deutsch formuliert werden, da von den Schüler:innen Positionierungen und Einschätzungen der bearbeiteten Unterrichtsinhalte erwartet werden. Konträr dazu sind die Erwartungen, die an Schüler:innen gestellt werden, deren Leistungsfähigkeit als ›ESA-konform‹ eingeschätzt wird. Diese bestehen v. a. in der Reproduktion dargelegter Inhalte. In dem evidenzbasierten Ansatz werden die Perspektiven der Lehrpersonen auf die Lernprozesse von Schüler:innen denen von Programmen und Programmatiken nachgeordnet, d. h., letztgenannten wird die Expertise als inhärent attestiert.

Leistung stellt in den Ausführungen das Konzept dar, entlang dessen der *ableist divide*, also die Grenzziehung zwischen Schüler:innen vorgenommen wird. Die Begründung für die Unterscheidung erfolgt wesentlich auf der Annahme natürlicher Unterschiede zwischen den Schüler:innen. Leistung wird damit nicht als interaktiv in schulisch-unterrichtlichen Praxen hervorgebracht verstanden, sondern v. a. als Ausdruck von graduell unterschiedlichen Begabungen/Beeinträchtigungen der Schüler:innen. Während die Unterscheidung zwischen den Schüler:innen, die Bildungsgänge der Regelschule besuchen, als graduell beschrieben wird, wird die des sonderpädagogischen Förderschwerpunkts Lernen als grundsätzlich oder fundamental charakterisiert. Trotz dieser Unterschiede sind die Bearbeitungsformen vergleichbare: die Zuweisung in einen spezifischen Bildungsgang mit einer eigenen Programmatik.

Leistungsbereitschaft, die als grundsätzlich erlernbar konzipiert wird – so die rekonstruierte Denkweise –, stellt eine ergänzende Voraussetzung für das Erreichen der unterschiedlichen Schulabschlüsse dar. Die Schüler:innen werden dabei als verantwortlich dafür konzipiert, diese zu zeigen bzw. zu erlernen. Dieser *ableist divide*, diese Grenzziehung, mit der nicht nur Schüler:innen kategorisiert, sondern auch unterschiedlichen schulischen Bildungsprogrammatiken zugeordnet werden, geht mit einem Bildungsverständnis einher, das weder offen noch transformativ ausgerichtet ist und pädagogische Praxen als entsprechend begrenzt konzipiert. Ein solches Bildungs- und damit zusammenhängendes Lehr-Lernverständnis sieht folglich auch pädagogisches Handeln selbst als limitiert und begrenzt. Vor dem Hintergrund dieser rekonstruierten Verständnisse von Leistung, Differenz und Behinderung sowie virtualer, sozialer Identitäten von Schüler:innen, die die schulisch-unterrichtlichen Praxen fremdrahmen, zeigt sich ein Verständnis von schulischer Inklusion bzw. Integration, das zwar explizit und dezidiert als Ziel formuliert wird – verstanden als das Recht, von Schüler:innen mit attestiertem sonderpädagogischen Förderbedarf gemeinsam mit Kindern und Jugendlichen ohne dieses Label unterrichtet zu werden –, das aber sowohl explizit (v. a. in Bayern) als auch implizit durch die individualisierenden und hierarchisierenden schulisch-unterrichtlichen Leistungsverständnisse sowie daran anknüpfende Bildungsangebote, nicht nur eingeschränkt, sondern auch grundsätzlich unterlaufen wird. Während Erstgenanntes v. a. durch einen exklusiven Zugang zu spezifischen Schulformen geregelt ist, gilt dies für die integrative Stadtteilschule in Hamburg nicht vergleichbar. Die implizit formulierten Marginalisierungen und Exklusionen werden dabei mit der »naturgegebenen Ungleichheit« (Ongaro Basaglia 1985, S. 84) erklärt und legitimiert – unter Ausblendung sozial und kulturell hervorgebrachter Ungleichheiten ebenso wie der Möglichkeit ihrer Überwindung durch die Modifikation der sozialen und kulturellen Situationen bzw. Praxen; also jener Perspektive, die menschenrechtlich formuliert wird.

Das rekonstruierte Verständnis von Inklusion kann mit Roger Slee und Gaby Weiner (2011) als *technische Bearbeitung* verstanden werden, die sich von einer kulturellen unterscheidet:

> »In short, we have [...] two groups (at least); those who see inclusive education as a technical problem and those who see it as cultural politics. The former accepts the way things are and attempt to make them work through marginal reforms. The latter call for educational reconstruction consistent with new forms of thinking about education and social issues. The former are located within a positivist paradigm which is quick to dismiss the ›full inclusionists‹ as ideologues (Brantlinger 1997), despite a growing consensus that all forms of research are ideological even though not all researchers ›fess up to it‹« (Slee & Weiner 2011, S. 94).

Schul-, Unterrichts- und Professionsentwicklungsprozesse, die an dem Ziel orientiert sind, allen Schüler:innen soziale und akademische Partizipation zu ermöglichen, sind entsprechend gefordert, die für die untersuchten Dokumente rekonstruierten, v. a. individualisierten Erklärungen von Leistungsunterschieden, die durch Begabung und Beeinträchtigung erfolgen und damit verbundener Formen von Exklusion, Marginalisierungen und Schlechterstellungen selbst zu hinterfragen. Die sozial und kulturell hervorgebrachten Barrieren, die akademische und soziale Partizipation im Sinne von Inklusion, auf den unterschiedlichen schulischen Ebenen aktuell behindern, zu identifizieren, sollte der Ausgangspunkt für Modifikationen sein – auf der interaktiven, der organisatorischen und der gesellschaftlich-institutionellen Ebene und ihrem Zusammenspiel.

Die rekonstruierten Verständnisse von Leistung, die diese ebenso wie Leistungsbereitschaft losgelöst von den vonseiten der Schüler:innen erfahrenen sozialen, materialen, kulturellen und organisationsbezogenen Rahmungen konzipieren, legitimieren in ihrer aktuellen Form sowohl die Begrenzung von schulisch-unterrichtlichen Bildungsangeboten als auch die Segregation der Schüler:innenschaft. Dass die Aufteilung der Schüler:innen, die formal entlang von Leistung bzw. Begabung/Beeinträchtigung erfolgt, mit ihrem sozio-ökonomischen Status korreliert, belegen zahlreiche Untersuchungen (vgl. z. B. OECD 2018b). Die schulische Trennung von Kindern und Jugendlichen, deren Familien unterschiedlichen sozio-ökonomischen Milieus angehören, erfolgt formal über Leistung resp. Begabung und Beeinträchtigung und transformiert und verstärkt v. a. bestehende sozio-ökonomische Ungleichheiten in Bildungsungleichheiten (vgl. Chmielewski 2014; Collins 2009). Dies verhindert bzw. erschwert die Begegnung von Schüler:innen, die über unterschiedliche sozio-ökonomische Erfahrungen verfügen und deren Habitus durch diese geprägt sind. Dass die materialen, sozialen und kulturellen Erfahrungen der Schüler:innen und das Erreichen schulischer Leistungserwartungen zusammenhängen, zeigen die Folgen der Schulschließungen sowie der Reduzierung der Angebote der Kinder- und Jugendhilfe während der Corona-Pandemie besonders deutlich. Ebenso wie deren Gestaltung durch politische bzw. bildungspolitische Entscheidungen, die dazu beigetragen haben, dass sich die bestehenden Bildungsungleichheiten weiter verschärfen (vgl. z. B. Kniffki, Lutz & Steinhaußen 2021; Reintjes, Porsch & Brahm 2021). Dass die Transformation von sozio-ökonomischer in Bildungsungleichheit nicht vergleichbar hoch korrelieren muss, wie dies in Deutschland der Fall ist, zeigen internationale Vergleiche (vgl. OECD 2018b). Letztgenannte Vergleiche weisen darauf hin, dass Schule und Unterricht einen Unterschied machen können bzw. dass schulischer Bildungs(miss)erfolg nicht durch Begabung/Beeinträchtigung zu erklären ist.

Der Abbau von Marginalisierungen und Schlechterstellungen in Schule und Unterricht, die an Roger Slee und Gaby Weiner (2011) anschließend einem kulturellen Verständnis einer inklusionsorientierten Schul-, Unterrichts- und Professionsentwicklung folgen, bedarf Veränderungen des gesellschaftlich-institutionellen Verständnisses von Leistung und Leistungsdifferenzen, von Begabung und Beeinträchtigung und damit verbunden des Bildungsverständnisses. Ein offenes und transformatives Verständnis von Bildung und damit verbunden der pädagogischen Praxis, wie dies u. a. im kanadischen British Columbia gegeben ist (Sturm, in Vorbereitung), könnte die aktuell in den deutschen Bundesländern begrenzend konzipierten ablösen. Die Bildungs- und Schulpolitik ist gefragt, sich dieser Veränderungen anzunehmen, da sie die Verantwortung für die Normen sowie die damit verbundenen (Entscheidungs-)Erwartungen, die die interaktiven Praxen in den Organisationen fremdrahmen und mit denen sich die schulisch-unterrichtlichen Akteur:innen explizit und/oder handlungspraktisch auseinandersetzen müssen, tragen. Ein Gegenentwurf zu den hier rekonstruierten schulisch-unterrichtlichen Verständnissen sollte Leistung resp. Bildung als soziales und damit kooperatives Produkt – wie sich in einzelnen Formulierungen der betrachteten Dokumente andeutet – verstehen und fachliche und soziale Leistungserwartungen als Ergebnisse, die aus einer spezifischen Perspektive – mit Interessen – heraus formuliert sind. Dass Schüler:innen nicht gleichermaßen mit diesen Erwartungen vertraut sind, macht dabei eine situativ und individuell angepasste pädagogische Begleitung notwendig – ohne dass diese notwendigerweise als Kompensation von individuellen Defiziten zu konzipieren ist. Eine solche Perspektive kann die jeweiligen Erfahrungen und/oder Interessen der Schüler:innen einbeziehen, indem differente und individuelle Auseinandersetzungen der Schüler:innen mit konkreten Unterrichtsgegenständen möglich wären. Differenzen würden dann als Diskrepanzen zwischen den sachlichen Erwartungsnormen und den (aktuellen) Verständnissen, die die Schüler:innen von der Sache haben, begriffen und didaktisch, diagnostisch und differenzierend von den Lehrpersonen kooperativ mit den Schüler:innen im Unterricht bearbeitet werden. Praxen, denen ein solches Verständnis von Leistungsdifferenz zugrunde liegt, konnten für Unterricht, der im kanadischen British Columbia angesiedelt ist, rekonstruiert werden (vgl. z. B. Sturm 2021, 2022b). In den formalen Dokumenten des Schulsystems von British Columbia findet sich kein vergleichbares, die Leistungen von Schüler:innen begrenzendes Verständnis wie in den für Bayern und Hamburg rekonstruierten (vgl. Sturm, in Vorbereitung). Die Lehrkräfte finden in British Columbia auch eine inhaltlich andere gesellschaftlich-institutionelle Fremdrahmung vor, mit der sie sich explizit und handlungspraktisch auseinandersetzen.

Solange die rekonstruierten Verständnisse von Leistung und Leistungserwartungen vonseiten der Schul- und Bildungspolitik in Bayern und Hamburg – die hier exemplarisch betrachtet wurden – erhalten bleiben, sind Schulleitungen und Lehrpersonen sowie die Lehrer:innenbildung gefordert, ihren Adressat:innen explizite und kritisch-reflexive Formen der Auseinandersetzung mit diesen gesellschaftlich-institutionellen Fremdrahmungen zu eröffnen. Dies kann durch Vergleiche, wie beispielsweise mit den genannten kanadischen Unterrichtspraxen, mit theoretischen sowie mit den eigenen Normen und Erwartungen – z. B. die (eigenen) Vorstellungen, was eine gute Lehrperson ausmacht – erfolgen. Auch können alternative und differente Handlungsmöglichkeiten diskutiert werden. Widersprüche und konfligierende Perspektiven auf Leistung und Bildung – wie sie z. T. in den Dokumenten selbst zu finden sind – können als Anlass zum Austausch und zur Verständigung über deren Bearbeitung innerhalb einer konkreten Schule oder eines Unterrichtssettings herangezogen werden. Für diese – vornehmlich – expliziten Formen der Auseinandersetzung mit unterschiedlichen Perspektiven, die auch Gegenstand des Lehramtsstudiums sein sollten, bieten sich neben Vergleichen der Dokumente unterschiedlicher Bundesländer auch maximalere Vergleiche mit formalen schulischen Dokumenten anderer Länder an, v. a. mit solchen, die Leistung, Differenz und Behinderung und damit verbundene virtuale, soziale Identitäten von Schüler:innen sowie Bildungskonzepten nicht vergleichbar mit essentialisierenden und hierarchisierenden Begabungs- und Beeinträchtigungsverständnissen erklären. In Europa zählen hierzu die skandinavischen Länder (vgl. z. B. Nilsen 2010; Persson 2006) sowie Italien (vgl. z. B. Ianes, Demo & Dell'Anna 2020); im globaleren Kontext z. B. die USA (vgl. z. B. Agran et al. 2020) und Kanada (vgl. z. B. Köpfer & Óskarsdóttir 2019; Sturm 2021). Der sprachliche Zugang zu Letztgenannten ist vermutlich für viele einfacher als der zu den Erstgenannten. Auf die Auseinandersetzung mit formalen Dokumenten aufbauend, können Analysen von Praxen, z. B. videografierten Unterrichts aus unterschiedlichen schulischen Settings vorgenommen werden (vgl. z. B. Sturm 2022a; Sturm, Wagener & Wagner-Willi 2022; Wagener 2022).

Neben dem Vergleich von Praxen, die unterschiedlich fremdgerahmt sind, können auch die Orientierungsrahmen professionalisierter Akteur:innen, die sich mit den gleichen gesellschaftlich-institutionellen Fremdrahmungen auseinandersetzen, verglichen werden. So die Akteur:innen die gleichen Fremdrahmungen handlungspraktisch unterschiedlich bearbeiten, werden die Freiheitsgrade nachvollzieh- und erkennbar, die sich innerhalb dieser eröffnen. Derartige vergleichende Fallarbeit stellt eine hochschuldidaktische Möglichkeit dar, unterschiedliche Formen der unterrichtlichen Bearbeitung verschiedener und gleicher Normen und (Entscheidungs-)Erwartungen zu betrachten und diese mit theoretischen und fachdisziplinären, z. B. erziehungswissenschaftlichen und fachdidaktischen Perspektiven zu vergleichen. Der Unterschied zwischen einem Vergleich mit Theorien und mit anderen Fällen lässt sich dabei ebenso explizit reflektieren und kann den Unterschied von Theorien und Normen gegenüber Praxen illustrierend verdeutlichen.

Die rekonstruierten Ergebnisse der gesellschaftlich-institutionellen Verständnisse von Leistung und Leistungsdifferenzen sollten sich in der Lehrer:innenbildung nicht in expliziten Reflexionen und/oder Analysen von Interaktionen, der organisationalen wie der gesellschaftlichen Ebene erschöpfen. Folgt man der Leitdifferenz von propositionaler und performativer Logik der Praxeologischen Wissenssoziologie sind Lehrende an Universitäten und Hochschulen sowie in der Fort- und Weiterbildung und dem Referendariat auch gefordert, ihre Lehrveranstaltungen als Orte und (Erfahrungs-)Räume zu gestalten, in denen die (angehenden) Lehrpersonen Formen der (reflexiven) Bearbeitung und Bewältigung von Normen und (Entscheidungs-)Erwartungen in der Praxis erleben und erfahren. Die Bildungseinrichtungen resp. deren didaktischen Konzepte sollten entsprechend Möglichkeiten eröffnen, in denen Studierende bzw. Lehrper-

7 Perspektiven für eine inklusionsorientierte Schulentwicklung

sonen Lehr-Lern-Praxen kennen lernen, die die »Prinzipien der *Herstellung* normativer Prinzipien resp. der Prinzipien der (meta-kommunikativen) Verständigung und Verhandlung *über* diese« (Bohnsack 2020, S. 110, Herv. im Orig.) umfassen, so dass sie diese habitualisieren können. Dies umfasst auch Formen bzw. eine professionalisierte Praxis des kontinuierlichen Hinterfragens des eigenen Handelns sowie die Auseinandersetzung mit Normen und (Entscheidungs-)Erwartungen, die an das Handeln vonseiten der Institution und der Organisation, z. B. in Bezug auf Differenz und ihre schulisch-unterrichtliche Bearbeitung/Entscheidung, gestellt werden. Diese können dann auch mit den eigenen Vorstellungen und der Identitätsvorstellung einer ›guten Lehrperson‹ relationiert werden.

Dass Inklusion und Exklusion sowie deren Relation in Schule und Unterricht sozial hervorgebracht und nicht losgelöst von den Fremdrahmungen – den gesellschaftlich-institutionellen ebenso wie dem konkret einzelschulischen – sind, also keine isolierten Mikrophänomene darstellen, die in alleiniger Verantwortung der professionellen, pädagogischen Akteur:innen gestaltet und geändert werden können, konnten die Ausführungen in diesem Buch zeigen. Die Ergebnisse eröffnen Erklärungen für die Genese der in den eingangs genannten Studien rekonstruierten unterrichtlichen Praxen. So finden die für den Unterricht rekonstruierten individualisierenden und hierarchisierenden Zuschreibungen von Leistung ein Äquivalent resp. eine Erwartung in den rahmenden gesellschaftlich-institutionellen Dokumenten. Durch diese Erweiterung der Perspektiven auf schulisch-unterrichtliche Inklusion und Exklusion um die den gesellschaftlich-institutionellen Dokumenten zugrunde liegenden Verständnisse von Leistung, Differenz und Behinderung eröffnen sich für den erziehungswissenschaftlichen und schulischen Inklusionsdiskurs weitere Desiderata, die perspektivisch zu bearbeiten wären. Hierzu zählen v. a. mehrebenenanalytische Perspektiven, die die Ebenen der Interaktion, der Organisation und der Gesellschaft sowie ihrer Relation zueinander theoretisch und empirisch bearbeiten. Letztgenannte sollte v. a. die expliziten und impliziten Reflexionen und Bearbeitungen jener Normen und (Entscheidungs-)Erwartungen, die die pädagogischen, professionalisierten Akteur:innen in ihren Praxen vornehmen und/oder über diese formulieren, nicht ausblenden, sondern zentral stellen. Hierzu zählt z. B. die Frage, wie die Auseinandersetzung der professionalisierten Akteur:innen mit den gesellschaftlich-institutionellen Leistungsverständnissen, die den formalen Dokumenten zugrunde liegen und damit verbundene (Entscheidungs-)Erwartungen explizit und handlungspraktisch bearbeiten, erfolgt. Aus einer inklusionspädagogischen Perspektive schließen sich hier Fragen nach Fremdrahmungen an: zum einen nach der Gestaltung dieser, die die Genese pädagogischer und unterrichtlicher Praxen eröffnen, in denen Leistung nicht als Produkt von Begabungen/Beeinträchtigungen verstanden und im Sinne einer Zweitcodierung allein durch die Schüler:innen erklärt wird, und zum anderen nach den Differenzen und Homologien unterrichtlicher Differenzkonstruktionen in (Bundes-)Ländern mit unterschiedlichen leistungs- und differenzbezogenen Fremdrahmungen; also z. B. Bayern und Hamburg. Hier wären v. a. Vergleiche zwischen den Stadtteilschulen und ihrer integrativen Programmatik mit den separativ organisierten Schulen interessant.

Wenn – wie in der Praxeologischen Wissenssoziologie – die Normen und (Entscheidungs-)Erwartungen nicht als determinierend im Sinne objektiver Entitäten verstanden, sondern als von den Akteur:innen im Medium ihres Habitus, also entlang ihrer Erfahrungen, wahrgenommen und bearbeitet werden, sind auch – bei gleicher Fremdrahmung – differente Praxen denkbar. Andreas Bonnet und Uwe Hericks (2020) zeigen in ihrer Studie *Kooperatives Lernen im Englischunterricht. Empirische Studien zur (Un-)Möglichkeit fremdsprachlicher Bildung in der Prüfungsschule*, in der sie biografie- und unterrichtsbezogene Professionsforschung aufeinander beziehen, dass Lehrpersonen Widersprüche zwischen ihrer beruflichen Identität, also ihren eigenen Normen und Erwartungen an sich als ›gute Lehrperson‹, und konfligierenden institutionellen (Entscheidungs-)Erwartungen explizit und/oder implizit und zugleich unterschiedlich reflektieren. Die Art und Weise der Reflexion finden ihren Ausdruck auch in der Unterrichtspraxis. Neben einem reflexiven Typ, der Handlungsmöglichkeiten eröffnet, rekonstruieren sie einen implizit reflexiven Bearbeitungstyp, der die Lehrpersonen wiederholt in Krisen führt (vgl. ebd., S. 377 ff.). Übertragen auf schulisch-unterrichtliche Inklusion und Exklusion ließe sich hieran anschließend u. a. fragen, wie Lehrpersonen die programmatische Erwartung, inklusiv zu unterrichten, also Barrieren der sozialen und akademischen Partizipation abzubauen, und zugleich Allokationsentscheidungen begründen bzw. legitimieren zu müssen, bearbeiten. Daran schließt die Frage an, wie Lehrpersonen dies vor dem Hintergrund ihrer beruflichen Identität reflektieren und handlungspraktisch bearbeiten. Auch lässt sich der Frage empirisch nachgehen, inwiefern konfligierende Normen und (Entscheidungs-)Erwartungen von den professionalisierten Akteur:innen dabei als Freiheitsgrade im Sinne von Kontingenz und/oder als Grenzen ihrer Handlungspraxis und ihrer pädagogischen Ziele erfahren werden (vgl. Bohnsack et al. 2022). So ließe sich z. B. vergleichend untersuchen, ob und wie in Unterrichtspraxen in Hamburger Stadtteilschulen gegenüber bayrischen Mittelschulen Leistung (auch) als kooperatives statt als individuelles Produkt handlungspraktisch hervorgebracht wird. Vergleichbar lassen sich die Perspektiven der Schüler:innen kontrastierend betrachten, z. B. zwischen Schüler:innen, die unterschiedliche Schulformen besuchen. Diese erscheinen insofern als besonders interessant, da sie innerhalb der institutionell-gesellschaftlichen aufgemachten Leistungshierarchie unterschiedlich verortet sind. Die stärkere Reflexion des Verständnisses von Leistung, die der Mehrgliedrigkeit und den vielfältigen Bildungsgängen – die bisher in der Schul-, Unterrichts- und Professionsforschung vergleichsweise wenig betrachtet wurden – zugrunde liegen, eröffnet Forschungs- und Gegenstandsperspektiven, die Inklusion und Exklusion als Themen von Schule und Unterricht *in ihrer Gesamtheit* thematisieren – also deutlich über die gemeinsame/getrennte Beschulung von Schüler:innen mit und ohne zugeschriebenen sonderpädagogischen Förderbedarf hinausgehen. Die Reflexion der Kontextualisierung, d. h. der expliziten und impliziten Fremdrahmungen gesellschaftlich-institutioneller ebenso wie einzelschulischer Programmatiken für Praxen, differenzieren nicht nur den Diskurs zu schulisch-unterrichtlicher Inklusion/Exklusion, sondern den schulpädagogischen insgesamt.

Neben den Perspektiven für die Lehrer:innenbildung sowie die an die Ergebnisse anschließenden Forschungsperspektiven soll abschließend der Blick auf die Schule, den Unterricht und ihre alltäglichen Praxen gerichtet werden. Inklusion steht ebenso wie Partizipation für den kontinuierlichen Prozess der Analyse und Reflexion von Differenzkonstruktionen und mit ihnen verbundenen Hervorbringungen der Ermöglichung und Behinderung sozialer und akademischer Partizipation (vgl. Ainscow 2021). Schule und Unterricht als gesellschaftliche Orte und Räume, an denen soziale Akteur:innen mit unterschiedlichen Erfahrungen, Vorstellungen und

Ideen zusammenkommen, sind herausgefordert, Interaktions- und Erfahrungsräume so zu gestalten, dass es in ihnen möglich ist, sich über plurale und differente Perspektiven und Erfahrungen ebenso auszutauschen wie über die gesellschaftlichen Vorstellungen, wie dies erfolgen soll. Gleiches oder vergleichbares gilt für die Forschung, die Wissenschaft und die Lehre an Universitäten und Hochschulen, in denen Pluralität und Vielfalt ebenso wie argumentative Dispute diskursiv zu bearbeiten sind (vgl. Tillmann & Baumert 2016), um eine kontinuierliche Erfahrung von Reflexionen erleb- und erfahrbar zu machen. Vor allem Schulen stellen dabei gesellschaftliche Sozialisationsorte und -räume dar, die – da von allen Kindern und Jugendlichen besucht – Impulse für neue und andere Formen der Auseinandersetzung und Bearbeitung von Inklusion und Exklusion eröffnen können.

Dass zahlreiche Lehrer:innen sich landauf, landab tagtäglich bemühen, Unterricht zu gestalten, der die Schüler:innen in ihrer Person mit ihren vielfältigen sozialen und auch materialen Erfahrungen anerkannt fühlen sowie als lernende, unabhängig davon, ob ihnen sonderpädagogischer Förderbedarf zugeschrieben wird oder nicht – und diese ebenso wenig wie andere soziale Unterscheidungen als kulturell hervorgebracht konzipieren und bearbeiten –, ob sie selbst Sonder- oder Regelschullehrperson sind, soll mit den Ausführungen in diesem Buch an keiner Stelle in Frage gestellt werden. Es ist hingegen das zentrale Anliegen dieses Buches, die Komplexität, die Widersprüchlichkeiten und Spannungsfelder sowie die Herausforderungen ihres Alltags zu beschreiben und reflexiv zugänglich zu machen. Die Ausführungen zeigen, dass auf der formalen Ebene, insbesondere der gesellschaftlich-institutionellen, Veränderungen erforderlich sind, wenn Inklusion, verstanden als kontinuierliche Reflexion der Behinderung und Ermöglichung akademischer und sozialer Partizipation aller Schüler:innen, ernsthaft das Ziel ist. Die formalen, bildungspolitischen Dokumente stellen einen zentralen Bezugsrahmen für die Unterrichtspraxen dar, (in weiten Teilen) den Ausführungen der *UN-Konvention über die Rechte von Menschen mit Behinderungen*, also den Menschenrechten, nicht entsprechen. Darauf immer wieder hinzuweisen, auch in der unterrichtlichen Arbeit mit den Schüler:innen und den schulischen Kolleg:innen, ist weiterhin notwendig.

8 Literatur

Agran, Martin; Jackson, Lewis; Ryndak, Diane; Burnette, Kristin; Zagona, Alison; Fitzpatrick, Heather et al. (2020). Why Aren't Students with Severe Disabilities Being Placed in General Education Classrooms: Examining the Relations Among Classroom Placement, Learner Outcomes, and Other Factors. In: *Research and Practice for Persons with Severe Disabilities*, 45(1), S. 4–13.

Ainscow, Mel (2021). Inclusion and equity in education. In: Köpfer, Andreas; Powell, Justin J. W.; Zahnd, Raffael (Hrsg.), *Handbuch Inklusion international: Globale, nationale und lokale Perspektiven auf Inklusive Bildung. Handbook Inclusion International: Global, National and Local Perspectives on Inclusive Education*. Opladen, Berlin, Toronto: Verlag Barbara Budrich. S. 75–87.

Allan, Julie; Sturm, Tanja (2018). School development and inclusion in England and Germany. In: Hamre, Bjørn; Morin, Anne; Ydesen, Christian (Hrsg.), *Testing and inclusive schooling. International challenges and opportunities*. London, New York: Routledge. S. 121–134.

Altrichter, Herbert; Feyerer, Ewald (2011). Auf dem Weg zu einem inklusiven Schulsystem? Die Umsetzung der UN-Konvention in Österreich aus der Sicht der Governance-Perspektive. In: *Zeitschrift für Inklusion online*, 4.

Altrichter, Herbert; Maag Merki, Katharina (Hrsg.). (2016). *Handbuch Neue Steuerung im Schulsystem*. Wiesbaden: Springer VS.

Amling, Steffen (2021). Schulorganisationen als mehrdimensionale Gebilde – Konzeptionelle und methodologische Überlegungen zur Erforschung von Lernprozessen in und von Schulen aus der Perspektive einer praxeologischen Wissenssoziologie. In: Moldenhauer, Anna; Asbrand, Barbara; Hummrich, Merle; Idel, Till-Sebastian (Hrsg.), *Schulentwicklung als Theorieprojekt. Forschungsperspektiven auf Veränderungsprozesse von Schule*. Wiesbaden: Springer VS. S. 139–158.

Autorengruppe Bildungsbericht (2020). *Bildung in Deutschland 2020. Ein indikatorengestützter Bericht mit einer Analsye zu Bildung in einer digitalisierten Welt*. Zugriff: https://www.destatis.de/DE/Themen/Gesellschaft-Umwelt/Bildung-Forschung-Kultur/Bildungsstand/Publikationen/Downloads-Bildungsstand/bildung-deutschland-5210001209004.pdf;jsessionid=BC85BE010E54B3B2DB93FFD6150C538D.live711?__blob=publicationFile [23.06.2020].

8 Literatur

Autor:innengruppe Bildungsberichterstattung (2022). *Bildung in Deutschland 2022. Ein indikatorengestützter Bericht mit einer Analyse zum Bildungspersonal.* Zugriff: https://www.bildungsbericht.de/de/bildungsberichte-seit-2006/bildungsbericht-2022/pdf-dateien-2022/bildungsbericht-2022.pdf [27.06.2022].

Avenarius, Herrmann; Hanschmann, Felix (2019). *Schulrecht. Ein Handbuch für Praxis, Rechtssprechung und Wissenschaft.* Köln: Carl Link.

Bärmig, Sven (2015). Kritische Erziehungswissenschaft und Inklusionspädagogik? In: *Inklusion online,* (3/2015). Zugriff: https://www.inklusion-online.net/index.php/inklusion-online/article/view/300/264 [04.01.2022].

Baumert, Jürgen (2016). Leistungen, Leistungsfähigkeit und Leistungsgrenzen der empirischen Bildungsforschung. Das Beispiel von Large-Scale-Assessment-Studien zwischen Wissenschaft und Politik. In: *Zeitschrift für Erziehungswissenschaft,* 19(1), S. 215–253.

Bayerische Staatskanzlei (2019a). *Bayerisches Gesetz über das Erziehungs- und Unterrichtswesen (BayEUG) in der Fassung der Bekanntmachung vom 31. Mai 2000 (GVBl. S. 414, 632, BayRS 2230-1-1-K), das zuletzt durch § 5 Abs. 16 des Gesetzes vom 23. Dezember 2019 (GVBl. S. 737) geändert worden ist.* Zugriff: https://www.gesetze-bayern.de/Content/Document/BayEUG/true [14.05.2020].

Bayerische Staatskanzlei (2019b). *Fachlehrpläne Gymnasium: Deutsch 8.* Zugriff: https://www.lehrplanplus.bayern.de/fachlehrplan/gymnasium/8/deutsch [29.04.2020].

Bayerische Staatskanzlei (2019c). *Fachlehrpläne Mittelschule: Deutsch 8.* Zugriff: https://www.lehrplanplus.bayern.de/fachlehrplan/mittelschule/8/deutsch/regelklasse [29.07.2020].

Bayerische Staatskanzlei (2019d). *Schulordnung für die Volksschulen zur sonderpädagogischen Förderung.* Zugriff: https://www.gesetze-bayern.de/Content/Document/BayVSOF [26.10.2022].

Bayerische Staatskanzlei (2021). *Schulordnung für Mittelschulen in Bayern.* Zugriff: https://www.gesetze-bayern.de/Content/Document/BayMSO [11.08.2021].

Bayerische Staatskanzlei (2022). *Schulordnung für Gymnasien in Bayern.* Zugriff: https://www.gesetze-bayern.de/Content/Document/BayGSO [29.07.2020].

Bayerische Staatskanzklei (2000): *Empfehlungen zum Förderschwerpunkt Lernen.* Zugriff: https://www.gesetze-bayern.de/Content/Document/BayVV_2233_1_UK_150/true [02.12.2022].

Bayerisches Staatsministerium für Unterricht und Kultus (2000). *Empfehlungen zum Förderschwerpunkt Lernen.* Zugriff: https://www.gesetze-bayern.de/Content/Document/BayVV_2233_1_UK_150/true [03.07.2022].

Becker, Ulrike (2007). Entwicklungsräume und Entwicklungszeiten für Schüler mit Lernbeeinträchtigungen in heterogenen Lerngruppen. In: *Vierteljahreszeitschrift für Heilpädagogik und ihre Nachbargebiete,* 76(3), S. 241–252.

Bellmann, Johannes (2006). Bildungsforschung und Bildungspolitik im Zeitalter ›Neuer Steuerung‹. In: *Zeitschrift für Pädagogik,* 52(4), S. 487–504.

8 Literatur

Bellmann, Johannes (2015). Symptome der gleichzeitigen Politisierung und Entpolitisierung der Erziehungswissenschaft im Kontext datengetriebener Steuerung. In: *Erziehungswissenschaft*, 26(50), S. 45–54.

Bellmann, Johannes; Dužević, Doris; Schweizer, Sebastian; Thiel, Corrie (2016). Nebenfolgen Neuer Steuerung und die Rekonstruktion ihrer Genese. Differente Orientierungsmuster schulischer Akteure im Umgang mit neuen Steuerungsinstrumenten. In: *Zeitschrift für Pädagogik*, 62(3), S. 381–401.

Bellmann, Johannes; Müller, Thomas (2011). Einleitende Bemerkungen zur Kritik eines Paradigmas. In: Bellmann, Johannes; Müller, Thomas (Hrsg.), *Wissen, was wirkt. Kritik evidenzbasierter Pädagogik*. Wiesbaden: VS Verlag für Sozialwissenschaften. S. 10–32.

Bernhard, Armin (2012). Inklusion – Ein importiertes erziehungswissenschaftliches Zauberwort und seine Tücken. In: *Behindertenpädagogik*, 51(4), S. 342–351.

Bielefeldt, Heiner (2008). *Menschenwürde. Der Grund der Menschenrechte*. Zugriff: https://www.institut-fuer-menschenrechte.de/fileadmin/Redaktion/Publikatio nen/studie_menschenwuerde_2008.pdf [03.07.2022].

Bielefeldt, Heiner (2009). *Zum Innovationspotenzial der UN-Behindertenrechtskonvention*. Zugriff: https://www.institut-fuer-menschenrechte.de/fileadmin/Redaktion/ Publikationen/essay_no_5_zum_innovationspotenzial_der_un_behinderten rechtskonvention_aufl3.pdf [26.08.2022].

Blanck, Jonna M.; Edelstein, Benjamin; Powell, Justin J. W. (2013). Von der schulischen Segregation zur inklusiven Bildung? Die Wirkung der UN-Konvention über die Rechte von Menschen mit Behinderungen auf Bildungsreformen in Bayern und Schleswig-Holstein. Zugriff: https://bibliothek.wzb.eu/pdf/2013/i13-504.pdf [27.06.2022].

BMBF (2008). *Rahmenprogramm zur Förderung der empirischen Bildungsforschung. Framework Programme for the Promotion of Empirical Educational Research*. Zugriff: https://web.archive.org/web/20130502174428/http://www.bmbf.de/pub/Bil dungsforschung_Band_zweiundzwanzig.pdf [26.08.2022].

BMBF (2018). *Rahmenprogramm empirische Bildungsforschung*. Zugriff: https://www. empirische-bildungsforschung-bmbf.de/img/Rahmenprogramm%20empirische %20Bildungsforschung_barrierefrei_NEU(1).pdf [26.08.2022].

Böker, Arne; Horvath, Kenneth (2018). Ausgangspunkte und Perspektiven einer sozialwissenschaftlichen Begabungsforschung. In: Böker, Arne; Horvath, Kenneth (Hrsg.), *Begabung und Gesellschaft. Sozialwissenschaftliche Persepktiven auf Begabung und Begabtenförderung*. Wiesbaden: Springer VS. S. 7–26.

Boger, Mai-Anh (2017). Theorien der Inklusion – ein Überblick. In: *Inklusion online*. Zugriff: https://www.inklusion-online.net/index.php/inklusion-online/article/ view/413/317 [24.08.2021].

Bohl, Thorsten (2005). *Leistungsbeurteilung in der Reformpädagogik: Analyse und Gehalt der Beurteilungskonzeption*. Weinheim: Beltz Pädagogik.

8 Literatur

Bohnsack, Ralf (2007). Dokumentarische Methode und praxeologische Wissenssoziologie. In: Schützeichel, Rainer (Hrsg.), *Handbuch Wissenssoziologie und Wissensforschung*. Konstanz: UVK Verlagsgesellschaft. S. 180–190.

Bohnsack, Ralf (2017). *Praxeologische Wissenssoziologie*. Opladen, Toronto: Barbara Budrich Verlag.

Bohnsack, Ralf (2020). *Professionalisierung in praxeologischer Perspektive: Zur Eigenlogik der Praxis in Lehramt, Sozialer Arbeit und Frühpädagogik*. Opladen, Toronto: Verlag Barbara Budrich/utb.

Bohnsack, Ralf (2021a). Praxeologische Wissenssoziologie. In: *Zeitschrift für Qualitative Forschung*, 22(2), S. 87–105.

Bohnsack, Ralf (2021b). *Rekonstruktive Sozialforschung. Einführung in qualitative Methoden*. Opladen, Farmington Hills, MI: Verlag Barbara Budrich.

Bohnsack, Ralf; Bonnet, Andreas; Hericks, Uwe (2022). Praxeologisch-wissenssoziologische Professionsforschung in Handlungsfeldern der Pädagogik und Sozialen Arbeit. In: Bohnsack, Ralf; Bonnet, Andreas; Hericks, Uwe (Hrsg.), *Praxeologisch-wissenssoziologische Professionsforschung. Rahmung und Erträge einer feldübergreifenden Perspektive in pädagogischen Handlungskontexten*. Bad Heilbrunn: Julius Klinkhardt Verlag. S. 13–30.

Bohnsack, Ralf; Fritzsche, Bettina; Wagner-Willi, Monika (Hrsg.). (2015). *Dokumentarische Video- und Filminterpretation. Methodologie und Forschungspraxis*. Opladen, Berlin, Toronto: Verlag Barbara Budrich.

Bohnsack, Ralf; Hoffmann, Nora Friederike; Nentwig-Gesemann, Iris (Hrsg.). (2018). *Typenbildung und Dokumentarische Methode. Forschungspraxis und methodologische Grundlagen*. Opladen, Berlin, Toronto: Verlag Barbara Budrich.

Bohnsack, Ralf; Michel, Burkard; Przyborski, Aglaja (Hrsg.). (2015). *Dokumentarische Bildinterpretation. Methodologie und Forschungspraxis*. Opladen, Berlin, Toronto: Verlag Barbara Budrich.

Bohnsack, Ralf; Nohl, Arnd-Michael (2001). Ethnisierung und Differenzerfahrung. In: *Zeitschrift für Qualitative Bildungs-, Beratungs- und Sozialforschung*, 2(1), S. 15–36.

Bonnet, Andreas; Hericks, Uwe (2020). *Kooperatives Lernen im Englischunterricht. Empirische Studien zur (Un-)Möglichkeit fremdsprachlicher Bildung in der Prüfungsschule*. Tübingen: Narr Francke Attempto Verlag.

Bourdieu, Pierre (1987). *Sozialer Sinn. Kritik der theoretischen Vernunft*. Frankfurt/Main: Suhrkamp.

Bourdieu, Pierre (1992). *Homo academicus*. Frankfurt/Main: Suhrkamp Taschenbuch Wissenschaft.

Bourdieu, Pierre (2009). *Entwurf einer Theorie der Praxis*. Frankfurt/Main: Suhrkamp.

Bourdieu, Pierre; Passeron, Jean-Claude (1971). *Die Illusion der Chancengleichheit. Untersuchungen zur Soziologie des Bildungswesens am Beispiel Frankreichs*. Stuttgart: Ernst Klett Verlag.

8 Literatur

Brantlinger, Ellen (1997). Using Ideology: Cases of Nonrecognition of the Politics of Research and Practice in Special Educaiton. In: *Review of Educational Research*, 67(4), S. 425–459.

Bromme, Rainer; Prenzel, Manfred; Jäger, Michael (2016). Empirische Bildungsforschung und evidenzbasierte Bildungspolitik. Zum Zusammenhang von Wissenschaftskommunikation und Evidenzbasierung in der Bildungsforschung. In: *Zeitschrift für Erziehungswissenschaft*, 19(1), S. 129–146.

Buchner, Tobias; Pfahl, Lisa; Traue, Boris (2015). Zur Kritik der Fähigkeiten: Ableism als neue Forschungsperspektive der Disability Studies und ihrer Partner_innen. In: *Inklusion Online*, (2). Zugriff: https://www.inklusion-online.net/in dex.php/inklusion-online/article/view/273/256 [28.10.2018].

Budde, Jürgen; Scholand, Barbara; Faulstich-Wieland, Hannelore (2008). *Geschlechtergerechtigkeit in der Schule. Eine Studie zu Chancen, Blockaden und Perspektiven einer gender-sensiblen Schulkultur*. Weinheim, München: Juventa Verlag.

Busemeyer, Marius R. (2015). Bildungspolitik. In: Wenzelburger, Georg; Zohlnhöfer, Reimut (Hrsg.), *Handbuch der Policy-Forschung*. Wiesbaden: Springer VS. S. 615–640.

Butler, Judith (2006). *Haß spricht. Zur Politik des Performativen*. Frankfurt/Main: Suhrkamp.

Campbell, Fiona Kumari (2009). *Contours of Ableism: The Production of Disability and Abledness*. New York, London: Palgrave Macmillan.

Chmielewski, Anna K. (2014). An International Comparison of Achievement Inequality in Within- and Between-School Tracking Systems. In: *American Journal of Education*, 120(3), S. 293–324.

Collins, James (2009). Social Reproduction in Classrooms and Schools. In: *The Annual Review of Anthropology*, 38, S. 33–48.

Cramer, Colin; Harant, Martin (2014). Inklusion – Interdisziplinäre Kritik und Perspektiven von Begriff und Gegenstand. In: *Zeitschrift für Erziehungswissenschaft*, 17(4), S. 639–659.

Dammer, Karl-Heinz (2008). Brauchen wir noch eine »kritische Erziehunswissenschaft«? In: *Pädagogische Korrrespondenz*, S. 5–27.

Dammer, Karl-Heinz (2012). »Inklusion« und »Integration« – zum Verständnis zweier pädagogischer Zauberformeln. In: *Behindertenpädagogik*, 51(4), S. 352–380.

Danz, Simone; Sauter, Sven (Hrsg.). (2020). *Inklusion, Menschenrechte, Gerechtigkeit. Professionstheoretische Perspektiven*. Stuttgart: Evangelischer Verlag Stuttgart.

Daschner, Peter; Rolff, Hans-Günter; Stryck, Tom (Hrsg.). (1995). *Schulautonomie – Chancen und Grenzen. Impulse für die Schulentwicklung*. Weinheim, München: Juventa Verlag.

Deutsches Institut für Menschenrechte (2018). *National CRPD Monitoring Mechanism Pre-List of Issues on Germany submitted by the National CRPD Monitoring Mechanism of Germany to the CRPD Committee on the lights of Persons with Disabilities on the occasion of the preparation of a list of issues by the committee*, (2018). Zugriff: https://

www.institut-fuer-menschenrechte.de/fileadmin/Redaktion/PDF/DB_Menschen rechtsschutz/CRPD/2._und_3._Staatenbericht/CRPD_State_Report_DEU_2_3_LOIPR_DIMR.pdf [03.10.2019].

DIPF. Deutsches Institut für Pädagogische Forschung (2022). Pedocs. Open Access Erziehungswissenschaften. Zugriff: 12.06.2022: DIPF. Deutsches Institut für Pädagogische Forschung.

Döbert, Hans (2003). Neue Steuerungsmodelle von Schulsystemen in Europa? In: Döbert, Hans; Kopp, Botho von; Martini, Renate; Weiß, Manfred (Hrsg.), *Bildung vor neuen Herausforderungen. Historische Bezüge – Rechtliche Aspekte – Steuerungsfragen – Internationale Perspektiven*. Neuwied: Luchterhand. S. 287–303.

Eisenhart, Margret; Towne, Lisa (2003). Contestation and Change in National Policy on »Scientifically Based« Education Research. In: *Educational Researcher*, 32, S. 31–38.

Emmerich, Marcus; Hormel, Ulrike (2013). *Heterogenität – Diversity – Intersektionalität. Zur Logik sozialer Unterscheidungen in pädagogischen Semantiken der Differenz.* Wiesbaden: Springer VS.

Erevelles, Nirmala (2006). Deconstructing Difference: Doing Disability Studies in Multicultural Contexts. In: Danforth, Scot; Gabel, Susan L. (Hrsg.), *Vital Questions Facing Disability Studies in Education*. New York, Washington, DC, Baltimore, Bern, Frankfurt/Main, Berlin, Brussels, Vienna, Oxford: Peter Lang. S. 363–348.

Fegter, Susann; Kessl, Fabian; Langer, Antje; Ott, Marion; Rothe, Daniela; Wrana, Daniel (Hrsg.). (2015). *Erziehungswissenschaftliche Diskursforschung. Empirische Analysen zu Bildungs- und Erziehungsverhältnissen.* Wiesbaden: Springer VS.

Ferri, Beth A.; Gallagher, Deborah; Connor, David J. (2011). Pluralizing Methodologies in the Field of LD: From »What Works« to What Matters. In: *Learning Disability Quarterly*, 34(3), S. 222–231.

Feyerer, Ewald (2019). Kann Inklusion unter den Strukturen des segregativen Schulsystems in Österreich gelingen? In: Donlic, Jasmin; Jaksche-Hoffman, Elisabeth; Peterlini, Hans Karl (Hrsg.), *Ist inklusive Schule möglich? Nationale und internationale Perspektiven*. Bielefeld: transcript Verlag. S. 61–75.

Fickermann, Detlef (2014). Einrichtungen zur Qualitätssicherung und -entwicklung als »nachgeordnete Dienststellen der besonderen Art«. In: *DDS – Die Deutsche Schule*, 106(3), S. 231–239.

Fletcher, Jack M.; Vaughn, Sharon (2009). Response to Intervention: Preventing and Remediating Academic Difficulties. In: *Child Development Perspectives*, 3(1), S. 30–37.

Förschler, Annina; Hartong, Sigrid (2020). Datenpraktiken des Schulmonitorings in staatlichen Bildungsbehörden. In: *DDS – Die Deutsche Schule*, S. 41–57.

Forster, Edgar (2014). Kritik der Evidenz. Das Beispiel einer evidence-informed policy research der OECD. In: *Zeitschrift für Pädagogik*, 60(6), S. 890–907.

Foucault, Michel (1976). *Überwachen und Strafen. Die Geburt des Gefängnisses.* Frankfurt/Main: suhrkamp taschenbuch wissenschaft.

8 Literatur

Foucault, Michel (2013). *Analytik der Macht*. Frankfurt/Main: suhrkamp taschenbuch wissenschaft.

Foucault, Michel (2020). *Archäologie des Wissens*. Frankfurt/Main: suhrkamp taschenbuch wissenschaft.

Fritzsche, Bettina (2018). Inklusion als Anerkennung einer primären Verletzbarkeit. Zum Ertrag Judith Butlers Anerkennungskonzept für die Analyse von inkludierenden und exkludierenden Effekten pädagogischer Praktiken. In: Sturm, Tanja; Wagner-Willi, Monika (Hrsg.), *Handbuch schulische Inklusion*. Opladen, Berlin, Toronto: Barbara Budrich. S. 61–76.

Fuchs, Douglas; Fuchs, Lynn S. (2006). Introduction to Response to Intervention: What, why, and how valid is it? In: *Reading Research Quarterly*, 41(1), S. 93–99.

Fuchs, Hans-Werner (2009). Neue Steuerung – neue Schulkultur? In: *Zeitschrift für Pädagogik*, 55(3), S. 369–380.

Füssel, Hans-Peter (2019). Der institutionelle Rahmen des Bildungswesens. In: Köller, Olaf; Hasselhorn, Marcus; Hesse, Friedrich W.; Maaz, Kai; Schrader, Friedrich-Wilhelm; Solga, Heike; Spieß, C. Katharina; Zimmer, Karin (Hrsg.), *Das Bildungswesen in Deutschland. Bestand und Potenziale*. Bad Heilbrunn: Verlag Julius Klinkhardt. S. 85–130.

Füssel, Hans-Peter; Kretschmann, Rudolf; Scholz, Herbert (1993). *Gemeinsamer Unterricht für behinderte und nicht-behinderte Kinder: pädagogische und juristische Voraussetzungen*. Witterschlick/Bonn: Wehle.

Garfinkel, Herold (1967). Conditions of successful degradation ceremonies. In: Manis, Jerome G.; Meltzer, Bernard N. (Hrsg.), *Symbolic Interaction. A reader in social psychology*. Boston: Allyn and Bacon. S. 205–212.

Gertenbach, Lars (2008). Das »Denken des Außen«. Michel Foucault und die Soziologie der Exklusion. In: *Soziale Systeme*, 14(2), S. 308–328.

Gingelmaier, Stephan (2019). Das Wesen von Inklusion ist psychosozial – Epistemisches Vertrauen zwischen Vorurteil und sozialem Lernen. In: Müller, Kathrin; Gingelmaier, Stephan (Hrsg.), *Kontroverse Inklusion. Ansprüche, Umsetzungen und Widersprüche in der Schulpädagogik*. Weinheim, Basel: Beltz Juventa. S. 78–91.

Gomolla, Mechtild (2018). Schulsystem, »neue Steuerung« und Inklusion. In: Sturm, Tanja; Wagner-Willi, Monika (Hrsg.), *Handbuch schulische Inklusion*. Opladen, Toronto: Verlag Barbara Budrich. S. 159–173.

Goodley, Dan (2014). *Dis/ability Studies: Theorising disablism and ableism*. London, New York: Routledge.

Gräsel, Cornelia (2011). Was ist Empirische Bildungsforschung? In: Reinders, Heinz; Ditton, Hartmut; Gräsel, Cornelia; Gniewiosz, Burkhard (Hrsg.), *Empirische Bildungsforschung. Strukturen und Methoden*. Wiesbaden: Springer VS. S. 13–27.

Grosche, Michael (2015). Was ist Inklusion? Ein Diskussions- und Positionsartikel zur Definition von Inklusion aus Sicht der empirischen Bildungsforschung. In: Kuhl, Poldi; Stanat, Petra; Lütje-Klose, Birgit; Gresch, Cornelia; Pant, Hans Anand; Prenzel, Manfred (Hrsg.), *Inklusion von Schülerinnen und Schülern mit sonderpädagogischem Förderbedarf in Schulleistungserhebungen*. Wiesbaden: Springer VS. S. 17–39.

Grünkorn, Juliane; Klieme, Eckhard; Stanat, Petra (2019). *Bildungsmonitoring und Qualitätssicherung*. In: Köller, Olaf; Hasselhorn, Marcus; Hesse, Friedrich W.; Maaz, Kai; Schrader, Josef; Solga, Heike; Spieß, C. Katharina; Zimmer, Karin (Hrsg.), *Das Bildungswesen in Deutschland. Bestand und Potenziale*. Bad Heilbrunn: Verlag Julius Klinkhardt. S. 263–298.

Hackbarth, Anja (2017). *Inklusionen und Exklusionen in Schülerinteraktionen. Empirische Rekonstruktionen in jahrgansübergreifenden Lerngruppen an einer Förderschule und an einer inklusiven Grundschule*. Bad Heilbrunn: Verlag Julius Klinkhardt.

Hamburg (2011a). *Bildungsplan Gymnasium Sekundarstufe I. Deutsch*, hrsg. v. Freie und Hansestadt Hamburg, Behörde für Schule und Berufsbildung. Zugriff: https://www.hamburg.de/contentblob/2373174/c59cfd60f90873e51bfa80809662ac62/data/deutsch-gym-seki.pdf [24.07.2020].

Hamburg (2011b). *Bildungsplan Stadtteilschule Jahrgangsstufen 5–11. Deutsch*, hrsg. v. Freie und Hansestadt Hamburg, Behörde für Schule und Berufsbildung. Zugriff: https://www.hamburg.de/contentblob/2372470/d7d69bc24fed2b9fea66b8e455d0bfb5/data/deutsch-sts.pdf [24.07.2020].

Hamburg (2012). *Verordnung über die Ausbildung von Schülerinnen und Schülern mit sonderpädagogischem Förderbedarf (AO-SF)*. Zugriff: https://www.hamburg.de/contentblob/3663206/e014d75f546b97b5c0c393c75065971f/data/ao-sf-download.pdf [26.08.2022].

Hamburg (2018a). *Bildungsplan Gymnasium Sekundarstufe I. Allgemeiner Teil*, hrsg. v. Freie und Hansestadt Hamburg, Behörde für Schule und Berufsbildung. Zugriff: https://www.hamburg.de/contentblob/11249352/d0540346f8847d8a5601fc2903fef3a9/data/gym-a-teil.pdf [24.07.2020].

Hamburg (2018b). *Bildungsplan. Bildung und Erziehung in der Grundschule. Allgemeiner Teil des Bildungsplanes Grundschule*, hrsg. v. Freie und Hansestadt Hamburg, Behörde für Schule und Berufsbildung. Zugriff: https://www.hamburg.de/contentblob/11249320/0c2dc57a8d4d9e368845d7b6228575d3/data/grundschule-a-teil.pdf [10.08.2021].

Hamburg (2018c). *Bildungsplan. Bildung und Erziehung in der Stadtteilschule. Allgemeiner Teil des Bildungsplanes Stadtteilschule. Jahrgangsstufen 5–11*, hrsg. v. Freie und Hansestadt Hamburg, Behörde für Schule und Berufsbildung. Zugriff: https://www.hamburg.de/contentblob/11249336/013e19e5d7b08e6217bdf01a8f0b924d/data/sts-a-teil.pdf [10.08.2021].

Hamburg (2021a). *Wie viele Schülerinnen und Schüler wechseln vom Gymnasium an die Stadtteilschule? Entwicklung der Zahl der Wechsel vom Gymnasium an die Stadtteilschule*, hrsg. v. Freie und Hansestadt Hamburg, Behörde für Schule und Berufsbildung. Zugriff: https://www.hamburg.de/schuljahr-in-zahlen/4895080/schulformwechsel/ [14.08.2021].

Hamburg (2021b). *Ausbildungs- und Prüfungsordnungen*, hrsg. v. Freie und Hansestadt Hamburg, Behörde für Schule und Berufsbildung. Zugriff: https://www.ham

burg.de/contentblob/3013778/7928425d909986adf6f8eb52a1068c58/data/apogrundstgy.pdf [03.07.2022].

Hamburg (2021c). *Hamburgisches Schulgesetz (HmbSG), vom 16. April 1997 (HmbGVBl. S. 97), zuletzt geändert am 11. Mai 2021 (HmbGVBl. S. 322)*. Zugriff: https://www.hamburg.de/contentblob/1995414/5b23ded37092b4e61d0716878 dba9bae/data/schulgesetzdownload.pdf [06.08.2021].

Hamburg (2022). *Bildungsplan. Grundschule, Stadtteilschule und Gymnasium. Allgemeiner Teil (Entwurf)*, hrsg. v. Freie und Hansestadt Hamburg, Behörde für Schule und Berufsbildung. Zugriff: https://www.hamburg.de/contentblob/16017762/8 0c62daf1d08b58e517e0e7233d0eb14/data/a-teil-dl.pdf [10.06.2022].

Hartke, Bodo; Diehl, Kirsten (2013). *Schulische Prävention im Bereich Lernen*. Stuttgart: Kohlhammer.

Hartmann, Erich; Müller, Michael (2009). Schulweite Prävention von Lernproblemen im RTI-Modell. In: *Schweizerische Zeitschrift für Heilpädagogik*, 15(9), S. 25–33.

Hartmann, Ulrike; Decristan, Jasmin; Klieme, Eckhard (2016). Unterricht als Feld evidenzbasierter Bildungspraxis? Herausforderungen und Potenziale für einen wechselseitigen Austausch von Wissenschaft und Schulpraxis. In: *Zeitschrift für Erziehungswissenschaft*, 19(1), S. 179–199.

Hehir, Thomas (2002). Eliminating Ableism in Education. In: *Harvard Educational Review*, 72(1), S. 1–33.

Heinrich, Martin (2018). Ökonomisierung der Schule durch evidenzbasierte Schulentwicklung? Analysen zur Schulinspektion im Rahmen des Effizienzversprechens »Neuer Steuerung«. In: Hartong, Sigrid; Hermstein, Björn; Höhne, Thomas (Hrsg.), *Ökonomisierung von Schule? Bildungsreformen in nationaler und internationaler Perspektive*. Weinheim, Basel: Beltz Juventa. S. 173–191.

Heinrich, Martin; Altrichter, Herbert; Soukup-Altrichter, Katharina (2011). Neue Ungleichheiten durch Schulprofilierung? Autonomie, Wettbewerb und Selektion in profilorientierten Schulentwicklungsprozessen. In: Dietrich, Fabian; Heinrich, Martin; Thieme, Nina (Hrsg.), *Neue Steuerung – alte Ungleichheiten? Steuerung und Entwicklung im Bildungssystem*. Münster: Waxmann. S. 271–289.

Helbig, Marcel; Nikolai, Rita (2015). *Die Unvergleichbaren. Der Wandel der Schulsysteme in den deutschen Bundesländern seit 1949*. Bad Heilbrunn: Verlag Julius Klinkhardt.

Helbig, Marcel; Steinmetz, Sebastian; Wrase, Michael; Döttinger, Ina (2021). Mangelhafte Umsetzung des Rechts auf inklusive Bildung. Bundesländer verstoßen gegen Artikel 24 der UN-Behindertenrechtskonvention. In: *WZBrief Bildung*, 44/September 2021, S. 1–7. Zugriff: https://www.wzb.eu/de/publikationen/wzbriefbildung/archiv [21.01.2022].

Helsper, Werner (2016). Wird die Pluralität in der Erziehungswissenschaft aufgekündigt? In: *Empirische Bildungsforschung*, S. 89–105.

Hepp, Gerd F. (2011). *Bildungspolitik in Deutschland. Eine Einführung*. Wiesbaden: VS Verlag für Sozialwissenschaften.

8 Literatur

Herrmann, Ulrich (2003). »Bildungsstandards« – Erwartungen und Bedingungen, Grenzen und Chancen. In: *Zeitschrift für Pädagogik*, 49 (September/Oktober), S. 625–639.

Hertel, Thorsten; Pfaff, Nicolle (2015). Studien zur Konstruktion sozialer Klassenzugehörigkeit im schulischen Feld – eine Perspektive der Bildungsgleichheitsforschung. In: Bräu, Karin; Schlickum, Christine (Hrsg.), *Soziale Konstruktionen in Schule und Unterricht. Zu den Kategorien Leistung, Migration, Geschlecht, Behinderung, Soziale Herkunft und deren Interdependenzen.* Opladen, Farmington Hills: Verlag Barbara Budrich. S. 263–278.

Herzog, Walter (2012). Ideologie der Machbarkeit. Wie die Psychologie einer effizienzorientierten Bildungspolitik Plausibilität verschafft. In: *Zeitschrift für Pädagogik*, 58(2), S. 176–192.

Herzog, Walter (2016). Kritik der evidenzbasierten Pädagogik. In: *Zeitschrift für Erziehungswissenschaft*, 19(1), S. 201–213.

Hinz, Andreas (2002). Von der Integration zur Inklusion – terminologisches Spiel oder konzeptionelle Weiterentwicklung? In: *Zeitschrift für Heilpädagogik*, 53(9), S. 354–361.

Hinz, Andreas (2009). Inklusive Pädagogik in der Schule – veränderter Orientierungsrahmen für die schulische Sonderpädagogik!? Oder doch deren Ende?? In: *Zeitschrift für Heilpädagogik*, 60(5), S. 171–179.

Hinz, Andreas (2016). Response-to-Intervention – eine (Schein-)Lösung für Herausforderung inklusionsorientierter Diagnostik?! In: Amrhein, Bettina (Hrsg.), *Diagnostik im Kontext inklusiver Bildung. Theorien, Ambivalenzen, Akteure, Konzepte.* Bad Heilbrunn: Verlag Julius Klinkhardt. S. 243–257.

Hirschberg, Marianne (2003). Ambivalenzen in der Klassifizierung von Behinderung. Anmerkungen zur Internationalen Klassifikation der Funktionsfähigkeit, Behinderung und Gesundheit der Weltgesundheitsorganisation. In: *Ethik in der Medizin*, 15(3), S. 171–179.

Hirschberg, Marianne; Köbsell, Swantje (2021). Disability Studies in Education: Normalität/en im inklusiven Unterricht und im Bildungsbereich hinterfragen. In: Köpfer, Andreas; Powell, Justin J. W.; Zahnd, Raffael (Hrsg.), *Handbuch Inklusion international: Globale, nationale und lokale Perspektiven auf Inklusive Bildung: Globale, nationale und lokale Perspektiven auf Inklusive Bildung. Handbook Inclusion International: Global, National and Local Perspectives on Inclusive Education.* Opladen, Berlin, Toronto: Verlag Barbara Budrich. S. 127–146.

Hochschulrektoren- und Kultusministerkonferenz (2015). *Lehrerbildung für eine Schule der Vielfalt. Gemeinsame Empfehlung von Hochschulrektorenkonferenz und Kultusministerkonferenz.* Zugriff: https://www.kmk.org/fileadmin/Dateien/veroeffentlichungen_beschluesse/2015/2015_03_12-Schule-der-Vielfalt.pdf [31.07.2018].

Hoffmann, Thomas (2018). »Inklusive Pädagogik als Pädagogik der Befreiung. In: Hoffmann, Thomas; Jantzen, Wolfgang; Stinkes, Ursula (Hrsg.), *Empowerment*

und Exklusion. Zur Kritik der Mechanismen gesellschaftlicher Ausgrenzung. Gießen: Psychosozial-Verlag. S. 19–48.
Hoffmann, Thomas (2019). Inklusive Schule, exklusive Gesellschaft? Soziologische Lesarten von Inklusion und Exklusion. In: Müller, Kathrin; Gingelmaier, Stephan (Hrsg.), *Kontroverse Inklusion. Ansprüche, Umsetzungen und Widersprüche in der Schulpädagogik.* Weinheim, Basel: Beltz Juventa. S. 54–77.
Höhne, Thomas (2003). Die Thematische Diskursanalyse – dargestellt am Beispiel von Schulbüchern. In: Keller, Reiner; Hirseland, Andreas; Schneider, Werner; Viehöver, Willy (Hrsg.), *Handbuch Sozialwissenschaftliche Diskursanalyse. Band 2: Forschungspraxis.* Opladen: Leske + Budrich. S. 389–419.
Hollenweger, Judith (2006). Der Beitrag der Weltgesundheitsorganisation zur Klärung konzeptueller Grundlagen einer inklusiven Pädagogik. In: Dederich, Markus; Greving, Heinrich; Mürner, Christian; Rödler, Peter (Hrsg.), *Inklusion statt Integration? Heilpädagogik als Kulturtechnik.* Gießen: Psychosozial-Verlag. S. 45–61.
Hollenweger, Judith; Luder, Reto (2010). Schulische Standortgespräche. Ein Verfahren zur Förderplanung und Zuweisung von sonderpädagogischen Massnahmen. In: *Sonderpädagogische Förderung heute,* 55(3), S. 271–285.
Holzkamp, Klaus (1995). *Lernen. Subjektwissenschaftliche Grundlegung.* Frankfurt/Main: Campus Verlag.
Holzkamp, Klaus (1997).»Hochbegabung« – Wissenschaftlich verantwortbares Konzept oder Alltagsvorstellung? In: Holzkamp, Klaus (Hrsg.), *Schriften 1. Normierung, Ausgrenzung, Widerstand.* Hamburg, Berlin: Argument Verlag. S. 54–71.
Huber, Christian; Grosche, Michael (2012). Das response-to-intervention-Modell als Grundlage für einen inklusiven Paradigmawechsel in der Sonderpädagogik. In: *Zeitschrift für Heilpädagogik,* 8, S. 312–322.
Hünig, Rahel (2021). Schule als (Un)Fall? Eine schulpädagogsiche Perspektive zur Frage der Rekonstruierbarkeit des institutionellen Charakters von Schule am Beispiel von zwei Schulgesetzen. In: Bender, Saskia; Dietrich, Fabian; Silkenbeumer, Mirja (Hrsg.), *Schule als Fall. Institutionelle und organisationale Ausformungen.* Wiesbaden: Springer S. 23–47.
Ianes, Dario; Demo, Heidrun; Dell'Anna, Silvia (2020). Inclusive education in Italy: Historical steps, positive developments, and challenges. In: *Prospects. Comparative Journal of Curriculum, Learning, and Assessment,* 49.
Jornitz, Sieglinde (2009a). Evidenzbasierte Bildungsforschung. In: *Pädagogische Korrespondenz. Zeitschrift für Kritische Zeitdiagnostik in Pädagogik und Gesellschaft,* (40), S. 68–75.
Jornitz, Sieglinde (2009b). Was bedeutet eigentlich »evidenzbasierte Bildungsforschung«? Über den Versuch, Wissenschaft für Praxis verfügbar zu machen am Beispiel der Review-Erstellung. In: *Die Deutsche Schule,* 100(2), S. 206–216.
Jünger, Rahel (2008). *Bildung für alle?: Die schulischen Logiken von ressourcenprivilegierten und -nichtprivilegierten Kindern als Ursache der bestehenden Bildungsungleichheit.* Wiesbaden: VS Verlag für Sozialwissenschaften.

8 Literatur

Jürgens, Eiko (2010). *Leistung und Beurteilung in der Schule: Eine Einführung in Leistungs- und Bewertungsfragen aus pädagogischer Sicht*. Sankt Augustin: Academia-Verlag.

Katzenbach, Dieter (2004). Wenn das Lernen zu riskant wird. Anmerkungen zu den emotionalen Grundlagen des Lernns. In: Dammasch, Frank; Katzenbach, Dieter (Hrsg.), *Lernen und Lernstörungen bei Kindern und Jugendlichen*. Frankfurt/Main: Brandes & Apsel. S. 83–104.

Katzenbach, Dieter (2015). Zu den Theoriefundamenten der Inklusion – Eine Einladung zum Diskurs aus der Perspektive der kritischen Theorie. In: Schnell, Irmtraud (Hrsg.), *Herausforderung Inklusion. Theoriebildung und Praxis*. Bad Heilbrunn: Klinkhardt. S. 19–32.

Katzenbach, Dieter; Schnell, Irmtraud (2012). Strukturelle Voraussetzungen inklusiver Bildung. In: Moser, Vera (Hrsg.), *Die inklusive Schule. Standards für die Umsetzung*. Stuttgart: Kohlhammer. S. 21–39.

Kelle, Helga (2013). Normierung und Normalisierung der Kindheit. Zur (Un)Unterscheidbarkeit und Bestimmung der Begriffe. In: Kelle, Helga; Mierendorff, Johanna (Hrsg.), *Normierung und Normalisierung der Kindheit*. Weinheim, Basel: Beltz Juventa. S. 15–37.

Klafki, Wolfgang (1996). *Neue Studien zur Bildungstheorie und Didaktik. Zeitgemäße Allgemeinbildung und kritisch-konstruktive Didaktik*. Weinheim, Basel: Beltz.

Kniffki, Johannes; Lutz, Ronald; Steinhaußen, Jan (Hrsg.). (2021). *Soziale Arbeit nach Corona. Neue Perspektiven und Pfade*. Weinheim, Basel: Beltz/Juventa.

Köbsell, Swantje (2015a). Ableism. Neue Qualität oder »alter Wein« in neuen Schläuchen? In: Attia, Iman; Köbsell, Swantje; Prasad, Nivedita (Hrsg.), *Dominanzkultur reloaded. Neue Texte zu gesellschaftlichen Machtverhältnissen und ihren Wechselwirkungen*. Bielefeld: transcript. S. 21–34.

Köbsell, Swantje (2015b). Disability Studies in Education. *Zeitschrift für Inklusion*, (2). Zugriff: https://www.inklusion-online.net/index.php/inklusion-online/article/view/275/258 [28.10.2018].

Köbsell, Swantje (2018). Ohne Kampf keine Rechte. Zur Geschichte der Behindertenbewegung in Deutschland. *Empowerment und Exklusion. Zur Kritik der Mechanismen gesellschaftlicher Ausgrenzung*. Gießen: Psychosozial-Verlag. S. 19–48.

Koch, Katja (2016). Ankunft im Alltag – Evidenzbasierte Pädagogik in der Sonderpädagogik. In: Ahrbeck, Bernd; Ellinger, Stephan; Hechler, Oliver; Koch, Katja; Schad, Gerhard (Hrsg.), *Evidenzbasierte Pädagogik. Sonderpädagogische Einwände*. Stuttgart: Kohlhammer. S. 9–41.

Koller, Hans-Christoph (2011). *Bildung anders denken. Einführung in die Theorie transformatorischer Bildungsprozesse*. Stuttgart: Kohlhammer.

Koller, Hans-Christoph (2017). *Grundbegriffe, Theorien und Methoden der Erziehungswissenschaft. Eine Einführung*. Stuttgart: Kohlhammer.

Koller, Hans-Christoph; Casale, Rita; Ricken, Norbert (Hrsg.). (2014). *Heterogenität. Zur Konjunktur eines pädagogischen Konzepts*. Paderborn: Ferdinand Schöningh.

8 Literatur

Köpfer, Andreas (2019). Rekonstruktion behinderungsbedingter Differenzproduktion in inklusionsorientierten Schulen. In: Budde, Jürgen; Dlugosch, Andrea; Herzmann, Petra; Panagiotopoulou, Argyro; Rosen, Lisa; Sturm, Tanja; Wagner-Willi, Monika (Hrsg.), *Erziehungswissenschaftliche Inklusionsforschung.* Opladen, Berlin, Toronto: Verlag Barbara Budrich. S. 143–164.

Köpfer, Andreas; Óskarsdóttir, Edda (2019). Analysing support in inclusive education systems – a comparison of inclusive school development in Iceland and Canada since the 1980 s focusing on policy and in-school support. In: *International Journal of Inclusive Education*, 23, S. 876–890.

Korff, Natascha; Neumann, Phillip (2023). Unterricht und Inklusion. In: Hascher, Tina; Idel, Till-Sebastian; Helsper, Werner (Hrsg.), *Handbuch Schulforschung.* Wiesbaden: Springer VS. S. 935–958.

Koßmann, Raphael (2019). *Schule und »Lernbehinderung«. Wechselseitige Erschließungen.* Bad Heilbrunn: Klinkhardt.

Kronauer, Martin (2015). Wer Inklusion möchte, darf über Exklusion nicht schweigen. Plädoyer für eine Erweiterung der Debatte. In: Kluge, Sven; Liesner, Andrea; Weiß, Edgar (Hrsg.), *Inklusion als Ideologie.* Frankfurt/Main: Peter Lang. S. 147–158.

Kuhn, Thomas Samuel (2020). *Die Struktur wissenschaftlicher Revolutionen.* Frankfurt/Main: Suhrkamp Taschenbuch Verlag.

Kultusministerkonferenz (1994). *Empfehlungen zur sonderpädagogischen Förderung in den Schulen in der Bundesrepublik Deutschland.* Zugriff: http://www.kmk.org/fileadmin/Dateien/veroeffentlichungen_beschluesse/1994/1994_05_06-Empfehl-Sonderpaedagogische-Foerderung.pdf [16.09.2016].

Kultusministerkonferenz (1997). *Grundsätzliche Überlegungen zu Leistungsvergleichen innerhalb der Bundesrepublik Deutschland – Konstanzer Beschluss (Beschluss der Kultusministerkonferenz vom 24.10.1997).* Zugriff: https://www.kmk.org/filead min/veroeffentlichungen_beschluesse/1997/1997_10_24-Konstanzer-Beschluss.pdf [21.05.2022].

Kultusministerkonferenz (2004). *Bildungsstandards im Fach Deutsch für den Hauptschulabschluss. Beschluss vom 15.10.2004.* Zugriff: https://www.kmk.org/filead min/veroeffentlichungen_beschluesse/2004/2004_10_15-Bildungsstandards-Deutsch-Haupt.pdf [15.10.2021].

Kultusministerkonferenz (2006). *Gesamtstrategie der Kultusministerkonferenz zum Bildungsmonitoring.* Zugriff: https://www.kmk.org/fileadmin/Dateien/pdf/Presse UndAktuelles/Beschluesse_Veroeffentlichungen/Bildungsmonitoring_Broschue re_Endf.pdf [21.05.2022].

Kultusministerkonferenz (2011). *Inklusive Bildung von Kindern und Jugendlichen mit Behinderungen in Schulen.* Zugriff: http://www.kmk.org/fileadmin/Dateien/veroef fentlichungen_beschluesse/2011/2011_10_20-Inklusive-Bildung.pdf [16.09.2016].

Kultusministerkonferenz (2014). *Bildungsstandards im Fach Deutsch für die Allgemeine Hochschulreife. (Beschluss der Kultusministerkonferenz vom 18.10.2012).* Zugriff:

https://www.kmk.org/fileadmin/veroeffentlichungen_beschluesse/2012/2012_1 0_18-Bildungsstandards-Deutsch-Abi.pdf [15.08.2021].
Kultusministerkonferenz (2016). *Gesamtstrategie der Kultusministerkonferenz zum Bildungsmonitoring.* Zugriff: http://www.kmk.org/fileadmin/Dateien/veroeffentli chungen_beschluesse/2015/2015_06_11-Gesamtstrategie-Bildungsmonitoring. pdf [07.11.2022].
Kultusministerkonferenz (2019). *Bildungsstandards der Kultusministerkonferenz.* Zugriff: https://www.kmk.org/themen/qualitaetssicherung-in-schulen/bildungsstan dards.html [25.04.2019].
Kultusministerkonferenz (2020). *Ländervereinbarung über die gemeinsame Grundstruktur des Schulwesens und die gesamtstaatliche Verantwortung der Länder in zentralen bildungspolitischen Fragen.* Zugriff: https://www.kmk.org/fileadmin/Datei en/veroeffentlichungen_beschluesse/2020/2020_10_15-Laendervereinbarung-ge meinsame-Grundstruktur.pdf [03.07.2022].
Kultusministerkonferenz (2022). *Sonderpädagogische Förderung in Schulen 2011 bis 2020.* Zugriff: https://www.kmk.org/fileadmin/Dateien/pdf/Statistik/Dokumenta tionen/Dok231_SoPaeFoe_2020.pdf [23.05.2022].
Lange-Vester, Andrea; Redlich, Miriam (2010). Soziale Milieus und Schule. Milieuspezifische Bildungsstrategien und Lebensperspektiven bei SchülerInnen der Hauptschule und des Gymnasiums. In: Brake, Anna; Bremer, Helmut (Hrsg.), *Alltagswelt Schule. Die soziale Herstellung schulischer Wirklichkeiten.* Weinheim, München: Juventa Verlag. S. 185–209.
Langner, Anke (2017). Behinderung und Behindertwerden – Annäherungen an Potenziale einer rekonstruktiven Forschungslogik. In: Budde, Jürgen; Dlugosch, Andrea; Sturm, Tanja (Hrsg.), *(Re-)Konstruktive Inklusionsforschung. Differenzlinien, Handlungsfelder, Empirische Zugänge.* Opladen, Berlin, Toronto: Barbara Budrich. S. 131–144.
Lenzen, Dieter (2019). Empirische Bildungsforschung in Deutschland: Rückblick, Zukunft und Bedeutung für die Erziehungswissenschaft – Fragen an Professor Lenzen. In: *Journal for Educational Research Online – Journal für Bildungsforschung Online,* 11(1), S. 9–15.
Lindmeier, Christian; Lütje-Klose, Birgit (2015). Inklusion als Querschnittsaufgabe in der Erziehungswissenschaft. In: *Erziehungswissenschaft,* (51), S. 7–16.
Link, Pierre-Carl (2019). Schule – Macht – Inklusion? Machtanalytische Überlegungen zur (sonder-)pädagogischen Wissenschaft. In: Müller, Kathrin; Gingelmaier, Stephan (Hrsg.), *Kontroverse Inklusion. Ansprüche, Umsetzungen und Widersprüche in der Schulpädagogik.* Weinheim, Basel: Beltz Juventa. S. 94–107.
Luhmann, Niklas (1978). Erleben und Handeln. In: Lenk, Hans (Hrsg.), *Handlungstheorien interdisziplinär II. Handlungserklärungen und philosophische Handlungsinterpretationen. Erster Halbband.* München: Fink. S. 235–253.
Luhmann, Niklas (1998). *Die Gesellschaft der Gesellschaft. 2 Bände.* Frankfurt/Main: Suhrkamp.

Luhmann, Niklas; Schorr, Karl Eberhard (1982). Das Technologiedefizit der Erziehung und die Pädagogik. In: Luhmann, Niklas; Schorr, Karl Eberhard (Hrsg.), *Zwischen Technologie und Selbstreferenz. Fragen an die Pädagogik.* Frankfurt/Main: suhrkamp taschenbuch wissenschaft. S. 11–40.

Luhmann, Niklas; Schorr, Karl Eberhard (1988). *Reflexionsprobleme im Erziehungssystem.* Frankfurt/Main: surhkamp taschenbuch wissenschaft.

Lütje-Klose, Birgit; Sturm, Tanja (2023). Förderschule und Inklusion. In: Hascher, Tina; Idel, Till-Sebastian; Helsper, Werner (Hrsg.), *Handbuch Schulforschung.* Wiesbaden: Springer VS. S. 361–383.

Lütje-Klose, Birgit; Urban, Melanie (2014). Professionelle Kooperation als wesentliche Bedingung inklusiver Schul- und Unterrichtsentwicklung. Teil 1: Grundlagen und Modelle inklusiver Kooperation. In: *Vierteljahreszeitschrift für Heilpädagogik und ihre Nachbargebiete,* 83(2), S. 112–123.

Maag Merki, Katharina (2021). Empirische Bildungsforschung im deutschsprachigen Raum. Rückblick und Ausblick. In: *Schweizerische Zeitschrift für Bildungswissenschaften,* 43(1), S. 41–50.

Mannheim, Karl (1964). *Wissenssoziologie.* Berlin, Neuwied: Luchterhand.

Mannheim, Karl (1980). *Strukturen des Denkens.* Frankfurt/Main: suhrkamp taschenbuch wissenschaft.

Mannheim, Karl (1984). *Konservatismus. Ein Beitrag zur Soziologie des Wissens.* Frankfurt/Main: Suhrkamp.

Mannheim, Karl (1995). *Ideologie und Utopie.* Frankfurt/Main: Vittorio Klostermann.

Maritzen, Norbert (2014). Glanz und Elend der KMK-Strategie zum Bildungsmonitoring. Versuch einer Bilanz und eines Ausblicks. In: *Die Deutsche Schule,* 106(4), S. 398–413.

Maskos, Rebecca (2015). Ableism und das Ideal des autonomen Fähig-Seins in der kapitalistischen Gesellschaft. *Zeitschrift für Inklusion,* (2). Zugriff: https://www.inklusion-online.net/index.php/inklusion-online/article/view/277 [29.04.2019].

Merl, Thorsten (2019). *un/genügend fähig. Zur Herstellung von Differenz im Unterricht inklusiver Schulklassen.* Bad Heilbrunn: Verlag Julius Klinkhardt.

Meseth, Wolfgang; Casale, Rita; Tervooren, Anja; Zirfas, Jörg (Hrsg.). (2019). *Normativität in der Erziehungswissenschaft.* Wiesbaden: Springer Fachmedien.

Messiou, Kyriaki (2016). Research in the field of inclusive education: time for a rethink? In: *International Journal of Inclusive Education,* 21(2), S. 146–159.

Miethe, Ingrid; Tervooren, Anja; Ricken, Norbert (Hrsg.). (2017). *Bildung und Teilhabe. Zwischen Inklusionsforderung und Exklusionsandrohung.* Wiesbaden: Springer VS.

Moser, Vera (2003). *Konstruktion und Kritik. Sonderpädagogik als Disziplin.* Opladen: Leske + Budrich.

Moser, Vera (Hrsg.). (2012). *Die inklusive Schule. Standards für die Umsetzung.* Stuttgart: Kohlhammer.

Moser, Vera; Sasse, Ada (2008). *Theorien der Behindertenpädagogik.* München: Reinhardt UTB.

8 Literatur

Müller, Kathrin; Gingelmaier, Stephan (Hrsg.). (2019). *Kontroverse Inklusion. Ansprüche, Umsetzungen und Widersprüche in der Schulpädagogik.* Weinheim, Basel: Beltz Juventa.

Müller, Kathrin; Pfrang, Agnes (2021). Risiken und Nebenwirkungen einer naiv evidenzbasierten Grundschulpädagogik zu Inklusion und Partizipation. In: *Zeitschrift für Bildungsforschung,* 14, S. 407–420.

Nassehi, Armin (2008). Exklusion als soziologischer oder sozialpoltischer Begriff? In: Bude, Heinz; Willisch, Andreas (Hrsg.), *Exklusion. Die Debatte über die »Überflüssigen«.* Frankfurt/Main: suhrkamp taschenbuch wissenschaft. S. 121–130.

Nikolai, Rita; Rothe, Kerstin (2013). Konvergenz in der Schulstruktur? Programmatik von CDU und SPD im Vergleich. In: *Zeitschrift für Politikwissenschaft,* 23(4), S. 545–572.

Nilsen, Sven (2010). Moving towards an education policy for inclusion? Main reform stages in the development of the Norwegian unitary school system. In: *International Journal of Inclusive Education,* 14(5), S. 479–497.

Nohl, Arnd-Michael (2007). Kulturelle Vielfalt als Herausforderung für pädagogische Organisationen. In: *Zeitschrift für Erziehungswissenschaft,* 10(1), S. 61–74.

Nohl, Arnd-Michael (2014). *Konzepte interkultureller Pädagogik. Eine systematische Einführung.* Bad Heilbrunn: Verlag Julius Klinkhardt.

Nohl, Arnd-Michael (2016). Dokumentarische Methode und die Interpretation öffentlicher Diskurse. In: *Zeitschrift für Diskursforschung,* (2), S. 115–136.

Nohl, Arnd-Michael (2018). Inklusion in Bildungs- und Erziehungsorganisationen. In: Sturm, Tanja; Wagner-Willi, Monika (Hrsg.), *Handbuch schulische Inklusion.* Opladen, Berlin, Toronto: Barbara Budrich. S. 15–30.

Nohl, Arnd-Michael (2019). Die dokumentatische Interpretation öffentlicher Diskurse am Beispiel des Missbrauchskandals in pädagogsichen Einrichtungen. In: Dörner, Olaf; Loos, Peter; Schäffer, Burkhard; Schondelmayer, Anne-Christin (Hrsg.), *Dokumentarische Methode: Triangulation und blinde Flecken.* Opladen: Verlag Barbara Budrich.

OECD (2018a). Equity in education: Breaking down barriers to social mobility. Germany. Zugriff: https://www.oecd.org/pisa/Equity-in-Education-country-note-Germany.pdf [26.08.2022]

OECD (2018b). Equity in Education. Breaking down barriers to social mobility, PISA. Zugriff: https://www.oecd-ilibrary.org/content/publication/9789264 073234-en [09.11.2022]

OECD. (2020). PISA 2018 Results (Volume V): Effective Policies, Successful Schools. Zugriff: https://doi.org/10.1787/ca768d40-en [16.05.2021].

Ongaro Basaglia, Franca (1985). *Gesundheit, Krankheit. Das Elend der Medizin.* Frankfurt/Main: S. Fischer Verlag.

Panofsky, Erwin (1975). Ikonographie und Ikonologie. Eine Einführung in die Kunst der Renaissance. In: Panofsky, Erwin (Hrsg.), *Sinn und Deutung in der bildenden Kunst.* Köln. S. 36–67.

Persson, Bengt (2006). *Inclusive Education in the Nordic Welfare State: Obstacles, Dilemmas and Opportunities.* Paper presented at the European Conference on Educational Research.

Popkewitz, Thomas S. (2004). Is the National Research Council Committee's Report on Scientific Research in Education Scientific? On Trusting the Manifesto. In: *Qualitative Inquiry*, 10, S. 62–78.

Powell, Justin J.W. (2011). *Barriers to inclusion: special education in the United States and Germany.* Boulder, CO: Paradigm Publishers.

Prengel, Annedore (2001). Egalitäre Differenz in der Bildung. In: Lutz, Helma; Wenning, Norbert (Hrsg.), *Unterschiedlich verschieden. Differenz in der Erziehungswissenschaft.* Opladen: Leske + Budrich. S. 93–107.

Prengel, Annedore (2013). Geleitwort: Diversität und Bildung. In: Hauenschild, Katrin; Robak, Steffi; Sievers, Isabel (Hrsg.), *Diversity Education. Zugänge – Perspektiven – Beispiele.* Frankfurt/Main: Brandes & Apsel Verlag. S. 11–14.

Prengel, Annedore (2019). *Pädagogik der Vielfalt. Verschiedenheit und Gleichberechtigung in Interkultureller, Feministischer und Integrativer Pädagogik.* Wiesbaden: Springer VS.

Przyborski, Aglaja (2004). *Gesprächsanalyse und dokumentarische Methode Qualitative Auswertung von Gesprächen, Gruppendiskussionen und anderen Diskursen.* Wiesbaden: VS Verlag für Sozialwissenschaften.

Rabenstein, Kerstin; Reh, Sabine (2009). Die pädagogische Normalisierung der ›selbstständigen Schülerin‹ und die Pathologisierung des ›Unaufmerksamen‹. In: Bilstein, Johannes; Ecarius, Jutta (Hrsg.), *Standardisierung – Kanonisierung. Erziehungswissenschaftliche Reflexionen.* Wiesbaden: VS Verlag für Sozialwissenschaften. S. 159–180.

Rabenstein, Kerstin; Reh, Sabine; Ricken, Norbert; Idel, Till-Sebastian (2013). Ethnographie pädagogischer Differenzordnungen. In: *Zeitschrift für Pädagogik,* 59(5), S. 668–690.

Reh, Sabine; Berdelmann, Kathrin; Schulz, Joachim (2015). Der Ehrtriebe und unterrichtliche Honorierungspraktiken im Schulwesen um 1800. Die Entstehung des Leistungs-Dispositivs. In: Schäfer, Alfred; Thompson, Christiane (Hrsg.), *Leistung.* Paderborn: Ferdinand Schöningh. S. 37–60.

Reinders, Heinz; Ditton, Hartmut; Gräsel, Cornelia; Gniewiosz, Burkhard (Hrsg.). (2015). *Empirische Bildungsforschung. Gegenstandsbereiche.* Springer VS.

Reintjes, Christian; Porsch, Raphaela; Brahm, Grit im (Hrsg.). (2021). *Das Bildungssystem in Zeiten der Krise. Empirische Befunde, Konsequenzen und Potenziale für das Lehren und Lernen.* Münster, New York: Waxmann.

Reiss-Semmler, Bettina (2019). *Schulische Inklusion als widersprüchliche Herausforderung. Empirische Rekonstruktionen zur Bearbeitung durch Lehrkräfte.* Bad Heilbrunn: Verlag Julius Klinkhardt.

Reuter, Lutz R. (2003). Erziehungs- und Bildungsziele aus rechtlicher Sicht. In: Füssel, Hans-Peter; Roeder, Peter M. (Hrsg.), *Zeitschrift für Pädagogik. 47. Beiheft.* Weinheim, Basel, Berlin: Beltz Juventa. S. 28–48.

Ricken, Norbert (2018). Konstruktionen der ›Leistung‹. Zur (Subjektivierungs-) Logik eines Konzepts. In: Reh, Sabine; Ricken, Norbert (Hrsg.), *Leistung als Paradigma. Zur Entstehung und Transformation eines pädagogischen Konzepts.* Wiesbaden: Springer VS. S. 43–60.

Rödler, Peter (2016). RTI – ein Konzept zur Entkulturierung von Lernen. In: Amrhein, Bettina (Hrsg.), *Diagnostik im Kontext inklusiver Bildung. Theorien, Ambivalenzen, Akteure, Konzepte.* Bad Heilbrunn: Verlag Julius Klinkhardt. S. 232–242.

Rolff, Hans-Günter (1997). *Sozialisation und Auslese durch die Schule.* Weinheim: Juventa.

Rommelspacher, Birgit (Hrsg.). (1999). *Behindertenfeindlichkeit. Ausgrenzungen und Vereinnahmung.* Göttingen: Lamus Taschenbücher.

Rosenberg, Florian von (2011). *Bildung und Habitustransformation. Empirische Rekonstruktionen und bildungstheoretische Reflexionen.* Bielefeld: transcript verlag.

Schäfer, Alfred (2015). Selbstbestimmte Leistungssteigerung. Die Diskussion um das pharmazeutische Neuro-Enhancement. In: Schäfer, Alfred; Thompson, Christiane (Hrsg.), *Leistung.* Paderborn: Ferndinand Schöningh. S. 151–180.

Schäfer, Alfred (2018). Das problematische Versprechen einer Leistungsgerechtigkeit. In: Sansour, Teresa; Musenberg, Oliver; Riegert, Judith (Hrsg.), *Bildung und Leistung. Differenz zwischen Selektion und Anerkennung.* Bad Heilbrunn: Verlag Julius Klinkhardt. S. 11–56.

Schäffer, Mark; Rabenstein, Kerstin (2018). Reformvorstellungen zu inklusivem Unterricht in transnationaler Perspektive: Zur Bedeutung der Lerngruppe in ‚Individualisierung', ‚Personalización' und ‚Pedagogisk Differentiering'. In: *Bildung und Erziehung,* 71(4), S. 465–480.

Scheler, Max (1960). *Die Wissensformen und die Gesellschaft.* Leipzig: Der Neue Geist Verlag.

Schimank, Uwe (2018). Leistung und Meritokratie in der Moderne. In: Reh, Sabine; Ricken, Norbert (Hrsg.), *Leistung als Paradigma. Zur Entstehung und Transformation eines pädagogischen Konzepts.* Wiesbaden: Springer VS. S. 19–42.

Schmidt, Melanie (2020). Schulentwicklung durch (Daten-)Einsicht? Kybernetische und pädagogische Verbindungslinien zu Schulinspektionen. In: *DDS – Die Deutsche Schule,* (Beiheft 15), S. 77–91.

Schroeder, Joachim (2015). *Pädagogik bei Beeinträchtigungen des Lernens.* Stuttgart: Kohlhammer.

Schuck, Karl Dieter (2000). Diagnostik. In: Borchert, Johann (Hrsg.), *Handbuch der Sonderpädagogischen Psychologie.* Göttingen, Bern, Toronto, Seattle: Hogrefe-Verlag S. 233–249.

Schuck, Karl Dieter (2007). Wegmarken der Entwicklung diagnostischer Konzepte. In: Walter, Jürgen; Wember, Franz B. (Hrsg.), *Handbuch Sonderpädagogik: Sonderpädagogik des Lernens: BD 2.* Göttingen, Bern, Wien, Paris, Oxford, Prag: Hogrefe-Verlag. S. 147–166.

Schuck, Karl Dieter (2014). Individualisierung und Standardisierung in der inklusiven Schule – ein unauflösbarer Widerspruch? In: *DDS – Die Deutsche Schule*, 106(2), S. 162–174.

Schuck, Karl Dieter; Rauer, Wulf (2018). Teilprojekt I. In: Schuck, Karl Dieter; Rauer, Wulf; Prinz, Doren (Hrsg.), *Evaluation inklusiver Bildung in Hamburger Schulen (EiBiSch). Quantitative und qualitative Ergebnisse*. Münster: Waxmann. S. 26–228.

Sierck, Udo (1991). Integration oder Aussonderung. Neue Perspektiven für alte Themen in der Behindertenpolitik. In: *Dr. med Mabuse – Zeitschrift für das Gesundheitswesen*, 70(29).

Sierck, Udo (2012a). Budenzauber Inklusion. In: *Behindertenpädagogik*, 51(3), S. 230–235.

Sierck, Udo (2012b). Selbstbestimmung statt Bevormundung. Anmerkungen zur Entstehung der Disability Studies. In: Rathgeb, Kerstin (Hrsg.), *Disability Studies*. Wiesbaden: Springer Fachmedien. S. 31–37.

Slee, Roger; Weiner, Gaby (2011). Education Reform and Reconstruction as a Challenge to Research Genres: Reconsidering School Effectiveness Research and Inclusive Schooling. In: *School Effectiveness and School Improvement: An International Journal of Research, Policy and Practice*, 12(1), S. 83–98.

Srubar, Ilja (2009). *Kultur und Semantik*. Wiesbaden: VS Verlag für Sozialwissenschaften.

Staatsinstitut für Schulqualität und Bildungsforschung (2016). Oberste Bildungsziele in Bayern. Art. 131 der Bayerischen Verfassung – Wertefundament des LehrplanPLUS. Zugriff: https://www.isb.bayern.de/schulartspezifisches/materialien/oberste-bildungsziele-in-bayern/ [06.08.2021].

Staatsinstitut für Schulqualität und Bildungsforschung (2019a). *LehrplanPLUS. Bildungs- und Erziehungsauftrag Gymnasium*. Zugriff: https://www.lehrplanplus.bayern.de/bildungs-und-erziehungsauftrag/gymnasium [28.07.2020].

Staatsinstitut für Schulqualität und Bildungsforschung (2019b). *LehrplanPLUS. Mittelschule. Bildungs- und Erziehungsauftrag*. Zugriff: https://www.lehrplanplus.bayern.de/bildungs-und-erziehungsauftrag/mittelschule [28.07.2020].

Stein, Anne-Dore (2013). Inklusion ist nicht voraussetzungslos: historische und aktuelle Implikationen. In: *Archiv für Wissenschaft und Praxis der sozialen Arbeit*, 44(3), S. 4–15.

Steinmetz, Sebastian; Wrase, Michael; Helbig, Marcel; Döttinger, Ina (2021). *Die Umsetzung schulischer Inklusion nach der UN-Behindertenrechtskonvention in den deutschen Bundesländern*. Baden-Baden: Nomos.

Stošić, Patricia (2017). *Kinder mit Migrationshintergrund. Zur Medialisierung eines Bildungsproblems*. Wiesbaden: Springer VS.

Sturm, Tanja (2010). Heterogenitätskonstruktionen durch Lehrende. Zur Bedeutung des Habituskonzepts für die Lehrerbildung. In: Müller, Florian H.; Eichenberger, Astrid; Lüders, Manfred; Mayr, Johannes (Hrsg.), *Lehrerinnen und

Lehrer lernen – Konzepte und Befunde zur Lehrerfortbildung. Münster: Waxmann. S. 89–105.

Sturm, Tanja (2015). Rekonstruktiv-praxeologische Schul- und Unterrichtsforschung im Kontext von Inklusion. *Zeitschrift für Inklusion-online.net,* (4). Zugriff: http://www.inklusion-online.net/index.php/inklusion-online/article/view/321/273 [22.02.2016].

Sturm, Tanja (2016). *Lehrbuch: Heterogenität in der Schule.* München, Basel: Reinhardt Verlag, UTB.

Sturm, Tanja (2021). Praxeologisch-wissenssoziologische Unterrichtsforschung: Norm und Habitus in fachunterrichtlichen Praxen der Sekundarstufe in Kanada. In: *Zeitschrift für Qualitative Forschung,* 22(2), S. 266–282.

Sturm, Tanja (2022a). Konstruktion von Leistungsdifferenzen im Mathematikunterricht der Sekundarstufe – empirische Rekonstruktionen professionalisierter Praxen in ein- und mehrgliedrigen Schulsystemen. In: Bohnsack, Ralf; Bonnet, Andreas; Hericks, Uwe (Hrsg.), *Praxeologisch-wissenssoziologische Professionsforschung. Perspektiven aus Früh- und Schulpädagogik, Fachdidaktik und Sozialer Arbeit.* Bad Heilbrunn: Verlag Julius Klinkhardt. S. 109–129.

Sturm, Tanja (2022b). Professionalisierte Bearbeitung von Kontingenz im Mathematikunterricht der Sekundarstufe I in Kanada. In: Fuhrmann, Laura; Akbaba, Yalız (Hrsg.), *Schule zwischen Stagnation und Wandel.* Wiesbaden: Springer VS, S. 199–220.

Sturm, Tanja (2022c). Relation von Norm und Praxis erziehungswissenschaftlicher Zugänge zu Inklusion und Partizipation in der Grundschule. In: *Zeitschrift für Grundschulforschung,* 15, S. 1–14.

Sturm, Tanja (in Vorbereitung). Mehrebenenanalyse fachunterrichtlicher Konstruktionen von Leistung und Ability – zur Relation von gesellschaftlich-institutionellen (Identitäts-)Erwartungen und unterrichtlichen Praxen. In: Bohnsack, Ralf; Sturm, Tanja; Wagener, Benjamin (Hrsg.), *Konstituierende Rahmung und professionelles Handeln in Organisationen. Pädagogische Felder und darüber hinaus.* Opladen & Toronto: Barbara Budrich Verlag.

Sturm, Tanja; Wagener, Benjamin; Wagner-Willi, Monika (2020). Inklusion und Exklusion im Fachunterricht. Ambivalente Relationen in Schulformen der Sekundarstufe 1. In: Ackeren, Isabell van; Bremer, Helmut; Kessl, Fabian; Koller, Hans Christoph; Pfaff, Nicolle; Rotter, Caroline; Klein, Dominique; Salaschek, Ulrich (Hrsg.), *Bewegungen. Beiträge zum 26. Kongress der Deutschen Gesellschaft für Erziehungswissenschaft.* Opladen: Barbara Budrich Verlag. S. 581–595.

Sturm, Tanja; Wagener, Benjamin; Wagner-Willi, Monika (2023). Inclusion and exclusion in classroom practices – empirical analyses of conjunctive spaces of experience in secondary schools. In: Rißler, Georg; Köpfer, Andreas; Buchner, Tobias (Hrsg.), *Interdisciplinary Approaches to Space in Inclusive Education. Beyond the Spatial Turn.* London: Routledge.

Sturm, Tanja; Wagner-Willi, Monika (2015). Praktiken der Differenzbearbeitung im Fachunterricht einer integrativen Schule der Sekundarstufe – zur Überlagerung von Schulleistung, Peerkultur und Geschlecht. In: *Gender. Zeitschrift für Geschlecht, Kultur und Gesellschaft,* 7(1), S. 64–78.

Sturm, Tanja; Wagner-Willi, Monika (Hrsg.). (2018). *Handbuch schulische Inklusion.* Opladen, Berlin, Toronto: Barbara Budrich.

Supik, Linda (2014). *Statistik und Rassismus. Das Dilemma der Erfassung von Ethnizität.* Frankfurt/Main: Campus.

Tervooren, Anja (2001). Pädagogik der Differenz oder differenzierte Pädagogik? Die Kategorie Behinderung als integraler Bestandteil von Bildung. In: Tervooren, Anja; Hartmann, Jutta; Fritzsche, Bettina; Schmidt, Andreas (Hrsg.), *Dekonstruktive Pädagogik. Erziehungswissenschaftiche Debatten unter poststrukturalistischen Perspektiven.* Wiesbaden: Springer Fachmedien. S. 201–216.

Tervooren, Anja (2003). Disability Studies – Vom Defizit zum Kennzeichen. In: *impulse. Newsletter zur Gesundheitsförderung,* 39, S. 17.

Thiel, Felicitas (2018). Der Beitrag der empirischen Erziehungswissenschaft zur empirischen Bildungsforschung. In: *Erziehungswissenschaft,* 29(56), S. 35–43.

Thiel, Felicitas; Cortina, Kai S.; Pant, Hans Anand (2014). Steuerung im Bildungssystem im internationalen Vergleich. In: Fatke, Reinhard; Oelkers, Jürgen (Hrsg.), *Das Selbstverständnis der Erziehungswissenschaft: Geschichte und Gegenwart.* Weinheim u. a.: Beltz Juventa. S. 123–138.

Thompson, Christiane (2014). Autorisierung durch Evidenzorientierung. Zur Rhetorik der Evidenz als Versprechen gelingender pädagogischer Praxis. In: Schäfer, Alfred (Hrsg.), *Hegemonie und autorisierende Verführung.* Paderborn: Schöningh. S. 93–111.

Thompson, Christiane; Wrana, Daniel (2019). Zur Normativität erziehungswissenschaftlichen Wissens – drei Thesen. In: Meseth, Wolfgang; Casale, Rita; Tervooren, Anja; Zirfas, Jörg (Hrsg.), *Normativität in der Erziehungswissenschaft.* Wiesbaden: Springer Fachmedien.

Tillmann, Klaus-Jürgen; Baumert, Jürgen (2016). Editorial. In: *Zeitschrift für Erziehungswissenschaft,* 19(1), S. 1–4.

Trautmann, Matthias; Wischer, Beate (2011). *Heterogenität in der Schule. Eine kritische Einführung.* Wiesbaden: VS Verlag für Sozialwissenschaften.

Tröhler, Daniel (2019). Bildungsstandards oder die Neudefinition von Schule. Entstehung, Verbreitung und Folgen einer globalen bildungspolitischen Sprache. In: Zuber, Julia; Altrichter, Herbert; Heinrich, Martin (Hrsg.), *Bildungsstandards zwischen Politik und schulischem Alltag.* Wiesbaden: Springer VS. S. 3–24.

United Nations (2006, 2008). *Übereinkommen über die Rechte von Menschen mit Behinderungen. (dreisprachige Fassung im Bundesgesetzblatt Teil II Nr. 35 vom 31.12. 2008). (Manuskriptdruck).* Zugriff: http://www.un.org/depts/german/ueberein kommen/ar61106-dbgbl.pdf [25.10.2020].

Verheyen, Nina (2018). Liebe, Gehorsam oder Großes leisten? Leistungssemantiken im 19. Jahrhundert zwischen sozialer Verpflichtung und individuellem Können. In: Reh, Sabine; Ricken, Norbert (Hrsg.), *Leistung als Paradigma. Zur Entstehung*

und Transformation eines pädagogischen Konzepts. Wiesbaden: Springer VS. S. 165–189.
Vogt, Michaela; Boger, Mai-Anh; Bühler, Patrick (Hrsg.). (2021). *Inklusion als Chiffre?: Bildungshistorische Analysen und Reflexionen.* Bad Heilbrunn: Verlag Julius Klinkhardt.
Voß, Stefan; Blumenthal, Yvonne; Mahlau, Kathrin; Marten, Katharina; Diehl, Kirsten; Sikora, Simon et al. (2016). *Der Response-to-Intervention-Ansatz in der Praxis. Evaluationsergebnisse zum Rügener Inklusionsmodell.* Münster, New York: Waxmann.
Voß, Stefan; Blumenthal, Yvonne; Sikora, Simon; Mahlau, Kathrin; Diehl, Kirsten; Hartke, Bodo (2014). Rügener Inklusionsmodell (RIM) – Effekte eines Beschulungsansatzes nach dem Response to Intervention-Ansatz auf die Rechen- und Leseleistungen von Grundschulkindern. In: *Empirische Sonderpädagogik,* 6(2), S. 114–132.
Vossen, Armin; Krizan, Ana (2021). Response-to-Intervention als Rahmenmodell schulischer Lernförderung. In: Kuhl, Jan; Vossen, Armin; Hartung, Nils; Wittich, Claudia (Hrsg.), *Evidenzbasierte Förderung bei Lernschwierigkeiten in der Grundschule.* München: Ernst Reinhardt Verlag. S. 18–27.
Wagener, Benjamin (2018). Inklusion aus Perspektive der Praxeologischen Wissenssoziologie. In: Sturm, Tanja; Wagner-Willi, Monika (Hrsg.), *Handbuch schulische Inklusion.* Opladen, Berlin, Toronto: Barbara Budrich. S. 77–92.
Wagener, Benjamin (2020). *Leistung, Differenz und Inklusion. Eine rekonstruktive Analyse professionalisierter Unterrichtspraxis.* Wiesbaden: Springer VS.
Wagener, Benjamin (2022). Leistungsbezogene Differenzkonstruktionen im Deutsch- und Mathematikunterricht. Empirische Rekonstruktionen und diskursethische Bewertungen professionalisierter Unterrichtsmilieus. In: Bohnsack, Ralf; Bonnet, Andreas; Hericks, Uwe (Hrsg.), *Praxeologisch-wissenssoziologische Professionsforschung.* Opladen, Berlin, Toronto: Barbara Budrich Verlag. S. 86–108.
Wagner-Willi, Monika; Sturm, Tanja (2012). Inklusion und Milieus in schulischen Organisationen. In: *inklusion online,* 4. Zugriff: https://www.inklusion-online.net/index.php/inklusion-online/article/view/32 [09.10.2021].
Waldschmidt, Anne (2005). Disability Studies: individuelles, soziales und/oder kulturelles Modell von Behinderung? In: *Psychologie und Gesellschaftskritik,* 29(1), S. 9–31.
Waldschmidt, Anne (2008). »Wir Normalen« – »die Behinderten«? Erving Goffman meets Michel Foucault. In: *Die Natur der Gesellschaft: Verhandlungen des 33. Kongresses der Deutschen Gesellschaft für Soziologie in Kassel 2006.* Frankfurt/Main: Campus Verlag. S. 5799–5809.
Waldschmidt, Anne (2020a). Disability Studies. In: Kammler, Clemens; Parr, Rolf; Scheider, Johannes Ulrich (Hrsg.), *Foucault Handbuch. Leben – Werk – Wirkung.* Berlin: J. B. Metzler. S. 457–462.
Waldschmidt, Anne (2020b). *Disability Studies zur Einführung.* Hamburg: Junius Verlag.

Waldschmidt, Anne (Hrsg.). (2022). *Handbuch Disability Studies*. Wiesbaden: Springer VS.

Walgenbach, Katharina (2014). *Heterogenität – Intersektionalität – Diversität in der Erziehungswissenschaft*. Opladen, Toronto: Verlag Barbara Budrich, UTB.

Wansing, Gudrun (2007). Behinderung: Inklusions- oder Exklusionsfolge? Zur Konstruktion paradoxer Lebensläufe in der modernen Gesellschaft. In: Waldschmidt, Anne; Schneider, Werner (Hrsg.), *Disability Studies, Kultursoziologie und Soziologie der Behinderung. Erkundungen in einem neuen Forschungsfeld*. Bielefeld: transcript. S. 275–296.

Wellgraf, Stefan (2011). Hauptschule: Formationen von Klasse, Ethnizität und Geschlecht. In: Hess, Sabine; Langreiter, Nikola; Timm, Elisabeth (Hrsg.), *Intersektionalität revisited: Empirische, theoretische und methodische Erkundungen*. Bielefeld: transcript. S. 119–147.

Werfhorst, Herman G. van de (2021). Sorting or mixing? Multi-track and single-track schools and social inequalities in a differentiated educational system. In: *British Educational Research Journal*, 47(5), S. 1209–1236.

Weyers, Stefan (2019). Menschenrechte als normative Leitkategorie der Pädagogik. In: Meseth, Wolfgang; Casale, Rita; Tervooren, Anja; Zirfas, Jörg (Hrsg.), *Normativität in der Erziehungswissenschaft*. Wiesbaden: Springer Fachmedien. S. 71–93.

Wiezorek, Christine (2009). Bildungsferne Jugendliche? Zur Problematik einer Standard gewordenen wissenschaftichen und gesellschaftlichen Perspetkive auf Hauptschüler. In: Bilstein, Johannes; Ecarius, Jutta (Hrsg.), *Standardisierung – Kanonisierung. Erziehungswissenschaftliche Reflexionen*. Wiesbaden: VS Verlag für Sozialwissenschaften. S. 181–195.

Willis, Paul (1982). *Spaß am Widerstand. Gegenkultur in der Arbeiterschule*. Frankfurt/Main: Syndikat Buchgesellschaft.

Willmann, Marc (2018). Vermessung des Verhaltens, Normierung zur Inklusion? RTI als evidenzbasierte Pädagogik – eine Kritik. In: *Zeitschrift für Grundschulforschung*, 11, S. 101–114.

Willmann, Marc (2020). Deutungsmacht der Forschung, Ohnmacht in der Praxis? – Evidenzbasierte Sonderpädagogik als Exklusionsrisiko. In: Gingelmaier, Stephan; Langer, Janet; Bleher, Werner; Fickler, Ulrike; Dietrich, Lars; Herz, Birgit (Hrsg.), *ESE Emotionale und Soziale Entwicklung in der Pädagogik der Erziehungshilfe und bei Verhaltensstörungen*. Bad Heilbrunn: Verlag Julius Klinkhardt. S. 222–232.

Willmann, Marc; Bärmig, Sven (2020). *Inklusionshilfe – Exklusionsrisiko. Sonderpädagogische Bildungspraktiken zwischen Ideologie und Wirklichkeit*. Stuttgart: Kohlhammer.

Wittich, Claudia; Kuhl, Jan (2021). Grundlagen der evidenzbasierten Förderung bei Lernschwierigkeiten in der inklusiven Schulpraxis. In: Kuhl, Jan; Vossen, Armin; Hartung, Nils; Wittich, Claudia (Hrsg.), *Evidenzbasierte Förderung bei Lernschwierigkeiten in der Grundschule*. München: Ernst Reinhardt Verlag. S. 7–17.

World Health Organization (1980). *International Classification of Impairments, Disabilities and Handicaps. A manual of classification relating to the consequences of disease.* Zugriff: https://apps.who.int/iris/bitstream/handle/10665/41003/9241541261_eng.pdf?sequence=1&isAllowed=y [04.03.2022].

World Health Organisation (2005). *ICF – Internationale Klassifikation der Funktionsfähigkeit, Behinderung und Gesundheit.* Zugriff: http://www.soziale-initiative.net/wp-content/uploads/2013/09/icf_endfassung-2005-10-01.pdf [16.09.2016].

Wrana, Daniel (2019). Die Normativität der Inklusion – ein Essay. In: *Inklusion Online,* 10(2). Zugriff: https://www.inklusion-online.net/index.php/inklusion-online/article/view/532 [23.08.2021].

Zahnd, Raphael (2017). Behinderung und sozialer Wandel. Ein Vorschlag zur Strukturierung des historischen Wandels des Behinderungsverständnisses in der westlichen Gesellschaft. In: *Behindertenpädagogik, 56*(3), S. 241–266.

Zeitler, Sigrid; Heller, Nina; Asbrand, Barbara (2012). *Bildungsstandards in der Schule. Eine rekonstruktive Studie zur Implementation der Bildungsstandards.* Münster, New York, München, Berlin: Waxmann.